2歳児の保育

●あそび ●生活 ●発達 ●健康 ●指導計画 ●保育のアイディア ●保育イラスト

CD-ROM＆ダウンロードデータ付き

Gakken

JN041897

2歳児の保育 もくじ

※右記の内容は、『あそびと環境0．1．2歳』『ピコロ』に掲載した記事に加筆・再構成したものです。
※青字の項目は、本シリーズの『0歳児の保育』『1歳児の保育』との共通記事です。

・子どものこころに寄り添う ★『あそびと環境0．1．2歳』2014年〜2021年
・2歳児のための運動あそび ★『あそびと環境0．1．2歳』2023年4月号別冊付録
・2歳児のせいさくあそび ★『あそびと環境0．1．2歳』2012年〜2019年
・2歳児の手作りおもちゃ ★『あそびと環境0．1．2歳』2013年〜2020年
・0・1・2歳児の発達と保育 ★『あそびと環境0．1．2歳』2022年4月号別冊付録
・病気とけが 園でのケア ★『ピコロ』2014年4月号別冊付録
・2歳児の保育のアイディア12か月 ★『あそびと環境0．1．2歳』2014年〜2023年
・2歳児の指導計画 ★『あそびと環境0．1．2歳』2019年〜2020年
・0・1・2歳児の保育イラスト ★『あそびと環境0．1．2歳』『ピコロ』2010年〜2015年

2歳児の保育 この本の使い方

2歳児担当の保育者として知っておきたい知識や資料をコンパクトにまとめた1冊です。明日からの保育をより楽しく確かなものにするために、この本を活用してください。CD-ROMやダウンロードできるデータもついています。

P.6 2歳児の保育で大切にしたいこと
子どものこころに寄り添う

自立したいと思いながらも不安が募る複雑な一面を見せる2歳児。そんな時期の子どもの心に寄り添うポイントを、さまざまな事例を通して考えます。

P.16 2歳児のための運動あそび 粗大運動編

歩く、走る、跳ぶなどの運動能力が身についてくる時期の粗大運動を6つのステップに分けて紹介します。

P.24 2歳児のせいさくあそび

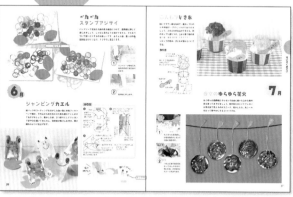

手指をコントロールして、いろいろなことができるようになった2歳児が楽しめるあそびを、季節感を織り込みながら紹介します。

P.36 2歳児の手作りおもちゃ

身近な素材で作る手作りおもちゃのアイディア。子どもたちに合わせてアレンジしてください。

必ずお読みください！
安全にあそび・活動を行うために

- 紹介しているあそび・活動は、保育者のもとであそぶことを前提にしています。あそぶときは、必ず保育者が見守ってください。
- 小さな素材の誤飲に十分注意してください。
- あそぶ前におもちゃや道具に破損などがないかを必ず確認してください。
- 絵の具や粘土、のり、食材、植物などを使うときは、アレルギーに注意してください。口に入れないよう必ず保育者がそばにつき、使用後は手を洗ってください。
- ロープやリボンなど長いひも状の物を使うときは、首や手指に巻き付かないように注意してください。
- 壁面や天井に固定する物は、落ちないようにしっかりと固定してください。
- ポリ袋や柔らかいシート状の物などを頭から被ったり、顔を覆ったりしないように注意してください。
- モールや針金などを使用する場合は、先端の針金が出ていないか注意してください。
- 針、糸の取り扱いや後始末に注意してください。

P.49 0・1・2歳児の発達と保育

0・1・2歳児の発達のみちすじと、それに対する援助をまとめたページです。2歳児までを見通せる内容になっています。

P.83 病気とけが 園でのケア

園での病気・けがに対する応急手当てとそのポイントを解説します。

P.97 2歳児の保育のアイディア12か月

生活、あそび、保護者支援の視点でセレクトした園発信のアイディアです。

P.147 2歳児の指導計画

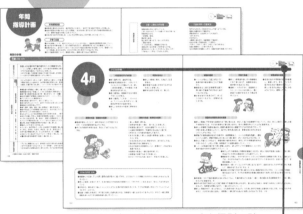

期ごとの年間計画、クラス案と個別の計画例をあわせて紹介する月の計画。データもあわせて活用してください。

CD-ROMにデータが収録されているページには、CD-ROM内のフォルダー構成を示して、探しやすくしています。

各見開きの右ページには、インデックスを表示して、目的のページをすぐ見つけられるようにしています。

P.44 P.201 保育イラストを活用しよう 0・1・2歳児の保育イラスト

毎月のクラスだよりをはじめ、お知らせや掲示、マークなど、保育のさまざまなシーンで活用できるイラスト集です。このページをコピーしても、CD-ROM、またはダウンロードデータからも使えます。データはすべて、カラー、モノクロ（1色）の両方を収録しています。

※データの使用に際しては、P.229以降を必ずお読みください。

2 歳児の保育で大切にしたいこと 子どものこころに寄り添う

2歳児は、いろんなことができるようになった自分を"見てほしい"とアピールする一方で、
自立したいと思いながらも不安が募る複雑な一面を見せることもあります。
そんな悩ましい2歳児にどう寄り添えばいいのでしょう。
気持ちを強く表す「泣き」の場面や、事例を通して考えてみます。

指導● 帆足暁子
（公認心理師、臨床心理士 ／ 「親と子どもの臨床支援センター」代表理事）

はじめに 感情を調整するプロセスを大事に

　子どもは保育者との関係が安定しているとき、ありのままに自分の感情を表現します。感情を調整するプロセスでは、「調整できない」時期の体験がとても重要です。そして、保育者がその表現した感情を否定することなく受けとめ、なだめようとかかわり、支えることが、自ら感情を調整する体験につながっていきます。

　倉橋惣三*は著書『育ての心』（フレーベル館）で「自己主張の力と共に、自己抑制の力も子どもが自分で有しているものである」と書いています。これは「子どもにわがままを通す力があるように、自分を抑える力も子どもの内にある」という意味です。保育現場では、安定した関係をしっかりつくって、感情の爆発を受けとめつつ、「この子には自分で調整する力がある」と信じていくかかわりが大事です。

　実際には、スムーズに気持ちが収まらないことが多いでしょう。そんなときは、「お手伝いをお願いしてもいい？」などと別の話題を出して、子どもが気持ちを切り換えて調整できる機会をつくり、違った視点から調整できる体験ができるような援助をしてみるのも一つの方法です。

＊倉橋惣三＝大正から昭和にかけて日本の幼児教育の理論的な指導者で、
児童中心の進歩的な保育を提唱した。
（「保育用語辞典（ミネルヴァ書房）」より抜粋）

子どもの 泣き に寄り添う

保育者に訴えたい気持ちを
そのままに受けとめて

2歳児になると、友達とやり取りをする中で、互いの主張がぶつかり、「泣き」になる場面が増えてくるようです。
2歳児の「泣き」をどう受けとめればいいのでしょうか。
まずはアンケート結果から、2歳児の「泣き」の特徴を探ってみましょう。

保育者の思い

「泣いている気持ちに寄り添いたい」

Q 子どもの泣き声が気になりますか?

2歳児	はい 65%	いいえ 35%
0歳児	はい 50%	いいえ 50%
1歳児	はい 50%	いいえ 50%

Q よく泣くと思う時間帯や場面はいつですか?

0歳児
1位=登園時
2位=授乳前
3位=夕方

1歳児
1位=登園時
2位=夕方
3位=あそんでいる途中

2歳児　1位=登園時　2位=あそんでいる途中　3位=午睡明け直後

Q 泣く理由として多いのはどんなことですか?

2歳児
1位=友達とのトラブル
2位=甘え
2位=拒否
2位=眠い（2位 同数3件）

Q 泣いたときにどんな対応をしますか?

0歳児
1位=だっこ
2位=話しかける
3位=おむつを調べる

1歳児
1位=話しかける
2位=だっこ
3位=体を触る

2歳児　1位=話しかける　2位=だっこ　3位=しばらく様子を見る

※このアンケートは、『あそびと環境0.1.2歳』2014年5月号の記事から引用したものです。

なだめてほしい

　泣く理由として、多くの保育者が挙げた「友達とのトラブル」では、子どもは自分を主張しながら保育者に訴えるように泣きます。これは、保育者に受け入れてもらって、悲しい気持ちをなだめてもらおうとする泣きです。

　ところが、ときに保育者から「泣かないの」とか「泣いていないでちゃんとお話ししてごらん」と言葉をかけられることがあります。これは、泣いている自分が否定される言葉です。「ここまで来てほしい」「だっこして！」と泣いて訴えているのに、それを「泣かないの」と言われて受け入れてもらえなかったら、子どもはもっと泣きたくなります。実際、さらに声をあげて泣くでしょう。特に2歳児は、感情がいちばん爆発する時期ですから、わかってもらえないと泣き叫ぶ子もいます。つまり、子どもにとって泣くことは特別なことではなく、当然の表現なのです。

　泣いている自分を丸ごと受けとめてもらい、「そう、嫌だったね」となだめてもらった子どもは、ようやく気持ちが落ち着きます。そして、「どうしてあんなに気持ちがぐちゃぐちゃになったのか、何が嫌だったのか」を、保育者が一緒に考えて、言葉で整理してくれると、気持ちの整理ができるようになります。2歳児の頃の大きな特徴です。

　自分の気持ちを認知し、「悲しい」「悔しい」「寂しい」などがわかるようになると、「このぐちゃぐちゃは『悲しい』なんだ」と理解します。こうして、自分の気持ちがわかり、整理ができるようになると、今度はぐちゃぐちゃにならなくなるのです。さらには、ほかの人の感情を認知できるようになり、「○○ちゃん、悔しがっている」などとわかるようになります。

どっちも大事

子どもの こころに 寄り添う

事例を通して 考えよう

さわちゃんのこころ

2歳7か月で進級したさわちゃん。
クラスの中では高月齢児です。
不安感が強く、保育者を求めて泣いたり、
かんしゃくを起こしたりする姿がよく見られます。
1年間のさわちゃんの揺れる心と保育者のかかわりを追いながら、
不安感の強い子どもに寄り添うヒントを探しましょう。

記録より **5月の姿**（2歳8か月）

「安心」を求めて

食事前になると、保育者を求めることが続いています。保育者の膝の上で少し食べさせてもらうと気持ちが落ち着き、その後は椅子に座って食べています。

保育者の思い

あえて席を決めない。さわちゃんに限らず、そのときの"○○先生がいい""△△ちゃんと一緒に食べたい"といった子どもの気持ちを尊重して、一緒に食べたい保育者や友達を選べるようにしている。

暁子先生の読み解きとアドバイス

集団としての2歳児の育ちと、さわちゃんの育ちを見極めて

　保育者は、さわちゃんの不安をきちんと感じ取っています。あえて席を決めずに食事をする保育は、2歳児の自我が育ってくる時期だからこそ、でしょうか。確かに自我の拡大により、思いが強くなり、その思いを尊重され実現してもらう中で、自立と自律*の芽が育成されていきます。

　一方、2歳という年齢は、基本的安心感が形成されていない子どもにとっては、こだわりが強くなったり、安心感を強く求めてきたりする時期でもあります。さわちゃんの場合は、選べるようにすることよりも、安心感を保障する必要があるように感じます。

*自立＝自分で物事を行うこと
　自律＝指示されて動くのではなく、自分で考え、判断して動くこと

子どもの
こころに
寄り添う

事例を通して
考えよう

さわちゃんのこころ

記録より **6月の姿** （2歳9か月）

"いつもと同じ"を求める

登園時、父親から離れるのが嫌で大泣きしました。また、園庭から入室後、保育者と一緒に食事の支度をしたがるさわちゃんは、「(着替えるから)まってて」と言うので、保育者は「わかった」と答え、着替えが終わるのを待っていました。でも、さわちゃんは着替えた後、おもちゃであそびはじめています。保育者は、気が変わったのだろうと思い、「じゃあ、先生は行ってくるね」と告げました。すると、激しく泣いて、その後もなかなか気持ちを立て直すことができません。ほかの子が心配そうに見ていると、大きな声で「みないで！」と叫ぶのでした。

保育者の思い

結果として、さわちゃんの思うような状況にならなかったことを怒ったのだろう。また、どんどん気持ちがこじれてしまい、自分でもどうしたらいいのか、わからなくなってしまったようにも見受けられた。大きな声で「みないで！」と叫んだときは驚いたが、一方で自分をはっきり出していると感じ、うれしくもあった。自分の気持ちを泣くことで表現していると受けとめ、ひとまず落ち着くのを待ち、その後、みんなと一緒にご飯を食べることができた。さわちゃんがどうしたら安心できるのかを探っていきたい。

暁子先生の読み解きとアドバイス

安心感が得られないさわちゃんのSOS

「まってて」という言葉は、自分の気持ちを立て直す、さわちゃんなりのアイディアだったのでしょう。でも、さわちゃんは、安心できていません。本来は保育者に甘えたり、くっついたりして安心することが多いのですが、さわちゃんは保育者を自分の思いどおりに動かすことで、安心感を得ようとして失敗しています。うまくいかなくて、そのためにどんどんこじれてしまっています。

「みないで！」という言葉は、自分をはっきり出すというよりも、さわちゃんのSOSの叫びのように感じます。このように、安心感を自分で見つけられない場合には、保育者が安心感を積極的につくり出すかかわりも必要です。例えば、ぎゅっと抱きしめて「さわちゃんは大丈夫。先生がおまじないをかけてあげる」というかかわりなどもその一つでしょう。

記録より # 7月の姿 （2歳10か月）

特定の保育者へのこだわり

外あそびから入室するときや食事前、午睡前に、特定の保育者に甘えたい気持ちが募るようで、その保育者を目で追ったり、名前を呼んだりして、不安定な様子が高まっています。

保育者の思い

さわちゃんの心が満たされるまで、求められた保育者ができるだけそばにいられるように、担任間で連携していきたい。

 暁子先生の読み解きとアドバイス

子どもとの関係を丁寧に見る

　保育者の対応は基本的なよいかかわりです。ただし、「そばにいればよい」のではありません。ここで確認しておきたいことは、甘えると安心できるかかわりが、特定の保育者との間に成立しているかということです。できているならば、「そばにいる」ことで心は満たされていくので、不安定な様子も時間が解決します。でも、安心できずに求め続けているだけだとしたら、いつまでも心が満たされることはありません。子どもが求めているものは特定の保育者ではなく、特定の保育者から得る安心感だからです。子どもの姿を丁寧に見ていきましょう。

記録より # 9月の姿 （3歳）

続くこだわり

テラスのプールに入るのは嫌だけれど、好きな保育者のそばにはいたいさわちゃん。保育者から「部屋であそんできたら？」と言われても「いや〜」。部屋とテラスを行ったり来たりしながら、保育者と1対1でかかわれるタイミングを待っています。

保育者の思い

自分の気持ちを出して、保育者に対して怒ったり、泣いたりする姿もある。そうした姿をしっかり受けとめて、さわちゃんが心のバランスを取れるようにかかわっていきたい。

※「暁子先生の読み解きとアドバイス」はP.12に掲載しています。

さわちゃんのこころ

まだ不安感が 大きいかなぁ…

暁子先生の読み解きとアドバイス

今のさわちゃんに必要なかかわりを見極めて

　7月の姿から、好きな保育者のそばにいたい気持ちは続いていますが、1対1のかかわりができるタイミングを待てるまでに安定してきています。ここが、一つのターニングポイントです。さわちゃんの安定してきた状態を基盤に、「あそんできたら？」と誘いかけて自立の方向につなげるのか、それとも安定してきた状態を確立するために「手伝ってくれる？」などと1対1でのかかわりを増やすのか、です。

　保育者は、さわちゃんの心のバランスを取れるようにかかわりたいと思っています。さわちゃんの安定感がまだ弱いことを感じているのでしょう。そうであるならば、今は、さわちゃんの安定感をしっかり育む1対1のかかわりのほうがよいように思います。

記録より **11月の姿**（3歳2か月）

揺れる思い

食事前の不安定な姿が続いています。あそんでいるときから、少し揺れている様子がありました。好きな保育者の隣の席にほかの子が座ると、「となりがいい」と大泣きです。ほかの保育者がかかわると、少し落ち着いたようでした。

保育者の思い

以前、同じような場面で保育者からほかの子に頼んで席を譲ってもらったことが、あまりいい方法ではなかったという反省があったので、ほかの保育者にバトンタッチして、少しかかわり方を変えてみた。さわちゃんの気持ちが気になるが、一人一人の気持ちを大事にしたい。その難しさを感じている。

 暁子先生の読み解きとアドバイス

さわちゃんの成長に応じたかかわりを考えるとき

　さわちゃんはほかの保育者のかかわりで落ち着けるようになり、少しずつ成長しています。でも、まだベースは崩れやすいようです。それがわかっているからこそ、保育者は反省し、かかわり方を変えてみました。この転換がとても大切です。

　保育者が「気になる」と書いている「さわちゃんの気持ち」って、なんでしょう？　"保育者の隣の席がよい"ことでしょうか。違いますよね。さわちゃんの気持ちの中心にあるのは、"安心したい"ということです。例えば、"自分が座りたい席に自分で座れる"ことであり、"あそんでいるときに夢中になれる"ことです。さわちゃんの気持ちに合わせようとかかわった6か月。そろそろ「隣がいい」なら、どうすれば「隣に座れるのか」、保育者がセッティングするのではなく、さわちゃんと一緒に考えるときに来ています。

心配する友達の存在

あそびの場面では、好きな保育者から離れることも増えてきましたが、食事前に気持ちが崩れることが多いです。保育者に何かを訴えたいようですが、食事の準備もあり、かかわれません。そんな様子を心配そうに見ているひなちゃんとみゆちゃん。「さわちゃんって、ほんとうにせんせいがすきだよね」「なんかママみたいだよね」と、2人が話す横で、さわちゃんは保育者にしがみつき、おいおい泣いています。

保育者の思い

大人を求めて泣いて訴えるさわちゃん。実は友達の気持ちに寄り添う場面も多く見られる。保育者の隣に座りたいと泣くさわちゃんを心配する子どもたち。席を替わってくれるかダメ元で聞いてみたらOKの返事。ふだん、さわちゃんに助けてもらうことが多いからそんな気持ちになるのかな。

暁子先生の読み解きとアドバイス

保育者の温かなまなざしが 周囲の子どもたちに伝わっている すてきな場面

　子どもたちのすばらしさ！　2歳児なのにしっかりさわちゃんを見ています。子どもたちは泣いて崩れるさわちゃんも、寄り添ってくれるさわちゃんも日頃から見ているのでしょう。保育者が言うように、さわちゃんに助けてもらうことが多いから、隣の席を譲ってくれたのかもしれません。

　でも、それだけではなく、大泣きをするさわちゃんも子どもたちは受け入れています。ここに保育が表現されています。なぜなら、泣くことを否定されると、子どもたちも泣く子どもを否定するようになるからです。ですから、本来であれば、もっとさわちゃんは安定してよさそうなのです。でも、年度はじめから不安定な面を出していたさわちゃんには、甘えて安心する体験がまだ根づいていないようです。食事の準備はあるのですが、さわちゃんが安心感を得られるチャンスと考えて、さわちゃんに向き合ってみませんか。

さわちゃんのこころ

記録より # 3月の姿 （3歳6か月）

少しずつ成長するさわちゃん

自分の気持ちを特定の保育者に強く出すことは少なくなりました。午前中になんとなく揺れている姿がありましたが、落ち着いてきて安心していました。でも、この日の食事の時間、保育者の隣の席が空いていないことに気づいて、急に大声で泣きはじめました。席をじっと見つめ、泣き続けるさわちゃん。なみちゃんがさわちゃんに寄り添ってくれて、さわちゃんは別のテーブルで食べはじめました。

保育者の思い

食事の前に気持ちが崩れることが多かったので、"今日はさわちゃんと約束しておいたほうがいいかな"と思っていたのに、すっかり忘れてほかの2人と約束してしまった。内心"しまった"と思ったが、動揺するのであえて声をかけなかった。1月の経験から、今回も大泣きでなんとかなると思っていることも伝わってきた。さわちゃんと2人と、どちらの気持ちも大事にすることは本当に難しいと思う。

暁子先生の読み解きとアドバイス

思いどおりにならなかった悲しさを
受け入れる体験が大切

さわちゃんの気持ちが食事の前に崩れる姿は継続しているようです。一方、自分の揺れている気持ちを落ち着かせることもできるようになっています。保育者が「さわちゃんが動揺する」と思って、声をかけなかったのは適切な判断でした。さわちゃんの心の中には、譲ってもらいたい気持ち、大泣きをしたら譲ってもらえるはずという気持ちの葛藤があります。ここで保育者が介入したら、さわちゃんは大泣きし続けることを選択せざるを得なかったでしょう。

さわちゃんがなみちゃんのかかわりで、別のテーブルで食べはじめられたことは、譲ってもらえなかった悲しさを受け入れる体験につながっています。だから、食べはじめられたのです。さわちゃんの成長です。

かかわりの ポイント

友達とのやり取りで さらなる体験を

　2歳児になると、友達とのかかわりが膨らんでくる時期です。「感情を調整する」場面も、さまざまになってきます。

　思いのままに自己主張ができるということは、自分の気持ちが自由であるだけではなく、友達の自己主張とぶつかり合う経験にもつながります。子ども同士の気持ちと気持ちがぶつかり合うけんかを通して、子どもは相手にも自分と同じように気持ちがあることに気づきます。また、相手の気持ちに気づくことが、自分の気持ちを優先させるか、相手の気持ちを優先させるかと悩む「葛藤体験」につながります。この「葛藤体験」で、「ほかの子どもの気持ちに出合う」「自分の気持ちと相手の気持ちとの間で心が揺れる」ことを経て、さらにレベルアップした「自分の気持ちを調整する」ことができるようになります。こうしたプロセスを経ていけるのは、赤ちゃんの頃になだめてもらった経験や、爆発する感情を受けとめてもらって、自分の気持ちをなだめてきた安心感があるからです。

　また、けんかしたり、葛藤したりしているときにも、子どもを信頼し、子どもと真剣に向き合う保育者がいることにも意味があります。それは、結果を出すことではありません。保育者がどうすることもできず、子どもと一緒にそのときを過ごすことしかできない場合も同じです。

　子ども同士の主張がぶつかる場面を「トラブル」と捉え、なんとか解決しようとする保育者の気持ちもわかりますが、子どもの内にある「収めようとする力」を信じる保育者の存在が大切といえるでしょう。

2歳児のための 運動あそび

粗大運動編

2歳を過ぎて、歩く、走る、跳ぶなどの運動能力が身についてくる時期の
粗大運動を6つのステップに分けて紹介します。
指導●菊池一英（日本児童教育専門学校 専任講師）

キーワードは「応答的関係」

　現行の保育所保育指針では「一人一人に合わせる」という意図の表現が
繰り返し使われています。特に個人差に十分配慮しなければならない0・
1・2歳児の保育では、この「一人一人に合わせる」ことが保育内容のキーワー
ドになります。運動あそびもその一つです。

　個人差はあるものの、2歳を迎える年齢になると、ほとんどの子どもは
直立二足歩行が完成し、自由に歩き回るようになります。誕生してから約
2年の歳月をかけて、首が据わり、寝返りをし、腹ばいになり、はいはい
や支えのいらないお座り、つかまり立ちを経て、ついに最初の一歩を踏み
出します。その後、転んだり、尻もちをついたりしながら、少しずつ転は
ないで歩くようになり、ついには走るようになっていきます。

　こうした大きな動きと平行して、手指の動きも発達していきます。閉じ
ていた手指が開き、ふれた物を握ったり、つかんだりする中で、もう少し
で届きそうな物に手を伸ばし、「さわりたい」という思いが、ずりばいを誘
います。つまり、全身の動き（粗大運動）と、手指の動き（微細運動）は
密接にかかわりながら発達していくのです。

　こうした子どもの育ちには、保育者との応答的関係が必要不可欠です。
一人一人の子どもをしっかり見ながら、その子にどんな運動あそびを働き
かけるのか、また、どのような環境を準備するのかを考えていきましょう。

　　　　菊 池 一 英

※あそぶ前に、P.4「安全にあそび・活動を行うために」を必ずお読みください。

2歳〜4歳未満
運動機能にまつわる 育ちのプロセス

運動あそびに関連した、運動機能の発達のおおよその目安を一覧にした資料です。

	2歳前半	2歳後半	3歳代
生理的機能	●身長は出生時の約1.7倍、体重は出生時の約4倍になる。 ●膀胱や肛門の調節機能が発達し、排せつの自立が進む。	●上下10本ずつ歯が生えそろい、しっかりかめるようになる。 ●視力は1.0前後になる。メロディーの記憶も可能になりはじめ、匂いの嗅ぎ分けや味の違いも徐々にわかるようになってくる。	●脳重量が成人の約80%になる。 ●発汗量が増え、1日の体温変動がはっきりしてくる。 ●肺活量が増え、全身の持久力が増す。
粗大運動	●走る。 ●両足をそろえてその場で跳び上がったり、20cm程度の段差を跳び下りたりする。 ●地面に手を着いて片足を上げたり、股のぞきをしたりする。 ●「速い・ゆっくり」「強い・弱い」「高い・低い」などがわかりはじめ、自分で調節ができはじめる。	●両足で線を跳び越す。 ●横歩きや後ろ歩きをする。 ●つま先立ちや片足立ちをしようとする。 ●三輪車にまたがり、地面を足でけって進む。 ●両足を交互に踏み出して階段を上ろうとする。	●鉄棒にぶら下がったり、ジャングルジムを1段登ったりする。 ●一人で階段を上り下りする。 ●両足で連続跳びをする。その場で片足跳びをする。3歳後半になると、片足跳びで進む。 ●三輪車のペダルをこいで進む。ただし、3歳前半ではハンドル操作とペダルをこぐことを同時にすることが難しい。 ●マットの上ででんぐり返しをする。 ●両手で持ったボールを頭上から投げる。
微細運動	●人さし指と中指を立てて、2歳（Vサイン）を表現する。 ●ドアノブを回したり、ミカンの皮をむいたりする。 ●指先に力を入れて、粘土のような変化する素材を引っ張ったり、ねじったりする。	●はさみを使って紙を切る。（1回切り） ●靴や靴下を一人ではく。 ●閉じた丸や、十字（縦線と横線が交差）を描くようになる。 ●「積む」「並べる」といった操作性の違う行為を組み合わせて、積み木などで家やトラックを作る。	●箸を使いはじめる。 ●左右の手を交互に閉じたり、開いたりする。 ●はさみで連続切りをする。3歳後半には、形を切り抜くことに挑戦するようになる。 ●利き手がほぼ定まってくる。 ●紙いっぱいにたくさんの丸を描く。4歳近くになると、顔から手足が出る「頭足人」を描くようになる。

step 1 大木ごろごろ

大きな木があるよ

タイミング

運動用マットを丸めて、ひもで2か所をしっかり結んだ物を木に見立て「大きな木があるよ」と言って、子どもたちの前で転がして見せます。

手伝って〜

かかわり

1 保育者は丸めたマットを「よいしょ、よいしょ」「重いなあ」と言って押しながら、「手伝って〜」と頼みましょう。

2 「お手伝い」が大好きな子どもたちが集まってきて、「よいしょ、よいしょ」と一緒に転がそうとするので、2〜4人ずつで転がしてあそべるように、子どもの人数に合わせて丸めたマットを用意します。

3 「○○まで」とゴールを決めて、力を合わせて転がしていきます。

こんなときどうするの？ 一人で押したい子、気になるけれど押さない子がいる

一人一人の子どものイメージを大事に、対応を考えましょう。気になるけれど押そうとしない子には、「○○ちゃんの所まで！」とゴール役になってもらうのも一つの方法です。いろいろなやり方でその子なりに楽しめるよう援助します。

運動会アレンジ 親子で力を合わせて

親子でペアになって、ゴールに向かって転がします。大人と子どもが並んで転がすと、どうしても大人の転がす速さに子どもがついていくことになりがちです。保護者には、子どもの転がす速さに合わせて転がすようにアドバイスするといいでしょう。

がんばって！

育ってほしい チカラ 転がす向きや速さを調整する力

転がす向きをコントロールすることで、目と身体の協応力を養います。また、友達と一緒に転がすときは、友達の速さと自分の速さをそろえながら進めようと調整する力を育みます。

step 2 タンブリンジャンプ

タイミング

巧技台と斜面板を組み合わせると、先を争って斜面登りを楽しむ子どもたち。巧技台の高さは2段から3段くらいですが、子どもの様子に応じて調整しましょう。斜面を歩行姿勢で登り、巧技台から跳び下ります。必ずマットを敷いて行いましょう。

かかわり

1 跳び下りる動きに慣れてきたら、保育者がタンブリンを持って巧技台のそばに立ち、「タンブリンをたたいてから跳び下りてみよう」と誘います。

2 1に慣れたら、巧技台から離れて、少し前の位置で「跳び下りたら、タンブリンをたたいてね」と伝えます。このとき、タンブリンは子どもが着地するあたりで上向きに構えます。

※タンブリンを動物の顔に見立てて、「クマさんにタッチ！」とイメージを膨らませても楽しいです。

こんなときどうするの？　どうしようと迷っている

2歳を過ぎると、「できないからいや」と言うことがあります。1歳代には見られない姿ですが、自我が育っている時期の当然の姿ともいえます。無理に誘う必要はありませんが、「どんなふうだったら、できそうかな」と子どもの思いを聞いたり、選べるようにいくつか方法を提案したりするといいでしょう。

育ってほしいチカラ

達成感と挑戦する意欲

保育者の言葉を理解し、イメージどおりに身体を動かすおもしろさを感じることは、「これでいい」という自信を育みます。また、やってみて「できた！」という達成感は、新しいことに挑戦する意欲を高めます。

step 3 おもしろサッカーボール

音がするね

タイミング

ホールや広い公園であそぶときに、「けると音が出るボールがあるよ」と子どもたちに見せて、あそびに誘います。

かかわり

1 保育者が**A**のボールをけって見せ、音が鳴ることを確かめた後、子どもたちもけって試します。

2 次に**B**のボールを出して、同じように試した後、子どもたちもけって試してみます。

こんなときどうするの？ 音が鳴ることに興味がある

振ったり、投げたり、いろいろな方法で音がすることを確かめます。一人一人、その確かめ方は違いますから、十分楽しめるように、多めに用意し、子どもの思いに寄り添いましょう。

保育者も子どもたちと一緒にけっては追いかけるあそびを楽しみます。楽しそうな保育者の姿を見て、同じようにやってみようとするでしょう。

手作り遊具アイディア 鈴入りのボール

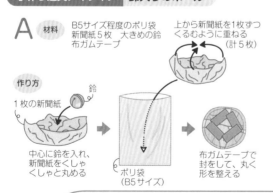

A 材料　B5サイズ程度のポリ袋　新聞紙5枚　大きめの鈴　布ガムテープ

上から新聞紙を1枚ずつくるむように重ねる（計5枚）

作り方

1枚の新聞紙　鈴

中心に鈴を入れ、新聞紙をくしゃくしゃと丸める

ポリ袋（B5サイズ）

布ガムテープで封をして、丸く形を整える

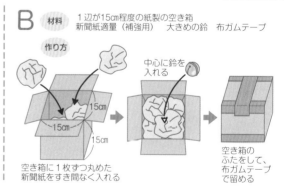

B 材料　1辺が15cm程度の紙製の空き箱　新聞紙適量（補強用）　大きめの鈴　布ガムテープ

作り方

15cm　15cm　15cm

空き箱に1枚ずつ丸めた新聞紙をすき間なく入れる

中心に鈴を入れる

空き箱のふたをして、布ガムテープで留める

育ってほしいチカラ　ける力や目と足の協応、走力

ゴム製のボールのように弾まないので、コントロールしやすいです。けっては追いかけることで、ける力や走力を育みます。けるためには、目と足の協応がポイントですから、そうした力も高まります。

step 4 つかまってあそぶ

タイミング

ジャングルジムに興味をもって登ろうとしたり、鉄棒にぶら下がっていたりする姿が見られるようになったら、なかなか園庭や公園であそべないときに室内で働きかけてみましょう。準備する物は、直径3㎝、長さ40～50㎝の木の棒と、直径12㎜、長さ1～2mのクレモナロープ＊（3本撚り）です。

木の棒もロープもホームセンターなどで入手できる。ロープの両端それぞれに玉結びを作っておく。

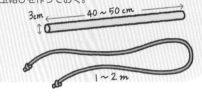

3cm ← 40～50cm →

1～2m

かかわり　ロープの場合

1 子どもは腹ばいになって、ロープの玉結びの部分を握り込むようにして持ちます。保育者が子どもを引っ張ります。

保育者も子どもも、ロープの玉結びの部分を握る。

2 ロープの中央部分を2人の子どもが握り、1と同じように腹ばいになります。保育者2人がそれぞれロープの端を持って、息を合わせて引っ張ります。子どもがロープを握るときは、親指がほかの4本の指と対向するように持つと外れにくいです。
※ロープのあそびは、スタートとゴールを決めておくといいでしょう。

かかわり　木の棒の場合

1 保育者が自分の肩幅くらいに木の棒を持ち、子どもが鉄棒のようにぶら下がったら、持ち上げます。木の棒を握るときは、親指だけ向こうに回す持ち方（順手）にします。

2 保育者2人が両側からそれぞれ木の棒を持ち、子ども2人がぶら下がります。
※木の棒のあそびは、安全のために必ずマットを敷いて行いましょう。

こんなときどうするの？　木の棒をしっかり握れない

足が上がらなくても、背伸びをする感覚で行えば、十分な運動刺激になります。一人一人の子どもの力を見極め、その子が楽しいと感じる場面を探して、援助しましょう。

育ってほしいチカラ　握力や全身の筋力

物をしっかり握る力や、自分の体重を支える握力を高め、上半身の筋力を強くします。一人一人の子どもが、いま、もっている力を出して楽しむことが、次の育ちにつながります。

＊（株）クラレの素材・クレモナを使ったロープ。

step 5 雨降り玉入れ

タイミング

ホールのような広い場所であそぶときに、「おもしろい物があるよ。一緒にあそぼう！」と誘ってみましょう。

かかわり

1 保育者2人で大きめの風呂敷やシーツ大の布を持って、「たくさんの雨を集めたよ」と言葉をかけます。子どもたちが集まってきたら、中に入っている新聞紙ボールを見せます。

2 「さあ、たくさんの雨が降るよ！」と言って、保育者2人で布の四隅を持ち、天井に向かって大きく上下に動かします。

3 雨粒に見立てた新聞紙ボールが大きく飛び散るので、子どもたちに「集めて、ここに入れてね」と声をかけましょう。集めてはまき散らすあそびを繰り返します。

こんなときどうするの？ 布の動きに興味がある

新聞紙ボールの動きよりも、布が大きく上下する動きに興味をもつ子もいます。保育者のまねをして布を動かしたがる子には、小さめの風呂敷を用意して、1対1でやってみましょう。操作に慣れてくると、友達同士でもあそべます。

また、布の下に潜り込もうとする子もいます。子どもの興味や関心を尊重しつつ、「○○ちゃんが下にいるからね」と保育者間で声をかけ合ったり、ほかの子にも知らせたりして、安全を確保することが大切です。

手作り遊具アイディア 新聞紙ボール

材料 新聞紙（1ページ分） 水色、または青の色紙 透明ポリ袋（B5サイズ程度の大きさ） セロハンテープ

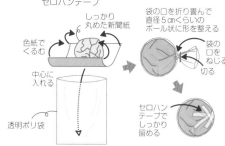

しっかり丸めた新聞紙

袋の口を折り畳んで直径5cmくらいのボール状に形を整える

色紙でくるむ

袋の口をねじる

中心に入れる

セロハンテープでしっかり留める

透明ポリ袋

育ってほしい チカラ ボールを扱う操作性や敏しょう性

ボールを握ったり、投げたりするための手指の動き、手首の返し、腕の動きを刺激します。また、ボールを素早く拾うためにボールを追いかけ、しゃがんで拾い、立ち上がって走るなど、姿勢を素早く変えたり、方向転換したりする敏しょう性を刺激します。

step 6 「いもむし ごろごろ」

タイミング

子どもたちの前で、マットを何枚か敷きます。「なにするの？」と子どもたちが聞いてくるので、「何をしようかな」と子どもたちとやり取りしてみましょう。マットに寝転がる子が現れたら、「わあ、いいね」と保育者も寝転びます。

かかわり

1 あおむけに寝転び、わらべうたの『いもむし ごろごろ』に合わせて、身体を左右に揺らしたり、ごろごろ転がったりします。

♪ いもむし ごろごろ

2 「♪ひょうたん ぽっくりこ」で身体の動きを止め、上半身を起こして、立ち上がります。

♪ ひょうたん ぽっくりこ

いもむし ごろごろ　　　　わらべうた

い も む し　ご ろ ご ろ　　ひょう た ん　ぽっ くり こ

こんなときどうするの？ じっと見ている

"やってみたいけれど、どうしようかな"といった表情で、保育者や友達の様子を見ている子もいます。あそびへの参加のタイミングは一人一人違うので、無理に誘う必要はありません。例えば、寝転がる保育者の胸の上にだっこして、左右に揺れる動きを一緒に楽しんだり、立ち上がるときに手を添えて援助したりして、子どもの様子に合わせて対応します。

育ってほしいチカラ 　**敏しょう性と調整力**

ごろごろ転がる動きから、身体を起こして立ち上がる姿勢への転換は敏しょう性を養います。わらべうたの拍に合わせて、身体を動かす調整力も刺激します。

2歳児の せいさく あそび

いろいろな素材や
描画材にふれ、
友達と一緒にあそんでみたり、
何かをイメージして作ってみたり。
子どもたちのやりたい気持ちを
大切にして楽しみましょう。

＊あそぶ前に、P.4「安全にあそび・
　活動を行うために」を必ずお読み
　ください。

4月

きらきら
こいのぼりペンダント

色紙を巻いてこいのぼりの形に切った紙芯に、丸
シールの目や、ホログラムテープをはってあそびま
しょう。

作り方

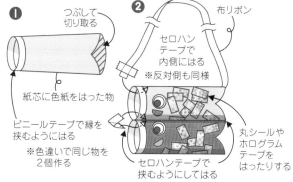

❶
つぶして
切り取る

紙芯に色紙をはった物

ビニールテープで縁を
挟むようにはる

※色違いで同じ物を
　2個作る

❷
布リボン

セロハン
テープで
内側にはる

※反対側も同様

セロハンテープで
挟むようにしてはる

丸シールや
ホログラム
テープを
はったりする

ちぎって おしゃれバード

色紙をちぎったときの感触や、破れていく様子を楽しみましょう。破ってできた色紙を羽根に見立てて、鳥形の色画用紙にはっていきます。子どもの作品は揺れるように、ひもでつるして飾りましょう。

① 色紙をちぎります。

② 小鳥の形に切った色画用紙に、ちぎった色紙をのりではります。

にじみ絵 カーネーション

コーヒーフィルターに水性フェルトペンで描いて、水に浸してにじませてあそびましょう。乾かした後、茎を付けて一輪の花に。子どもたち一人一人の花をフラワー紙で包み、花束にして飾り、保護者へのプレゼントに。

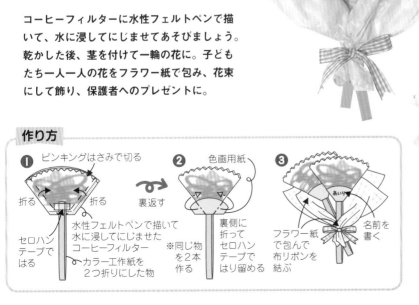

作り方

❶ ピンキングはさみで切る
折る 折る
セロハンテープではる
水性フェルトペンで描いて水に浸してにじませたコーヒーフィルター
カラー工作紙を2つ折りにした物

裏返す

❷ 色画用紙
※同じ物を2本作る
裏側に折ってセロハンテープではり留める

❸
フラワー紙で包んで布リボンを結ぶ
名前を書く
あいり

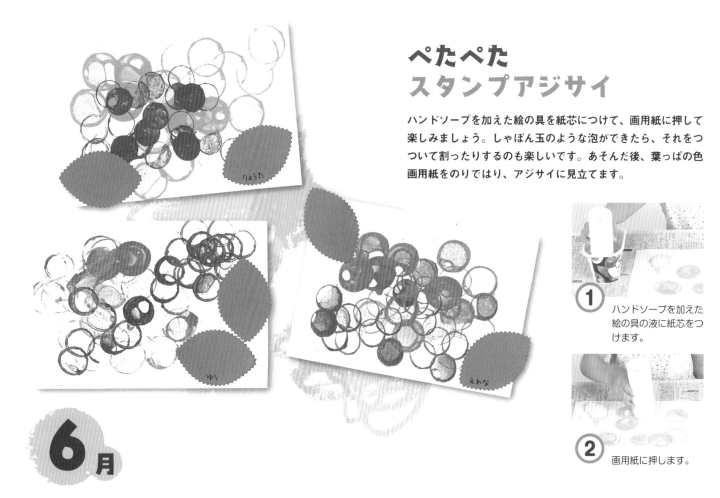

ぺたぺた
スタンプアジサイ

ハンドソープを加えた絵の具を紙芯につけて、画用紙に押して楽しみましょう。しゃぼん玉のような泡ができたら、それをついて割ったりするのも楽しいです。あそんだ後、葉っぱの色画用紙をのりではり、アジサイに見立てます。

① ハンドソープを加えた絵の具の液に紙芯をつけます。

② 画用紙に押します。

ジャンピングカエル

紙パックのコーティングをはがした白い面に水性フェルトペンで描き、その上から水を含ませた筆を載せてにじませてあそびましょう。乾かした後、2つ折りにしてクレヨンで目や口を描いてカエルに。保育者か輪ゴムを付け、飛び跳ねるように仕上げます。

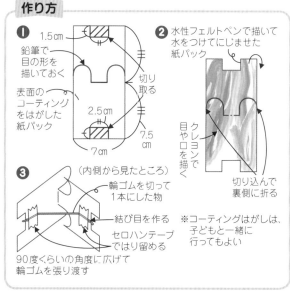

作り方

❶ 1.5cm
鉛筆で目の形を描いておく
表面のコーティングをはがした紙パック
切り取る
2.5cm
7.5cm
7cm

❷ 水性フェルトペンで描いて水をつけてにじませた紙パック
クレヨンで目や口を描く
切り込んで裏側に折る

❸ （内側から見たところ）
輪ゴムを切って1本にした物
結び目を作る
セロハンテープではり留める
90度くらいの角度に広げて輪ゴムを張り渡す

※コーティングはがしは、子どもと一緒に行ってもよい

指で押さえて
離してぴょん！

ふんわり**かき氷**

白いフラワー紙を丸めて、紙カップにのりや両面テープでくっつけてあそびましょう。ふわふわのお山ができたら、別のカップに盛りつけ、上から筆で絵の具のシロップをつけてかき氷の出来上がり。シロップの色は、子どもが選ぶといいですね。

作り方

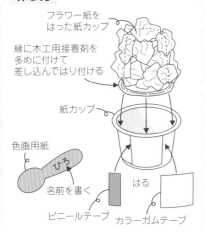

フラワー紙をはった紙カップ

縁に木工用接着剤を多めに付けて差し込んではり付ける

紙カップ

色画用紙

名前を書く

ビニールテープ

カラーガムテープ

はる

7月

夜空の**ゆらゆら花火**

丸く切った画用紙にクレヨンで自由に描いた上から絵の具を塗ってあそびましょう。絵の具をはじいてクレヨンが浮き出て見えるのがユニーク。乾かしたら、丸シールをはって華やかにするといいですね。

① 丸く切った画用紙に、好きな色のクレヨンで自由に描きます。

② ①の上に筆で絵の具を塗ってはじかせます。乾いた後、好きな所に丸シールをはります。

一回り大きく切った色画用紙にはって飾りました。

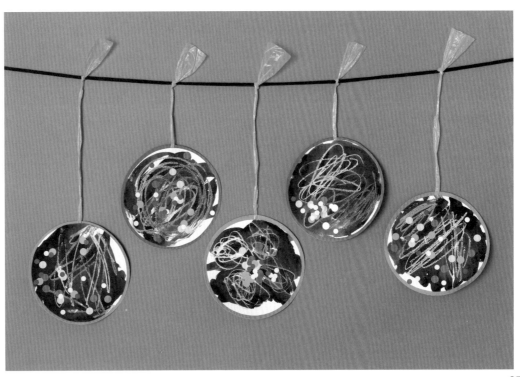

27

透ける おもしろお化け

透明な OPP 袋にお化けの形に切り抜いた色画用紙を入れ、その上から色画用紙やすずらんテープ、丸シールをはってあそびましょう。色画用紙などの舌や手は、ある程度の長さに切ったセロハンテープを使ってはります。

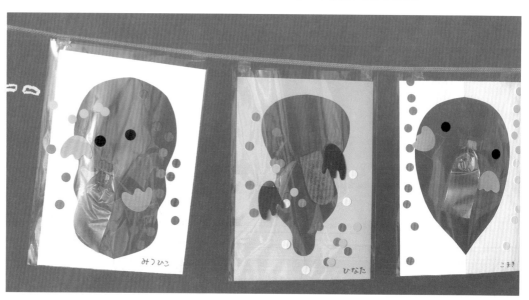

お化けは透明なので、背景によって見え方が変わります。

お化けは色画用紙を2つ折りにして切り抜き、OPP袋に入れます。保育者が手伝って用意しましょう。

ゆら〜り クラゲ

紙皿にすずらんテープをはって作ったクラゲに、子どもが思い思いにクレヨンで描いたり、丸シールをはったりしてあそびましょう。すずらんテープを裂いて、ひらひらをたくさん作ることも楽しみます。

作り方

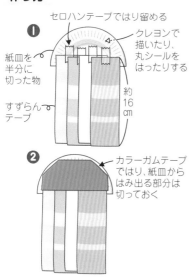

❶ セロハンテープではり留める
紙皿を半分に切った物
すずらんテープ
クレヨンで描いたり、丸シールをはったりする
約16cm

❷ カラーガムテープではり、紙皿からはみ出る部分は切っておく

コスモスの**壁飾り**

紙芯で作ったコスモスの花びらに絵の具を塗って
あそびましょう。あそんだコスモスを、色画用紙
の台紙にはり、花心にフラワー紙を詰めたり、周
りをクレヨンで描いたりして楽しみます。

作り方

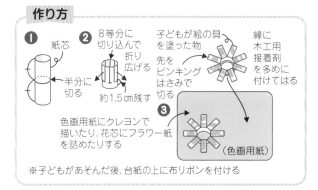

❶ 紙芯 半分に切る

❷ 8等分に切り込んで折り広げる 約1.5cm残す

子どもが絵の具を塗った物 先をピンキングはさみで切る

縁に木工用接着剤を多めに付けてはる

色画用紙にクレヨンで描いたり、花芯にフラワー紙を詰めたりする

❸ （色画用紙）

※子どもがあそんだ後、台紙の上に布リボンを付ける

紙粘土の**型押しブドウ**

平たく伸ばした紙粘土にペットボトルや、紙芯を細くした
筒などを押し付け、跡をつけてあそびましょう。紙粘土が
乾燥したら、クレヨンで塗ります。凸凹した所の描き心地
や、押した跡が浮き出てくるのを楽しみましょう。

① 紙粘土に道具を使って
押し付けます。

② ①の紙粘土が乾いたら、
クレヨンで塗ります。

準備する道具

●ペットボトルのふた5個をビ
ニールテープで巻いた物
●紙芯を縦に切り、細く丸めて
セロハンテープで留めた物
●ペットボトル（ふたなし）

落ち葉のれん

お散歩で拾い集めた落ち葉や木の実、小枝を、両面テープを
はったすずらんテープにはってあそびましょう。色画用紙の
タヌキに、顔のパーツをのりではったり、クレヨンで顔を描
いたりして楽しみます。壁や窓辺につり下げて飾りましょう。

両面テープではりに
くい物は、上からセ
ロハンテープでしっ
かりとはります。

子どもが落ち葉や木の実をはるすずらん
テープは、段ボール板などに張り渡して
固定しておくと、はりやすいでしょう。

10月

ハロウィンの黒ネコ

色紙を巻いた紙芯に丸シールをはったり、
クレヨンで描いたりして黒ネコ作りを楽し
みましょう。ぴんと立ったしっぽは、モー
ルを紙芯の穴に差し込んで付けます。

作り方

❶
内側に
折り込む

（上から見たところ）
この部分が
ネコの耳になる

色紙を
巻いて
はった紙芯

目打ちで
穴を開ける

反対向き
にする

❷
内側に
折り込む

丸シールの目や口を
はったり、クレヨンで
描いたりする

紙芯に開けた穴にモールを
差し込み、内側にセロハン
テープではり留めます。

色づいた木

水で溶いたのりで、小さく切った
フラワー紙を画用紙にはってみま
しょう。フラワー紙が重なると、
どんな色や形ができるかな。

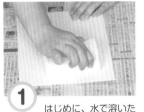

① はじめに、水で溶いた
でんぷんのりを含ませ
たスポンジで、画用紙
全体を塗ります。

② 好きな色のフラワー紙
を置き、上から①のス
ポンジで軽くたたくよ
うにしてはります。

はじき絵のキノコ

深めの紙皿を伏せた状態でクレヨンで描き、その
上から絵の具を塗ってはじき絵をしてみましょう。
できた模様に丸シールをはって、さらにカラフル
に。保育者と一緒に紙芯の柄を付けましょう。

作り方

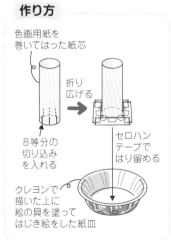

色画用紙を
巻いてはった紙芯

折り
広げる

8等分の
切り込み
を入れる

セロハン
テープで
はり留める

クレヨンで
描いた上に
絵の具を塗って
はじき絵をした紙皿

カラフル**リース**

中央を切り取ってドーナツ形にした紙皿に、毛糸を
巻いたり、丸シールをはったりしてあそびましょう。
保育者が飾りの布リボンを付けます。子どもの作品
を並べて三角ツリーにして飾るとすてきです。

作り方

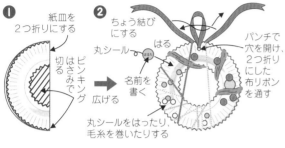

①
紙皿を
2つ折りにする

切る
はさみで
ピンキング
広げる

②
ちょう結び
にする

はる
丸シール

名前を
書く

パンチで
穴を開け、
2つ折り
にした
布リボン
を通す

丸シールをはったり、
毛糸を巻いたりする

12月

華やか**羽子板**

帯状の千代紙や色紙をはさみでパッチン。
1回切りをたくさんしてあそびましょう。
切ってできたパーツは羽子板の飾りに使い
ます。好きな所にのりではったり、はった
上からクレヨンで描いたりしましょう。

子どもたちの羽子板はペット
ボトルの器にまとめて収納。
あそびたいときに出し入れで
きる場所に置いて飾ります。

作り方

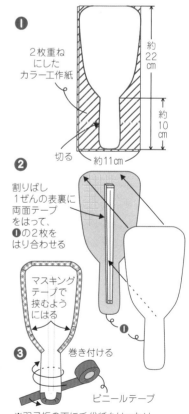

①
2枚重ね
にした
カラー工作紙

切る

約22
cm

約
10
cm

約11cm

②
割りばし
1ぜんの表裏に
両面テープ
をはって、
①の2枚を
はり合わせる

マスキング
テープで
挟むよう
にはる

③
巻き付ける

ビニールテープ

※羽子板の面に千代紙をはったり、
クレヨンで描いたりする

作り方

透明カップ

縁に多用途接着剤
を多めに付けて
かぶせてはる

子どもがあそんだ
紙粘土の雪だるま

カラー工作紙

多用途接着剤ではる

※丸シールの目や口、カラー工作紙の帽子、
　小枝は木工用接着剤ではり直す
※透明カップをかぶせた後、丸シールをはる

雪だるまドーム

紙粘土を押したり、丸めたりしてあそびましょう。
雪だるまを作ったら、透明カップのドームの中に入
れて。ドームに丸シールの雪を降らせましょう。

1月

おにさん豆入れ

スポンジに絵の具をつけ、紙皿をたたくように押
して色をつけましょう。絵の具が乾いたら、色画
用紙の角と髪の毛をのりではったり、クレヨンで
表情を描いたり。できたおにの顔に紙パックの体
を付けた後、ビニールテープはりも楽しみます。

紙皿を伏せて、絵の
具をつけたスポンジ
でたたくようにして
色をつけます。

豆を入れるおにの体は、紙
パックを深さ8cmほどに
切った物。1面を長く残し、
ガムテープで紙皿の裏には
ります。セロハンテープで
布リボンをはり、肩から斜
め掛けできるようにします。

33

2月

おひなさまを飾るとき
は、空き箱や紙パック
で作った台座に載せて
もいいですね。

不織布のかぶせびな

伏せた紙カップに不織布を載せ、その上から別の紙カップ
をかぶせるユニークなおひなさま。丸シールなどをはった
り、クレヨンで描いたりして作りましょう。

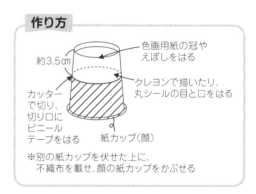

作り方

色画用紙の冠や
えぼしをはる

約3.5cm

カッター
で切り、
切り口に
ビニール
テープをはる

クレヨンで描いたり、
丸シールの目と口をはる

紙カップ（顔）

※別の紙カップを伏せた上に、
不織布を載せ、顔の紙カップをかぶせる

ゆらゆら小鳥

つつくと揺れる、あそべる小鳥を子どもたち
と一緒に作ります。紙皿で作った小鳥は、穴
を開けておき、毛糸通しができるようにして
おきます。いろいろな色の毛糸を用意して、
子どもが選んで楽しめるようにしましょう。

作り方

裏側に半分に折る

紙皿

丸シールの目と
色画用紙の
くちばしをはる

カッターで
切り込む

クレヨンで描く

パンチで
穴を開ける

※穴に毛糸を通すときは、毛糸の端を紙皿にはり、
先端にセロハンテープを巻いておく。

作り方

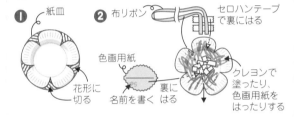

❶ 紙皿

花形に切る

❷ 布リボン

セロハンテープで裏にはる

色画用紙

クレヨンで塗ったり、色画用紙をはったりする

裏にはる

名前を書く

フラワーペンダント

花の形に切った紙皿を楽しく装飾してあそびましょう。クレヨンで描いたり、色紙をのりではったり、好きなあそびを楽しんで表現できるといいですね。色画用紙の葉っぱと布リボンを付けてペンダントにしました。

にじいろチョウチョウ

大きい不織布に水性フェルトペンで自由に描いた後、霧吹きで水をかけることに挑戦。色がにじんで混ざり合っていく様子を楽しみましょう。不織布の中央を絞り、布リボンの触角を付けてチョウチョウにします。

作り方

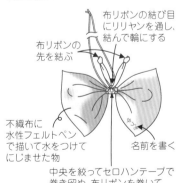

布リボンの結び目にリリヤンを通し、結んで輪にする

布リボンの先を結ぶ

不織布に水性フェルトペンで描いて水をつけてにじませた物

名前を書く

中央を絞ってセロハンテープで巻き留め、布リボンを巻いて結び付ける

手作りおもちゃ

身の回りのことに興味をもち、友達とのかかわりも見られる頃。
一緒にあそんだり、やり取りを楽しめるような
おもちゃがあるといいですね。

●あそぶ前に、P.4「安全に
あそび・活動を行うために」
を必ずお読みください。

布を巻いて
スティックドール

キルト布をスティック状に巻いて作った人形を、柄布をはった紙芯の服に通して、着せ替えあそびができるおもちゃです。紙芯の服はいろいろな色、柄の物を用意できるといいですね。

＼ポイント／

キルト布は紙芯の太さに合わせて巻いて、縫い留めます。紙芯の服は色や柄だけでなく、長さも変えて作ると、さまざまな組み合わせが楽しめます。

作り方

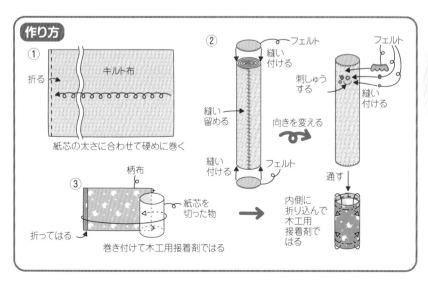

① 折る　キルト布
紙芯の太さに合わせて硬めに巻く

② 縫い付ける／フェルト
縫い留める
縫い付ける／フェルト
向きを変える
フェルト
刺しゅうする
縫い付ける
通す
内側に折り込んで木工用接着剤ではる

③ 柄布
折ってはる
紙芯を切った物
巻き付けて木工用接着剤ではる

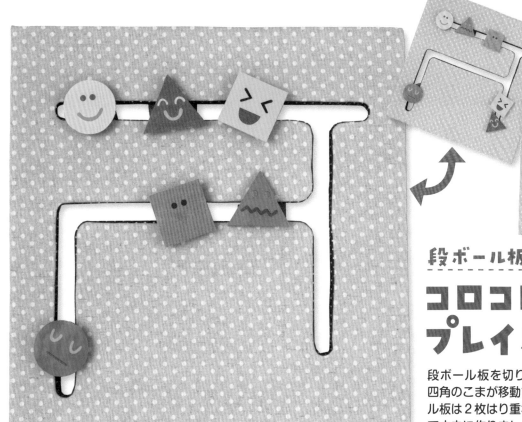

段ボール板の

コロコロ
プレイボード

段ボール板を切り抜いた溝を、丸や三角、四角のこまが移動するボードです。段ボール板は2枚はり重ねるか、厚手の物を使って丈夫に作りましょう。

溝の断面には、厚みと同じ太さに切った布を木工用接着剤でしっかりとはってカバーします。

作り方 （ボード）

① 段ボール板（2枚はり重ねた物）
切り取る

② 段ボール板より一回り大きな柄布
①に木工用接着剤ではる
切り込んで折り、木工用接着剤ではる
裏側に折ってはる
※裏側は段ボール板と同じ大きさの柄布をはり、溝部分を同様にして処理する

③ 木工用接着剤で段ボール板の断面にはる
柄布
こま
溝に差し込んで、反対側のこまに木工用接着剤でしっかりとはる
段ボール板
※四角、三角も同様にして作り、設置する

（こま）

① 色画用紙
描く
段ボール板
ブックカバー（透明粘着シート）
切り込んで裏側に折る

② 片段ボール
巻く
① 切り込んで折り開く
木工用接着剤ではり、ガムテープで留める

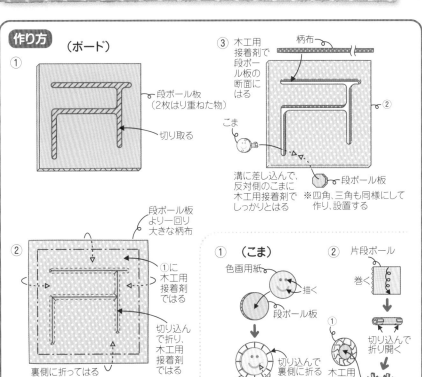

ポイント

こまを動かして一方に寄せたり、集めたり。一人でも、友達と一緒でも楽しめます。机に置くなど、好きな場所であそびましょう。

ファスナーおもちゃ

ファスナーの開け閉めを楽しむおもちゃです。袋の中に子どもたちの好きな物のカードを入れてわくわく度アップ！

＼ポイント／

中に入れるカードは、色画用紙をはって作った物（自動車、ネコ）や写真（イヌ）などなんでもOK。子どもの好きな物、興味をもっている物を入れておきましょう。

自動車

ネコ

イヌ

作り方 （袋）

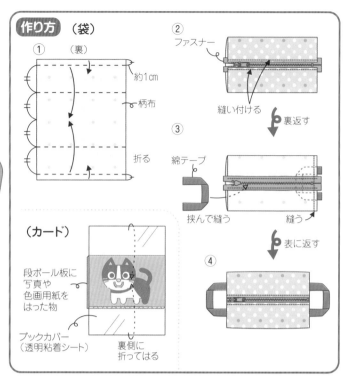

① （裏）
約1cm
柄布
折る

② ファスナー
縫い付ける
裏返す

③ 綿テープ
挟んで縫う
縫う
表に返す

④

（カード）
段ボール板に写真や色画用紙をはった物
ブックカバー（透明粘着シート）
裏側に折ってはる

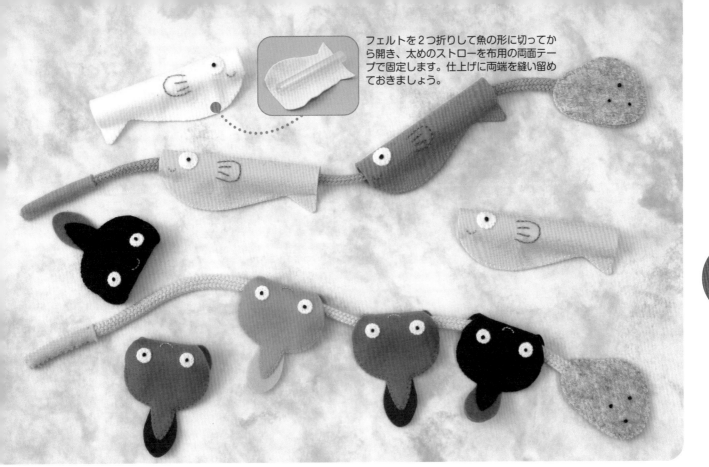

フェルトを2つ折りして魚の形に切ってから開き、太めのストローを布用の両面テープで固定します。仕上げに両端を縫い留めておきましょう。

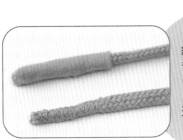

＼ ポイント ／

綿ロープの先端は糸を巻き付けて硬くしてから（下）フェルトでカバーして（上）、ストローに通しやすくしています。

綿ロープで
フェルトモチーフのひも通し

2つ折りにしたフェルトに太いストローを挟んだひも通しです。メダカとオタマジャクシにすることで、ストローの長さや、持ちやすさに変化をつけました。

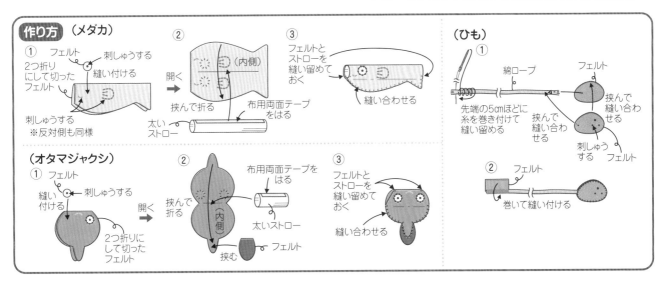

作り方 （メダカ）

① フェルト／刺しゅうする／縫い付ける／2つ折りにして切ったフェルト／刺しゅうする ※反対側も同様

② 開く／挟んで折る／（内側）／太いストロー／布用両面テープをはる

③ フェルトとストローを縫い留めておく／縫い合わせる

（オタマジャクシ）

① フェルト／縫い付ける／刺しゅうする／2つ折りにして切ったフェルト

② 挟んで折る／布用両面テープをはる／（内側）／太いストロー／フェルト／挟む

③ フェルトとストローを縫い留めておく／縫い合わせる

（ひも）

① 綿ロープ／フェルト／先端の5cmほどに糸を巻き付けて縫い留める／挟んで縫い合わせる／刺しゅうする／フェルト

② フェルト／巻いて縫い付ける

タオルで作る
簡単
着せ替え人形

タオルをくるくると巻いて作った動物さんの洋服を、脱がせたり着せたり。動物も服も簡単に作れるので、子どもたち一人一人に作ってもいいですね。

＼ ポイント ／

フェイスタオルを縦半分に折ったくらいがちょうどよい大きさ。タオルはしっかりと硬めに巻くのがポイントです。

上衣は長方形の布。袖が必要ないので簡単です。前で合わせて、面ファスナーやボタンなどで留められるようにします。スカートは筒状に縫ってから平ゴムを通しています。少しゆったりめに作るとはかせやすいでしょう。

作り方（ウサギ）

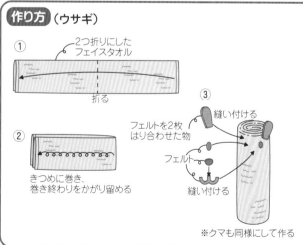

① 2つ折りにしたフェイスタオル
折る

② きつめに巻き、巻き終わりをかがり留める

③ フェルトを2枚はり合わせた物
縫い付ける
フェルト
縫い付ける

※クマも同様にして作る

（スカート）

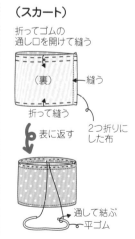

折ってゴムの通し口を開けて縫う
（裏）
縫う
折って縫う
2つ折りにした布

表に返す

通して結ぶ
平ゴム

（上衣）

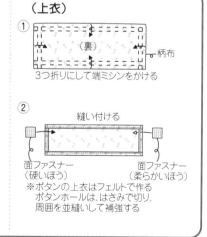

① （裏）
柄布
3つ折りにして端ミシンをかける

② 縫い付ける
面ファスナー（硬いほう）
面ファスナー（柔らかいほう）

※ボタンの上衣はフェルトで作るボタンホールは、はさみで切り、周囲を並縫いして補強する

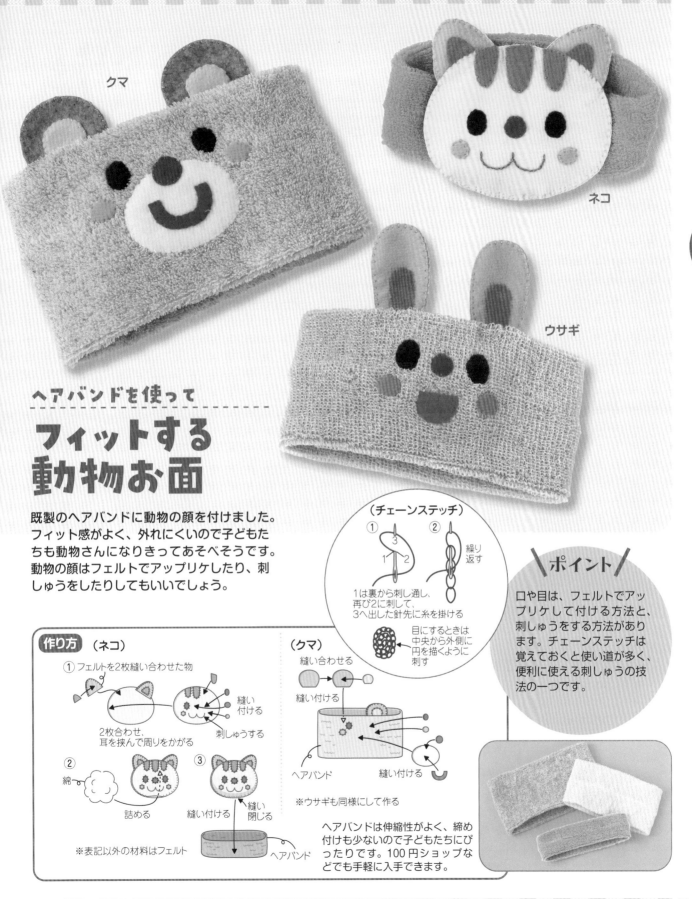

ネコ

ウサギ

ヘアバンドを使って
フィットする動物お面

既製のヘアバンドに動物の顔を付けました。フィット感がよく、外れにくいので子どもたちも動物さんになりきってあそべそうです。動物の顔はフェルトでアップリケしたり、刺しゅうをしたりしてもいいでしょう。

（チェーンステッチ）

① ③
1 2

② 繰り返す

1は裏から刺し通し、再び2に刺して、3へ出した針先に糸を掛ける

目にするときは中央から外側に円を描くように刺す

ポイント

口や目は、フェルトでアップリケして付ける方法と、刺しゅうをする方法があります。チェーンステッチは覚えておくと使い道が多く、便利に使える刺しゅうの技法の一つです。

作り方 （ネコ）

① フェルトを2枚縫い合わせた物

縫い付ける

2枚合わせ、耳を挟んで周りをかがる

刺しゅうする

② 綿

詰める

③ 縫い付ける

縫い閉じる

ヘアバンド

※表記以外の材料はフェルト

（クマ）

縫い合わせる

縫い付ける

ヘアバンド

縫い付ける

※ウサギも同様にして作る

ヘアバンドは伸縮性がよく、締め付けも少ないので子どもたちにぴったりです。100円ショップなどでも手軽に入手できます。

裏面は柄の色紙や包
装紙などをはって同
じ柄に。

紙パックの1面を切り取っ
て布をはり、持ち手を付け
た、カードがぴったりしま
えるバッグ。お片付けや持
ち運びに活躍します。

紙パックで

ペアペアカード

紙パックを切って果物や動物の絵をはりました。
同じ絵柄をそれぞれ2枚ずつ作って、絵合わせ
を楽しんだり、同じ仲間を集めたり。子どもた
ちの好きな物の絵柄で作ると楽しいですね。

ポイント

カードを伏せて並べ、友
達と順番にめくって同じ
絵柄を探すなど、少しず
つルールのあるあそびも
できるようになってきま
す。最初は少ない数から
始めると絵が合いやすく
飽きずに楽しめます。

作り方

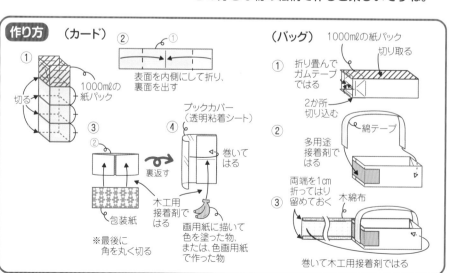

（カード）

① 切る　1000mℓの紙パック

② 表面を内側にして折り、裏面を出す

③ 包装紙　※最後に角を丸く切る

④ ブックカバー（透明粘着シート）　巻いてはる　裏返す　木工用接着剤ではる　画用紙に描いて色を塗った物、または、色画用紙で作った物

（バッグ）

1000mℓの紙パック　切り取る

① 折り畳んでガムテープではる　2か所切り込む

② 綿テープ　多用途接着剤ではる　両端を1cm折ってはり留めておく

③ 木綿布　巻いて木工用接着剤ではる

畳むと、おうちを外から見たデザイン。持ち手を持って、バッグのように持ち歩けます。

アップリケをして

ドールハウス
バッグ

かわいいおうちのバッグを開いて壁や大型積み木に立て掛けると、小さなお部屋になって、人形を使ったごっこあそびなどに活躍します。

＼ ポイント ／

布に張りをもたせて丈夫にするために「芯地」をはって作ります。アイロンではることができる接着芯を使うと簡単です。接着芯は素材や厚さもいろいろありますが、ドールハウスバッグには厚手の物を使っています。

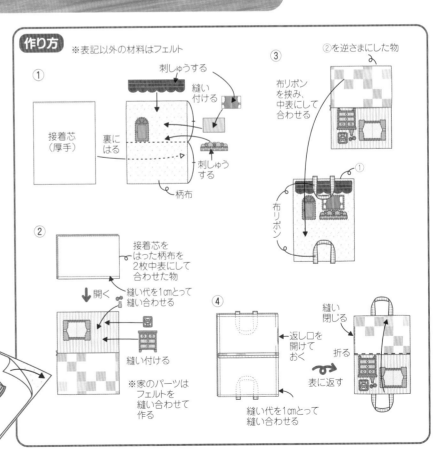

作り方 ※表記以外の材料はフェルト

①
接着芯（厚手）
刺しゅうする
縫い付ける
裏にはる
刺しゅうする
柄布

②
接着芯をはった柄布を2枚中表にして合わせた物
↓開く
縫い代を1cmとって縫い合わせる
縫い付ける
※家のパーツはフェルトを縫い合わせて作る

③
②を逆さまにした物
布リボンを挟み、中表にして合わせる
布リボン

④
縫い閉じる
返し口を開けておく
折る
表に返す
縫い代を1cmとって縫い合わせる

43

保育イラストを活用しよう

付録の CD-ROM に収録されている保育イラスト（P.201〜228）のデータは、おたよりや各種の掲示物の製作をはじめ、誕生カードやプレゼントなど、保育のさまざまなシーンで活用できます。ここではその一例を紹介します。全てのイラストデータにカラーデータとモノクロデータがあるので、使用する物に合わせて使い分けてください。また、これらのデータはダウンロードして使うこともできます。

＊ ダウンロードの方法は P.200 で詳しく解説しています。
＊ データの使用に際しては、P.229 以降を必ずお読みください。

活用例 1 プレゼントのメダルを作る

マークイラスト（カラー）をプリントして金銀の工作紙にはったメダルです。運動会のメダルなど、たくさん作らなくてはならないときには、工作紙にカラーイラストを切り抜いてはるだけの簡単メダルはいかがですか。リボンやシールで飾りをプラスすれば既製品にも負けない仕上がりになります。同様にして、誕生日のおめでとうメダルや誕生カードも作れますね。

使用イラスト　c-228-05　c-228-08　（P.228）

活用例
2
絵人形を作る

イラストの中には、動物や子どもの動きが感じられる物もたくさんあります。データを活用してペープサートやパネルシアターの絵人形を作ってみましょう。ペープサートの場合は、写真のように2枚のイラストで操作棒を挟むようにしてはります。

使用イラスト　c-225-20　c-225-22　c-225-09　c-228-11　（P.225、228）

活用例
3
掲示に使う

保護者向けのお願いなどは、イラストを使ってわかりやすく伝えましょう。こんなふうに使えるイラストも用意しました。Word などのワープロソフトを使いましょう。

名前の記入のお願い

園生活の中で、着替えることがたびたびありますが、子どもたちが脱いだ衣類に名前がないと、迷子のものが多くなります。名前が付いていないと、持ち主に戻すことができません。持ち物には、全て名前の記入をお願いします。

●シャツ、トレーナー、下着
裾部分の裏側

●ズボン
ウエスト部分の内側

●靴
内側の見やすい所

●パンツ
ウエスト部分の内側

●靴下
土踏まずの部分

※繰り返し洗濯する洋服や下着などの布製品は、洗濯するたびに名前が薄くなって読みにくくなってしまいます。ときどき、確認をお願いいたします。

使用イラスト　c-227-16　c-227-11　c-227-09　c-227-02　c-227-15　（P.227）

保育イラストをフルに使ったクラスだよりです。枠や帯のイラストをうまく使って見やすいおたよりになるよう工夫しましょう。イラストの入れ方などは P.236 ～ 239 で紹介しています。

タイトル用の大きい枠を使って。季節感のあるイラスト枠で、おたよりの名前を目立たせます。

イラスト枠ばかりを使うと、ごちゃごちゃしすぎることも。バランスを見ながら、すっきりした直線などの枠を交ぜて使いましょう。

カラー

モノクロ

「保健」のページ（P.226 ～ 227）に、子どもの衣類やグッズのイラストがあります。使い道はいろいろ。

枠イラストを使わずに、カットでタイトルを挟むという方法もあります。

りすぐみだより

○○園 8月○日発行

8月に入り、毎日、暑い日が続いています。暑さに負けず、元気いっぱいのりす組の子どもたち。夏の日ざしを浴びて、水あそびに夢中です。

この時期は、夏の暑さと水あそびで体も疲れやすく、体力も消耗しやすいため、水分と休息をうまく取りながら体調管理に気をつけていきたいと思っています。

保育目標

- 保育者や友達と一緒に、水あそびなどの全身を使ったあそびを楽しむ。
- 保育者の読む絵本の中の言葉を繰り返すなど、保育者のまねをして、言葉のやり取りを楽しむ。

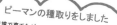

早めに休息を！

夏の疲れから体調を崩す子が増えてきました。

少しでもおかしいと感じたら、早めに休むことが大切です。しっかり休息し、元気な体作りをしていきたいですね。

イラストは大きくすると線が太くなり、小さくすると細くなります。メリハリをつけたいときにはこの法則を利用しましょう。

ピーマンの種取りをしました

園庭の花壇で育てたピーマンがたくさん実りました。先日、半分に切ったピーマンから種を取りました。種を指先でツンツンしてみる子、思いっきり種の塊を取る子、最後の一粒まできれいに取る子など、さまざまな姿が見られました。種を取ったピーマンは、夏野菜カレーに入れて、給食で食べました。おいしかったです。

8月の予定

- ○日(○) 身体測定
- ○日(○) 避難訓練
- ○日(○) 誕生会
- ○日(○) 水あそび　　　　終了

8月生まれのおともだち

3日　たかはし　みなと　さん
21日　やまざき　かんな　さん
26日　やました　さら　さん

夏祭りのご参加ありがとうございました！

ヨーヨー釣りや的当てを楽しんでいただけましたでしょうか。おうちの方にだっこされながらの盆踊りも曲に合わせて体を動かして楽しんでいましたね。

りすぐみだより

○○園 8月○日発行

8月に入り、毎日、暑い日が続いています。暑さに負けず、元気いっぱいのりす組の子どもたち。夏の日ざしを浴びて、水あそびに夢中です。

この時期は、夏の暑さと水あそびで体も疲れやすく、体力も消耗しやすく…水分と休息をうまく取りながら体調管理に気をつけていきたいと思って…

保育目標

- 保育者や友達と一緒に、水あそびなどの全身を使ったあそびを楽しむ。
- 保育者の読む絵本の中の言葉を繰り返すなど、保育者のまねをして、言葉のやり取りを楽しむ。

ピーマンの種取りをしました

園庭の花壇で育てたピーマンがたくさん実りました。先日、半分に切ったピーマンから種を取りました。種を指先でツンツンしてみる子、思いっきり種の塊を取る子、最後の一粒まできれいに取る子など、さまざまな姿が見られました。種を取ったピーマンは、夏野菜カレーに入れて、給食で食べました。おいしかったです。

8月の予定

- ○日(○) 身体測定
- ○日(○) 避難訓練
- ○日(○) 誕生会
- ○日(○) 水あそび　　　　終了

8月生まれのおともだち

3日　たかはし　みなと　さん
21日　やまざき　かんな　さん
26日　やました　さら　さん

夏祭りのご参加ありがとうございました！

ヨーヨー釣りや的当てを楽しんでいただけましたでしょうか。おうちの方にだっこされながらの盆踊りも曲に合わせて体を動かして楽しんでいましたね。

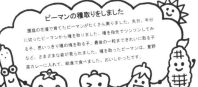

タイトルだけを枠に入れる。こんなレイアウトの仕方もあります。

同じ帯イラストを2本
使って、おたよりタイ
トルをサンドイッチ。

小さい枠を月の
表示に使って。

「子どもの姿」（P.218〜
221）のイラストは、おた
よりの内容に合わせてカッ
トに使いやすい物がたくさ
んあります。

Wordの機能を使った囲みも
いろいろ変化をつけられます。

12月

うさぎぐみだより

○○園 12月○日発行

今年も残すところあと1か月を切り、日に日に寒さが厳しくなってきました。
「子どもは風の子」といいますが、うさぎ組の子どもたちも、ほっぺを真っ赤にして、白い息を吐きながら、
園庭で元気にあそんでいます。
戸外でも室内でも、おもちゃであそんだ後は、保育者の声かけで、少しずつ片づけができるようになってき
ました。両手いっぱいにおもちゃを抱える姿はとてもかわいいものです。心も体も大きくなった証ですね！

保育目標

●気温の変化を感じながら、寒さに負けないように、
体を動かしてあそぶ。
●保育者や気の合う友達とやり取りをしながら、ごっ
こあそびを楽しむ。

おままごと
大好き!!

コップで飲むまねをしたり、スプーンに食べ物を載せ
て口に運んだりと、お友達と楽しくあそんでいます。時に
は、おもちゃの取り合いでけんかになってしまうこともあ
りますが、保育者が間に入りながら、うまくかかわれるよ
うになってきています。

シンプルなヘアゴムで

飾りつきのヘアゴムやヘアピンは誤飲やけがの
原因になります。園は、0歳児から一緒に生活す
る場です。「うちの子は口に入れないから大丈夫」
とは思わず、事故防止のためにも、
シンプルなゴムで結ぶようにして
ください。

12月生まれのおともだち
20日 しみず そうま さん
28日 なかじま みつき さん

戸外あそび用の上着を用意してください

動きやすいジャンパーをご用意ください。フード
やひもつきの洋服は、思わぬ事故につながるの
で、ないものをお選びください。
また、寒いからといって厚着をさせると、
汗をかくことで体を冷やし、風邪をひいて
しまうことも。
大人よりも1枚少ないくらいがちょう
どよいでしょう。

楽しみなクリスマス会！

○月○日（○）は、楽しみにしている
クリスマス会。
各クラスが出し物をしたり、職員の演
奏を聴いたりします。
会の最後には、もしかしたら……
あのお客様も来るかな!?

12月の予定

○日（○）身体測定
○日（○）避難訓練
○日（○）誕生会
○日（○）クリスマス会

12月

うさぎぐみだより

今年も残すところあと1か月を切り、日に日に寒さが厳しくなってきました。
「子どもは風の子」といいますが、うさぎ組の子どもたちも、ほっぺを真っ
園庭で元気にあそんでいます。
戸外でも室内でも、おもちゃであそんだ後は、保育者の声かけで、少しずつ
ました。両手いっぱいにおもちゃを抱える姿はとてもかわいいものです。心

保育目標

●気温の変化を感じながら、寒さに負けないように、
体を動かしてあそぶ。
●保育者や気の合う友達とやり取りをしながら、ごっ
こあそびを楽しむ。

おままごと
大好き!!

コップで飲むまねをしたり、スプーンに食べ物を載せ
て口に運んだりと、お友達と楽しくあそんでいます。時に
は、おもちゃの取り合いでけんかになってしまうこともあ
りますが、保育者が間に入りながら、うまくかかわれるよ
うになってきています。

シンプルなヘアゴムで

飾りつきのヘアゴムやヘアピンは誤飲やけがの
原因になります。園は、0歳児から一緒に生活す
る場です。「うちの子は口に入れないから大丈夫」
とは思わず、事故防止のためにも、
シンプルなゴムで結ぶようにして
ください。

12月生まれのおともだち
20日 しみず そうま さん
28日 なかじま みつき さん

戸外あそび用

動きやすいジ
やひもつきの演
で、ないものを
また、寒い
汗をかくこと
しまうことも。
大人より

楽しみなクリスマス会！

○月○日（○）は、楽しみにしている
クリスマス会。
各クラスが出し物をしたり、職員の演
奏を聴いたりします。
会の最後には、もしかしたら……
あのお客様も来るかな!?

12月の予定

○日（○）身体測定
○日（○）避難訓練
○日（○）誕生会
○日（○）クリスマス会

0・1・2歳児の
発達と保育

自ら育とうとする子どもの姿を大切に

　ヒトは、生まれながらにして外界に働きかける主体的な力をもっています。同時に周囲の環境からの刺激を受け止め、感じ、考え、行動する力も備えています。この周囲の環境との応答性の中で、自ら育とうとするエネルギーがあそびの中で発揮され、心身の発達を支えていくのです。だからこそ主体である4歳未満の子どもをよく理解し、発達のみちすじを知ることは、保育室内外の環境作りやかかわりをしていくうえで、保育の基本だといえるでしょう。

　心身の発達は別々に行われるものではなく、個人差も大きいものです。一人一人に合わせた生活リズムや遊具、場の設定が求められます。愛情豊かで応答的なかかわりの中で情緒的な絆が芽生え、安心・安定した関係が子どもの感情表現・表出を豊かにしてくれます。やがて移動能力の獲得とともに探索欲求が高まっていきます。身体の諸感覚をフル回転させ、遊具を使い、友達とのかかわりを広げていくのです。

　保育は、自ら育とうとする主体である4歳未満の子どもたちに、適切な環境ときっかけを作り、温かで豊かな日常を編んでいく大切な仕事です。ぜひ自ら育とうとする目の前の子どもの姿を大切にしながら、日々の保育を創ってほしいと願っています。

監修　鈴木みゆき（國學院大學教授）

＊あそぶ前に、P.4「安全にあそび・活動を行うために」を必ずお読みください。

手足を動かすころ…0〜3か月くらい

発達と援助

発達のみちすじ

0か月〜4歳未満

生理的機能、全身運動、手指の操作、言
語と認識、対人関係の5つのカテゴリーに
分けて、発達を追っていきます。
「何か月に何ができる」ということだけでは
なく、どういう順序で発達していくのか、
また各カテゴリーはどうかかわっているの
かを把握して、保育にご活用ください。

生理的機能

- 18〜30cm 程度の距離の物が見える。
- 平均の睡眠時間は17時間前後。
  （生後1か月ころ）
  昼夜の区別はなく、睡眠と覚せいを繰り返す。
- 腹式呼吸をする。
- 原始反射※1が活発。
- ※1＝P.81 に詳しい内容を掲載しています。

全身運動

- あおむけでは左右非対称な姿勢になる。
- あおむけの姿勢で、手と手、足と足を
  ふれあわせる。（3か月）
- 上体を引き起こすと、頭がついてくるようになる。
  （3か月）
- 首が据わり始める。（3か月）
- あおむけでときどき左右に首を少し動かす。
- 腹ばいで、短い時間、頭を持ち上げる。

手指の操作

- 自分の手に興味をもち、じっと
  見つめたり、動かしたりする。
  （ハンドリガード※4）
- ガラガラなど、手に置かれ
  た物を、短い間握るように
  なる。
- ※4＝P.81 に詳しい内容を
  掲載しています。

言語と認識

- 「あっあっ」など、泣き声とは違った声
  （クーイング）を発する。
- 物や人が視界に入ると、じっと見る。（注視）
- 首が据わると、動く物を左右に180度、目で
  追いかける。（追視）
- おなかがすいたときや、眠たいときなど、
  不快と感じたときに泣く。

対人関係

- 声をかけられるとにっこり笑う。
  （2〜3か月）
- 人の話し声のほうへ視線を向ける。
- あやされると、口を開けた笑顔で、手足を
  伸ばしたり、曲げたりするようになる。

●たいていの原始反射が消失する。
●体重が出生時の約２倍になる。（４か月ころ）
●味覚が芽生える。
●少しずつまとめて眠る時間が多くなり、昼夜の区別がついてくる。
●消化、吸収の働きが活発になり、だ液が増える。
●どろどろの物を飲み込むことができる。
　（５〜６か月ころ）

●うつぶせでは、上半身をひじとてのひらで支えて持ち上げる。
●手で足先を持ってあそぶ。
●あおむけからうつぶせへの寝返りをする。
●左右どちらにも寝返りをするようになる。
●支え座りの姿勢で倒れそうになると、傾いたほうへ手をつき、頭をまっすぐに起こす。（立ち直り反応※2）
●腹ばい姿勢で前に進もうとして、後ずさりになる。
●グライダーポーズやピボットターン※3をする。
　※2、※3＝P.81に詳しい内容を掲載しています。

●目の前の物に手を伸ばす。目と手の協応が始まる。（４か月）
●手を伸ばして体のそばにある物をつかむことができるようになる。（リーチング※5）
●ガラガラを握ってあそぶ。
　※5＝P.81に詳しい内容を掲載しています。

はーい
あーあー

●「あーあー」など、喃語を発する。
●人の声と物音を聞き分ける。
●動く物を広い範囲（全方位360度）にわたって追視する。

●身近な大人の顔がわかる。
●子どもから身近な大人に向けて声を出し、笑いかける。
●身近な大人が呼びかけると、そのほうへ体を向ける。

●昼間の目覚めが10時間程度になる。
●母親からの免疫が減少し、子ども自身の免疫力をつけ始める。
●１回の尿量が増し、排尿回数が減ってくる。
●下の前歯が生え始める。
●数回口を動かして、舌で押しつぶして咀嚼することができる。

●うつぶせからあおむけへの寝返りをする。
●座る姿勢が安定してきて、少しずつ両手が自由になってくる。
●ずりばいやおなかを持ち上げたよつばいで進む。
●わきの下を支えられると立つ。
●さくなどにつかまって立つ。（つかまり立ち）

●片方の手から、もう片方の手に持ち替える。（左右の手の協応）
●てのひら全体で物をつかもうとする。
●手に持った物でたたいたり、両手に持った物を打ち合わせたりする。

●大人が指さした方向に視線を動かす。（共同注意※6）
●「いないいないばあ」などと大人が声をかけると、声の調子をまねする。
●喃語が活発になる。
　※6＝P.82に詳しい内容を掲載しています。

●見知らぬ大人を見ると泣くなど、人見知りをする。
●「おつむてんてん」など、身近な大人とのあそびを喜ぶ。
●欲しい物があると声を出す。
●特定の大人への後追いが増えたり、夜泣きが強くなったりする。（8か月不安）

発達と保育

＊文中の「※数字」は、本書 (P.81〜82) で詳しい内容を解説していることを示しています。

伝い歩きのころ…10〜12か月くらい	歩き始めのころ…13〜15か月くらい

生理的機能

●上の前歯が生え始める。
●体重が出生時の約3倍に、身長が約1.5倍になる。
　(12か月ころ)
●昼間の睡眠は、午前と午後でそれぞれとる。
●歯ぐきで咀嚼することができる。
●排尿の間隔が長くなり、1日当たり10〜16回となる。

●睡眠は合計13時間ほどとなり、午睡はほぼ1回となる。
●頭が大きくなるゆとり分として開いていた大泉門がほぼ閉じる。
●排尿、排便のコントロールはできないが、尿意や便意を感じる。

全身運動

●高ばいをする。
●よつばい、高ばいで階段を上る。
●さくなどにつかまりながら立ったり、座ったりする。
●さくなどを伝って歩く。
　(伝い歩き)
●支えられて歩く。

●一人で立つ。
●一人で歩く。
　(ハイガード歩行→ミドルガード歩行※7)
●緩い傾斜のある場所でバランスをとりながら歩く。
　※7＝P.82に詳しい内容を掲載しています。

手指の操作

●クレヨンやフェルトペンを握って紙に打ち付ける。
●物を出し入れする。
　(出すほうを先にする)
●小さな物を親指と人差し指でつまむ。

●積み木を2〜3個くらい積む。
●粘土をたたいたり、ちぎったりする。
●フェルトペンやクレヨンを持ち、左右や上下に腕を動かして描く。

言語と認識

●自分が気づいた物や人などを示すために指を向ける。
　(指さし※9の出現)
●「バイバイ」と聞いて手を振ったり、「ちょうだい」の言葉に物を渡したりして、大人の言葉を理解するようになる。
●「マンマ」「ママ」など、意味のある単語(一語文)が出現する。
●名前を呼ばれると振り向く。
●「だめ」など、大人の制止の言葉がわかる。
●「いやいや」など、自分の思いをしぐさで伝えようとする。
　※9＝P.82に詳しい内容を掲載しています。

●指さし※10が盛んになる。
●自分の名前を呼ばれると、返事をする。
●眠るふりをしたり、空のコップで飲むまねをしたりして、「つもり」の行動が表れ始める。
●四足動物は「ワンワン」(または、ニャーニャー)、乗り物は「ブーブー」、食べ物は「マンマ」など、同じグループの物は同じ名称で表現する。
　※10＝P.82に詳しい内容を掲載しています。

対人関係

●身近な大人と、物や別の人を共有する。
　(三項関係※11)
●鏡に映る自分や、ほかの人をじっと見る。
●物を使って、「ちょうだい」「どうぞ」のやり取りを喜ぶ。
●身近な大人が使っている物を欲しがり、渡すと使い方をまねしようとする。
　※11＝P.82に詳しい内容を掲載しています。

●要求が通らないときに、だだをこねるようになる。
　(自我の芽生え※12)
●持っている物を友達に取られそうになると抵抗する。
●褒められると同じ動作を繰り返す。
　※12＝P.82に詳しい内容を掲載しています。

とことこ歩きのころ…16〜18か月くらい	しっかり歩けるころ…19か月〜2歳未満

●脳の重量が1000gを超える。
●尿をぼうこうにためておけるようになって、排尿回数は1日10回程度になる。
●奥歯が生え始める。

●昼間の睡眠が1回になる。
●新陳代謝が高まり、食べる量が増える。
●排尿間隔が長くなる。
●皮下脂肪が減り、手足が伸びてくる。

●両手を下ろして歩く。(ローガード歩行※8)
●大人と手をつないで歩く。
●物を抱えて歩いたり、押し車を押して動かしたりする。
●靴を履いて歩く。
●O脚からX脚になる。
●しゃがんだり、立ったりする。
　※8＝P.82に詳しい内容を掲載しています。

●転ぶことなく、しっかり歩く。
●1段ずつ足をそろえて、階段を上り下りする。
●ボールを前方にける。
●滑り台にお尻をつけて、前向きにすべる。
●両足はそろわないが、15cm程度の高さから跳び下りる。

●3個以上の積み木を積む。
●つまんだ物を小さな穴に入れる。
●スプーンやフォークを使って食べるようになる。

●ドアノブを回したり、瓶のふたを開けたり、面ファスナーをつないだりする。
●コップに砂や水を入れ、別のコップに移し替える。
●ぐるぐると連続した丸を描く。

●簡単な指示がわかる。
●靴や帽子など、自分の持ち物と友達の持ち物を区別する。
●2つの物から1つを選ぶ。
●問いに答えて、知っている物を指せる。

●「いや」を頻繁に言う。
●「〜ない」と否定形を使うようになる。
●「ほん　よんで」「ブーブー　きた」などの二語文が出現する。
●簡単な質問に答える。
●手あそびや歌の歌詞の一部を覚える。
●色が2つほどわかる。
●道具の用途がわかり、使おうとする。

●それまでやっていたことでも、見知らぬ人の前では恥ずかしがってやらないことがある。
●ほかの子に抱きついたり、泣いている子のそばに行ったりして、友達への働きかけが多くなる。
●友達の持っているおもちゃを欲しがるが、気持ちは長続きせず、手に入れるとほどなく手放すことが多い。
●自分より年下の子どもに興味をもつ。

●自分の所有物を「○○ちゃんの！」と主張する。
●「〜ではない○○だ」と選んで決めるようになる。(自我の誕生)
●友達と同じことをやりたがる。
●身の回りのことを「じぶんで」と、一人でやろうとする。
●友達とおもちゃや場の取り合いが増え、かみつくこともある。
●周囲の状況や、大人からの働きかけによって、気持ちを切り替えることができる。
●大人から離れてあそぶ。
●友達と手をつなぎたがる。
●鏡に映る姿を見て、自分の姿だとわかる。

発達と保育

生理的機能

- 昼間の1回睡眠のリズムが安定してくる。
- 上下10本ずつ20歯が生えそろい、しっかりかめるようになる。
- 排せつの自立が進む。
- 肋間筋*が発達し、腹胸式呼吸となる。
  *肋間筋＝肋骨と肋骨とを連絡している筋肉。

- 寝ているときも尿意を感じる。
- 脳重量が1100～1200gとなり、成人の脳の重さの8割くらいになる。
- 利き手がほぼ決まる。

全身運動

- 走る。
- 三輪車にまたがり、地面をけって動かす。
- 両足を交互に踏み出して階段を上り下りする。
- 片足で立つ。
- つま先立ちをする。
- 20cm程度の高さなら、両足をそろえて跳び下りる。

- 手すりを持たずに、一人で階段を上り下りする。
- 両足で連続して跳ぶ。
- その場で片足跳びをする。
- 三輪車のペダルを踏んで動かす。
- でんぐり返しをする。

手指の操作

- 胸の前のボタンを一人で外したり、はめたりする。
- 粘土を引っ張ったり、ねじったりする。
- 閉じた丸や、縦線と横線が交差する十字を描くようになる。
- 絵本を1枚ずつめくる。
- はさみを使って紙を切る。（1回切り）

- はしを使い始める。
- 丸をたくさん描いたり、頭足人を描き始めたりする。
- はさみで紙を直線に沿って切る。（連続切り）

言語と認識

- 「これなあに？」とよく質問する。
- 「～してから○○する」と、見通しをもった行動がとれるようになる。
- 順番がわかるようになり、待とうとする。
- 経験したことを話す。
- 積み木を車に見立てたり、段ボール箱をおふろに見立てたりする。
- 「大きい、小さい」「長い、短い」「多い、少ない」などがわかる。
- 「おいしい」「きれい」などの形容詞を使って表現する。
- あいさつをする。
- 自分の名前を言う。

- 赤、青、黄、緑など、色が4つほどわかる。
- 「どうして？」と尋ねる質問が増える。
- おしゃべりが盛んになる。
- 「4」という数がわかり始める。
- 自分のことを「ぼく」「わたし」と言うことがある。
- 自分や身近な人の性別がわかる。
- 昨日、あしたがわかる。
- 上下、前後、横がわかる。

対人関係

- 「みてて」と自分がすることを認めてほしがる。（自我の拡大）
- 身の回りのことをなんでも一人でやろうとする一方で、「できない」と手伝ってもらいたがる。
- 気に入ったおもちゃや場所を独り占めして、自分の領域を守ろうとする。（2歳半ころまで）
- 自分の主張が受け止めてもらえた経験を通して、他者の思いを受け入れようとし始める。（自我の充実　2歳半以降）
- 年下の子どもの世話や、食事の手伝いをしたがる。
- 年上の子がすることにあこがれの気持ちをもつ。
- 2～3人で「みたて・つもり」あそびや簡単なごっこあそびを楽しむ。

- 出会いや再会の場面で顔を隠したり、物陰や大人の後ろに隠れたりする。
- 友達数人とごっこあそびを楽しむ。
- 好きな友達ができる。
- 友達との間で、物を貸し借りしたり、順番を守ろうとしたり、役割を交代したりする。
- 「もういいかい」「もういいよ」のかけ合いをしながら、かくれんぼをする。

全身運動

姿勢と運動

0歳から4歳前までの全身運動の発達は、飛躍的です。保育者はどう援助すればいいのでしょうか。そのときどきの、子どもの姿を追いながら、かかわり方を探っていきます。

*あそぶときは安全性に留意し、子どもの発達に合わせて見守りながら行いましょう。

発達と保育

0〜3か月くらい

手足を動かすころ

姿勢を変える

自分の意思で姿勢を変えることが難しい時期です。
安心できるかかわりの中で、姿勢を変えて過ごす時間を作りましょう。

発達の姿

・首が据わり始める。（3か月）
・腹ばいで、短い時間、頭を持ち上げる。

保育のポイント

●**首が据わるまでは横抱きが基本**

首が据わるまでは首の後ろとお尻を支える横抱きが基本。早い時期の縦抱きは、頭や背中を支えようと、腹筋や背筋など未熟な筋肉に力が入りすぎるので、避けたほうがよい。

●**腹ばいであそぶ機会を作る**

首が据わり始めるころから1日に1〜2回、嫌がらない範囲で腹ばいの機会を作る。顔を上げて腹ばいの姿勢を保てるように、子どもの正面で声をかけたり、おもちゃを置いたりする。手を使ってあそべるように、細長く丸めたタオルなどを胸の下に入れるとよい。

●**自分から起き上がろうとする力を引き出す**

首が据わってきたら、保育者の親指を握らせて、あおむけの姿勢からゆっくりと引き起こす。保育者が引っ張るのではなく、子ども自身が起き上がろうとする動きに沿って介助する。

4～6か月くらい　寝返りのころ
あおむけからうつぶせに

体全体を使う寝返りを適切に介助して、積極的に動こうとする子どもの気持ちや姿を引き出しましょう。

発達の姿

・手で足先を持ってあそぶ。

・あおむけからうつぶせへの寝返りをする。
・左右どちらにも寝返りをするようになる。
・腹ばい姿勢で前に進もうとして、後ずさりになる。

保育のポイント

●脚が先行する寝返りを
手で足先を持ってあそぶようになったら、もうすぐ寝返りをするサイン。脚が先行するように、上になる脚を曲げておなかにつけ、腰から回るように介助する。

●左右差を作らないようにする
最初は同じほうにばかり寝返るので、しばらく様子を見て、徐々に逆側への回転を介助する。光や音の刺激を感じて寝返ることが多いので、いろいろな方向から刺激を感じられるよう、横になる位置を変えるとよい。

●前進する感覚をサポート
脚よりも手の発達が早く、力が強いため、ずりばいの始めのころは、前に進みたいのに後ろに下がってしまい、ぐずることがある。保育者がてのひらで足裏を支えてける体験を介助すると、力の入れ具合がわかるようになる。

7～9か月くらい　はいはいのころ
自分で体を支える力を育てる

うつぶせから座位へ、座位からうつぶせへと自在に姿勢を変え、はいはいでの移動を楽しむことが、後のしっかりした歩行を育てる土台になります。

発達の姿

・座る姿勢が安定してきて、少しずつ両手が自由になってくる。
・ずりばいやおなかを持ち上げたよつばいで進む。

保育のポイント

●心地よい揺さぶりあそびで体を支える力を育てる
座った姿勢で倒れそうになったとき、手をついて体を支える力を獲得するために、心地よい揺さぶりあそびを取り入れよう。この力を獲得することで、ようやく自分で座ることができるようになる。また、歩き始めたときも転びにくく、転んでも先に手をついて体を支えることができる。

おふねが
ぎっちらこ～♪

●座位を好む子には腹ばいのあそびからスタート
座位を好み、腹ばいを嫌がる子には、機嫌のよいときに、腹ばい姿勢でかかわるようにする。ただし、腹ばいでの移動を促したいと、保育者がおもちゃを持って少しずつ下がるのは逆効果。目標物は動かさないことがポイント。

●ずりばいからよつばいへのステップアップを後押し
おもちゃを子どもが取れる位置に置いたり、目の前でボールを転がしたりして、「取りにいきたい」という意欲を引き出そう。また、低い段差や大きめのロールクッションを用意し、両手をついて上半身を支えられるような環境やあそびを工夫する。

伝い歩きのころ

10〜12か月くらい

安定した歩行の土台を作る

力いっぱいのはいはいを引き出す環境や、立位を保つあそびを充実させて、安定した歩行を支えるための筋力やバランスを育てましょう。

発達の姿

・よつばい、高ばいで階段を上る。
・さくなどにつかまりながら立ったり、座ったりする。
・さくなどを伝って歩く。
（伝い歩き）

保育のポイント

●上手なはいはいを目指して

足の親指で強く床をけり、手指とてのひらをしっかり開いて体を支え、左右交互に手足を使って大きく動かなくてはいけないような、抵抗のある所や、越えていくのが少し難しい場所を用意して、力いっぱいのはいはいを促そう。斜面や階段、布団を丸めた物などがよい。

●立ってあそぶ環境を作る

立ったり、座ったりを繰り返すようになったら、さくや壁を利用して、立ってあそぶ高さに、引っ張ったり、押したり、いじったりするおもちゃを設置するとよい。片手を離してあそぶことで、バランスのとり方が上手になる。

また、つかまり立ちや伝い歩きを繰り返すうちに、腹筋力や背筋力、足の筋力もどんどん発達する。子どもが進む足元におもちゃなどがないよう、気をつけたい。

歩き始めのころ

13〜15か月くらい

自分の力で挑戦してみる

このころから、個人差が顕著になります。先をせかすことなく、子どもが自分の力で立ち上がったり、歩いたりする過程を大事にしましょう。

発達の姿

・一人で立つ。
・一人で歩く。

保育のポイント

●自力で立ち上がることが大事

どこにもつかまらずに自分の力で床から立ち上がることの繰り返しが歩行につながるので、歩く練習は必要ない。それよりも、子どもが立ったときに、保育者が一緒に喜び、「うれしい」に共感することが、「もう1回やってみよう」と繰り返しを促し、歩行につながる。そのためには、できるだけ室内を広くして、つかまって立てる場所を減らすとよい。

●はだしで歩く

歩き始めのころは、足を上げて歩くことが難しく、目線も足元には向いていないので、平たんで広々とした所を歩けるようにする。また、足裏が床につく感触を味わい、足の指に力を入れられるよう、はだしで歩ける安全な場所をととのえることも大事。

歩き始めのころは、両手を上げてバランスをとりながら歩く（ハイガード歩行）ので、保育者が手を引いたりせず、子どもが自分で歩こうとする気持ちを大切にしよう。

16〜18か月くらい　とことこ歩きのころ
歩く楽しさを感じるあそびを

安定した歩行を手に入れた子どもたちは、どんどん行動範囲を広げていきます。そんな子どもたちの思いや意欲にこたえる保育を展開していきましょう。

発達の姿

- 両手を下ろして歩く。（ローガード歩行）
- 物を抱えて歩いたり、押し車を押して動かしたりする。
- しゃがんだり、立ったりする。

保育のポイント

●ゆったりした道草散歩を

両手でバランスをとらなくても歩けるようになると、ふわふわした布団の上や砂利道など、抵抗がある場所を好んで歩く。また、脚の形がX脚になるころ、立った姿勢からいったんしゃがみ、また立ち上がれるようにもなる。行き先を急がず、ゆったりした散歩を楽しもう。また、両手を下ろすことで、大人と手をつないで歩けるようにもなる。

●歩行に楽しさを加えて

腕が自由になるので、持って歩ける袋を準備して、歩く楽しさを後押ししよう。歩行の安定とともに、股関節やひざ、足首の関節を調節する力も育ってきている。押し車を押すあそびも一工夫して、直線ではなく、くねくね曲がった道を作るとよい。ひざの関節を上手に使って進もうとする。

19か月〜2歳未満　しっかり歩けるころ
さまざまな動きを楽しむために

二足歩行が完成し、少しずつ自分の思うように体を動かすようになります。いろいろな動きを楽しめる環境をととのえ、「やってみたい」という意欲を引き出していきましょう。

発達の姿

- 転ぶことなく、しっかり歩く。
- 滑り台にお尻をつけて、前向きにすべる。
- 両足はそろわないが、15cm程度の高さから跳び下りる。

保育のポイント

●いろいろな歩行を楽しむ

歩行がしっかりして、斜めの姿勢もとり始めるので、坂道を上り下りしたり、歩道の縁石の上などを歩いたりして、いろいろな歩行を楽しめる場所へ出かけよう。

室内では、ひもを付けた遊具や、しっかりした大きめの箱などを用意し、引っ張ったり、押したりして、歩くあそびを楽しめる環境を作る。

●安全面に留意

滑り台では、座って前向きにすべる感覚を楽しむようになるが、危険に対する判断や、行動を制御する力は、まだ十分に発達していない。やっていることを「だめ」と禁止するのではなく、子どもの様子を見守りながら、行動を予測して事前に対応できるようにしよう。

●巧技台であそぶ

歩くようになると、はいはいの姿勢をとらなくなるが、はいはいは全身機能の発達に必要な運動なので、巧技台のはしごなどを使って、はいはいの運動を促したい。また、跳び下りを介助するときは、必ず子どもの正面に立ち、両手を持って行うようにする。

2〜3歳未満

走ったり跳んだりするころ

体をコントロール
する力を育てる

体を動かす基本的なことはできるようになりますが、全身を使っての動きは、まだぎくしゃくしています。目と手足の協応関係を促し、体全体をコントロールする力を育てましょう。

発達の姿

・走る。
・両足を交互に踏み出して階段を上り下りする。
・片足で立つ。

保育のポイント

●体全体をコントロールするあそびを

転ぶことなく走り、方向転換や急停止ができるようになるので、まっすぐ走るのではなく、ジグザグに走るしっぽ取りのような追いかけあそびを取り入れる。このとき、追いかける保育者がスピードに変化をつけるのがポイント。子どもが走りながら振り返ったり、保育者との距離をとらえてスピードを調整したりして、体全体をコントロールする経験を重ねていけるようにする。

●目と足の協応活動を楽しむ

階段の上り方は一人一人違うが、ステップの高さや奥行きに合わせて階段を上っていけるよう、声をかけ、目と足の協応関係を促す。交互に踏み出してスムーズに上り、転ばずに走るようになると、階段を下りる足の運びも交互になる。

●平衡感覚を使ってあそぶ

体のバランスをとって、片足で立つようになるので、平均台を渡るあそびや、片足で立つリズムあそびなどを取り入れ、平衡感覚をフル活動させて楽しめるようにする。

3〜4歳未満

片足けんけんをするころ

イメージして
動く

自分の体をコントロールする力を高め、自由に表現する力を育てるために、さまざまな運動感覚を使う活動を取り入れ、一人一人の意欲を高めていきましょう。

発達の姿

・その場で片足跳びをする。
・三輪車のペダルを踏んで動かす。
・でんぐり返しをする。

保育のポイント

●3歳前半と後半での違いを考慮して

バランスをとって片足で跳ぶようになるが、3歳はじめのころは、その状態で前進するのは難しい。「〜しながら○○する」というように、2つのことをなんとか同時に行えるようになるのは、3歳後半を過ぎてから。
平衡感覚を使うリズムあそびなどでは、3歳前半と後半の発達の違いを考慮して、それぞれが「できるうれしさ」を感じられるような配慮が必要。

●自分で動かし、コントロールするうれしさに共感して

3歳のはじめのころはペダルを踏んで三輪車を進めることに集中するので、広い場所を選び、ぶつかることがないように見守る。3歳後半になると、ペダルを踏みながら、ハンドルを動かして進むようになるので、目標物を設定したり、コースを作ったりしてあそびを広げよう。

●平衡感覚や逆さ感覚、回転感覚が育つあそびを

でんぐり返しは、バランス感覚や逆さ感覚、回転感覚を必要とする大きな動き。まずは、高ばいでの動物のまねっこなどで、頭が下、お尻が上の姿勢をとって逆さ感覚を体験するあそびや、「やきいもごろごろ」で横に転がり、回転感覚を味わうあそびを十分に行うことが大事。

手指の操作

「つかむ」から「使う」まで

手指の発達を追っていきます。
それぞれの時期にふさわしいかかわりで、子どもの育ちを支えましょう。

0～3か月くらい

手足を動かすころ
手指を少しずつ刺激して

ぎゅっと握って生まれてきた手指は、どのように動くのでしょうか。
そのプロセスと、必要なかかわりを紹介します。

発達の姿

・自分の手に興味をもち、じっと見つめたり、動かしたりする。（ハンドリガード）
・ガラガラなど、手に置かれた物を、短い間握るようになる。

保育のポイント

●正面から働きかける

生後2か月ころまでは、子どもは親指を中に入れてぎゅっと手を握っている。この時期は、目の前の物を触ってみたいという気持ちをはぐくめるように、音が鳴るおもちゃなどで、保育者が正面から働きかけるとよい。

●動かしやすい環境をととのえて

生後2～3か月ころ、「ハンドリガード」を繰り返しながら、子どもは自分の手の存在に気づき、その手を自分の意思で動かせることを知る。動きを拘束しないよう、動かしやすい服を着せたり、ベッドからおむつ台に移動するときなどの抱き方に気をつけたりして、配慮したい。

手足を自由に動かせる抱き方を。

●握りやすいおもちゃを準備

生後3か月ころ、中に入れていた親指を伸ばして、手指が緩やかに開いてきたら、握りおもちゃを持たせてみよう。てのひらに収まる太さで、柔らかい素材の握りやすいおもちゃがオススメ。ガラガラのような、動かしたときに優しい音がするおもちゃもいい。

口に入れることが多いので、丈夫で清潔を保てる物を選び、誤飲を防ぐために、直径が39mm以下の大きさのおもちゃは避ける。

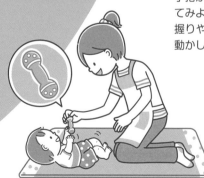

4〜6か月くらい 寝返りのころ 目と手の協応活動を促す

子どもが自分から「取りたい」「欲しい」と思って手を伸ばすような保育のヒントを紹介します。

発達の姿

・目の前の物に手を伸ばす。目と手の協応が始まる。（4か月）
・ガラガラを握ってあそぶ。

保育のポイント

●音が鳴るおもちゃを楽しむ時間を

4か月ころ、子どもはおもちゃを見ると手を伸ばし、おもちゃにふれると指を開いて、つかむようになってくる。このように、目で物を見る行為と、手でつかむという行為が結びついて、目で見た物を手でつかむというような動作を「目と手の協応」という。ガラガラのようなおもちゃを持たせると、振ると音が鳴ることが少しずつわかるようになり、盛んに振ってあそぶようになる。

●つかみたい気持ちを高めるかかわりを

おもちゃを握らせるときは、子どもの正面で目を合わせながら名前を呼びかけて、「おもちゃをつかんでみたい」という気持ちを高めていく。

●両手で持てるおもちゃを

まだ長い時間、物を握っていることはできない。また、自在におもちゃを放すのではなく、「放れてしまう」状態にある。子どもの様子をよく見て、おもちゃを片付けたり、再び握らせたり、こまやかな配慮をしよう。また、両方の手で持てる大きめのタオルボールのようなおもちゃも用意して、左右の手指の動きに大きな差ができないように気をつけたい。

7〜9か月くらい はいはいのころ 手を動かすあそびを楽しむ

座位の安定とともに、両手は体重を支える役割から徐々に自由になります。つかんだ物を動かすおもしろさに出合う活動を保障していきましょう。

発達の姿

・片方の手から、もう片方の手に持ち替える。（左右の手の協応）
・てのひら全体で物をつかもうとする。
・手に持った物でたたいたり、両手に持った物を打ち合わせたりする。

保育のポイント

●興味が高まるおもちゃを

7か月ころから、両手が協応するようになり、右手に持ったおもちゃを左手に、また、左手から右手に持ち替えることができるようになる。音がする物や、つかみやすい物、手触りのよい物などを用意して、子どもの興味を高めたい。

●つかんで放すあそびを十分に

8か月を過ぎると、持った物を自分の意思で放すことができるようになり、引っ張り出すあそびを楽しむ。散らかしているように感じるが、こうしたあそびが、入れたり、合わせたりするあそびにつながっていく。

また、自分が落とした物を保育者が拾って渡すのを喜び、繰り返しせがむようになる。こうしたやり取りも、活発な手の動きを促す。

あらあら落としちゃったね

●打ち合わせを楽しむ環境を

体の正面で、両手に持ったおもちゃを打ち合わせたり、たたいたりするようになったら、積み木や、ミルク缶で作った太鼓などを用意するとよい。手と手をパチパチとたたくしぐさも楽しもう。

発達と保育

61

<table>
<tr><td>

10〜12か月くらい

伝い歩きのころ
手や指を使う あそびを楽しむ

10か月は、発達の節目の一つといわれ、手指の動きも、大きく飛躍する時期です。発達のプロセスをしっかりとイメージして、丁寧にかかわることが大切です。

</td><td>

13〜15か月くらい

歩き始めのころ
手指を使う 経験を増やす

指先の操作性がますます高まってきます。じっくりとあそべる環境をととのえるとともに、楽しい素材を準備して、手指での経験が広がるよう活動を工夫したいものです。

</td></tr>
</table>

発達の姿

- ・物を出し入れする。（出すほうを先にする）
- ・小さな物を親指と人差し指でつまむ。

発達の姿

- ・積み木を2〜3個くらい積む。
- ・粘土をたたいたり、ちぎったりする。

保育のポイント

●「出す」あそびから「入れる」「渡す」あそびへ

9か月ころは、入れ物から物を出すことはできるが、入れることはできない。11か月くらいになると、中へ入れたり、載せたり、渡したりするようになる。転換期にあたる10か月のころは、受け止める保育者とのかかわりの中で、渡したり、入れたりする。大事な時期なので、丁寧にかかわりたい。

また、保育者が入れる様子をまねることもある。穴落としのおもちゃは、繰り返し楽しめるように、入れると音がする素材を用意したり、穴の大きさや形を変えたりして工夫する。

●つまむプロセスは大きく3ステップ

机の上の小さな物を指先でつまむプロセスとして、大きく3つの段階がある。10〜12か月ころは、つまむ力が強くなってくるので、面ファスナーでくっついている物をはがして楽しむようなおもちゃを用意すると楽しい。また、小さな物をつまんで口に入れることで誤飲が多くなるので、子どもの手が届く所に小さな物（直径39mm以下）を置かないように気をつけよう。

熊手状把握（7〜8か月ころ） はさみ状把握（9〜10か月ころ）

てのひらも使って熊手のようにかき寄せる 　人差し指を伸ばしてかき寄せるようにしてつまむ

ピンチ把握（11〜12か月ころ）

親指と人差し指で上からつまもうとする

保育のポイント

●じっくりと繰り返しあそべる環境を作る

1歳を過ぎると、手に持った積み木を持ち上げて、もう1つの積み木の上に重ね、積んだことを確かめて手を放すようになる。子どもによっては、もう1つ積む子もいるが、この時期は、3つ以上続けて積むことはできない。また、そっと重ねることはまだ難しく、押しつけるようにして重ねて手を放すので、力が加わっても崩れにくい少し重みのある木製の積み木があそびやすい。

指先でつまんだ物を別の器に移すようにもなるので、移し替えのあそびを楽しめるよう、一人でじっくりあそべる場所やおもちゃを保障したい。

入ったね よかったね

●感触を楽しむあそびを

親指と人差し指の操作性や、つまむ力、また握る力が高まるので、小麦粉粘土*をたたいたり、ちぎったりして感触を楽しもう。まずは保育者が子どもの目の前で引っ張って伸ばしてみたり、粘土の塊に人差し指をさしたり、てのひらでぎゅっと握ったり、いろいろなかかわりを見せるとよい。

ビヨーン

*小麦アレルギーの有無を確認してから、準備を始めましょう。

<table>
<tr><td>

16〜18か月 くらい

とことこ歩きのころ

大事な発達の 節目を見通して

1歳半で迎える大事な発達の節目を見通しながら、やってみようとする子どもの姿を見守り、丁寧なかかわりを続けます。

</td><td>

19か月〜 2歳未満

しっかり歩けるころ

道具への あこがれを後押し

1歳半の節目を超えて、子どもたちは、調整して操作したり、うまくいかなくてもやり直したりする力を獲得しました。「道具をもっと使ってみたい」という気持ちもますます強くなります。

</td></tr>
</table>

発達の姿

- ・3個以上の積み木を積む。
- ・つまんだ物を小さな穴に入れる。
- ・スプーンやフォークを使って食べるようになる。

保育のポイント

●試すように繰り返す子どもを見守って

子どもは、1歳半を過ぎたころ、「手に持った物の向きを変えたり、やり方を調整したりする」というような力を獲得するが、この時期から少しずつ試すように繰り返すので、注意深く見守りたい。

穴落としのおもちゃでも、親指と人差し指でつまんだ物を穴の形や大きさに合わせて、調整しながら入れようとする姿が見られるようになるが、一度やってみてうまくいかないとその場を離れる子もいる。月齢差がとても大きい時期なので、いろいろなタイプの穴落としを用意しておくとよい。

●手首のコントロールを援助

スプーンやフォークを食べる道具として使おうとする姿が見られるようになる。これは、スプーンやフォークを「食べるときに使う物」と認識するとともに、手首のコントロールができ始めることで表れてくる。

例えば、子どもがシャベルを持ったときには、砂場に誘ったり、嫌がらなければ、手を添えてコントロールの感覚を伝えたりして、使ってみたいという思いを援助したい。

発達の姿

- ・ドアノブを回したり、瓶のふたを開けたり、面ファスナーをつないだりする。
- ・コップに砂や水を入れ、別のコップに移し替える。
- ・ぐるぐると連続した丸を描く。

保育のポイント

●繰り返し試せる環境と見守りを

このころになると、手首の回転とともに、5本の指先のこまやかな操作が上手になる。砂あそびやままごとで、手首をねじったり、回転させたりしながら、すくって入れようとする場面も増える。一人一人が十分にあそび込めるよう、入れ物や道具は複数用意しておきたい。うまくいかなくても、何度も繰り返す時期なので、保育者は手助けよりも見守って、できたときのうれしさに共感するようなかかわりをしよう。

できた できた

●のびやかなスクリブルを楽しむ

描画では、ぐるぐると連続した丸のスクリブル（なぐりがき）が見られるようになる。これは、肩かひじを使って描いていた段階から、ひじと手首の両方を動かして描くようになったことを表している。手首や腕の動きを妨げないように、フェルトペンやオイルパステルなど、描きやすい描画材を用意しよう。まだ、もう片方の手で紙を押さえながら描くことはできないので、紙をセロハンテープで固定する。

ぐるぐる いっぱいだね

2〜3歳未満 いろいろな活動を楽しむ
走ったり跳んだりするころ

手指の動きがますます細かく活発になってきて、いろいろなことに挑戦していきます。「できた！」という達成感を味わえる環境を作って、子どもの願いにこたえていきたいですね。

発達の姿

- 胸の前のボタンを一人で外したり、はめたりする。
- 絵本を1枚ずつめくる。
- はさみを使って紙を切る。（1回切り）

保育のポイント

●「やってみたい」にこたえる環境を

こまやかに指を動かせるようになるので、例えば、今までは絵本を指先でずらすようにめくっていたのが、親指と人差し指で紙を挟んでめくるようになる。

また、徐々に左右の手をそれぞれに動かしながら、協応させることができるようになるので、ひも通しのあそびを喜ぶ。いろいろな種類のひも通しを用意しておこう。目線が近くなるよう机といすを用意し、子ども自身があそびたいときに取り出してあそべるような環境をととのえたい。

すごいねー

●はさみとの楽しい出合いを工夫して

指先に力を入れて物を持ち続けることができるとともに、左右の手の協応が進んで、はさみが使えるようになる。まだ、連続して切ることは難しいため、1回で切り落とすことができるよう、しっかりしたやや厚手の紙を細長く切って渡そう。

はさみの持ち方や切り方など、手を添えて知らせていくが、はさみを使う練習にするのではなく、ままごとの材料作りなど、あそびの中で使う機会を作るようにしたい。まだ利き手は確定していない。

3〜4歳未満 道具を使いこなす喜び
片足けんけんをするころ

左右の手の分担がしっかりしてきて、手指の動きは、ますます自由に、そして豊かになっていきます。道具を使って、主体的に生活したり、あそんだりする姿を大事にしたかかわりが求められます。

発達の姿

- はしを使い始める。
- はさみで紙を直線に沿って切る。（連続切り）

保育のポイント

●はしは使い始めの見極めを

スプーンやフォークを、鉛筆の持ち方で使いこなしてしっかり食べる姿が、はしを使い始めてもよいというサインになる。また、描画の際にフェルトペンを正しく持っているかも大事な目安となる。ままごとあそびの材料に、フェルトで作った食べ物や、ねじった形のマカロニなど、つまみやすい物を用意するのも一つの方法だ。徐々に利き手がどちらかわかってきて、気にする保護者もいるが、まだ不確定であり、利き手を変えるのは、子どもの負担を考えて、慎重な対応を求めたい。

●左右の手の協応を促すあそびを

左右の手がそれぞれにしっかり働くようになり、1回切りだったはさみも、連続して切れるようになる。次第に、紙を持っている手を動かしながら、形を切り取ろうとするようになってくる。こうした発達は、左右の手の協応が進むことによって可能になってくる。折り紙も、片方の手で折り紙を押さえながら、もう片方の手で折り紙の端を持って、合わせようとする動きが可能になるので、自分なりに折って、見立ててあそぶようになる。

「話す」と 「知る」のつながり

言語と認識は、互いに深く結び付きながら、発達
していきます。
そのプロセスと保育のポイントをピックアップし
てお届けします。

0〜3か月 くらい

手足を動かすころ
発声と追視を 促すために

子どもは、生まれたときから、目が見え、音が聞こえるといわ
れています。
首が据わるころまでのかかわりについて、ポイントを押さえま
しょう。

発達の姿

・「あっあっ」など、泣き声とは違った声（クーイング）を発する。
・物や人が視界に入ると、じっと見る。（注視）
・首が据わると、動く物を左右に180度、目で追いかける。
（追視）

保育のポイント

●静かな環境をととのえる
　クーイングは、生後1か月を過ぎた子どもが、落ち着いた
機嫌のよい様子で出す声。この発声の仕方が将来の「言葉」
につながる。子どもの声に保育者がこたえることで、さらに
発声が促されるので、互いの声を聞き取れるよう、できるだ
け静かな環境をととのえることが大事。首が据わると、上あ
ごの位置が上がって、のどの奥が広がり、笑い声が出るよう
になる。

●つるすおもちゃは 距離と色がポイント
　おもちゃをつるすときは、胸
元の上方20〜30cm程度の所に
つるす。この時期は、光る物や
赤い色に興味を示すことが多い
ので、そうしたおもちゃを選ぶ
のも大事なポイント。追視が始
まる前の注視の段階では、1個
をつるし、追視が始まったら数
を増やしていくとよい。

●子どもの追視を確かめながらあそぶ
　首が据わるまでは、視野から物が見えなくなると、それ以
上追っていくことはできない。おもちゃを見せるときは、子
どもが目でとらえたことを確認してから、ゆっくりと左右に
動かしてみよう。

発達と保育

寝返りのころ
4〜6か月くらい
目線や声での かかわりを

広い範囲で物を追って見ることができ、声もバラエティーに富んできます。このころから、子どもと目線を同じにしたかかわりが大事なポイントになります。

発達の姿

・「あーあー」など、喃語を発する。
・動く物を広い範囲（全方位360度）にわたって追視する。

保育のポイント

●発声を豊かにするあそびを

首の据わりがしっかりしてくるので、くぐもった声からはっきりした明るい声を出すようになる。また、機嫌のよいときと、そうでないときの声の調子が変わり、感情を声で表現するようにもなる。頻繁に声を出すので、その都度、子どもが発した喃語をゆっくりとまねてみよう。「いないいないばあ」や、くすぐりあそびなど、発声を引き出すあそびも取り入れるとよい。

こちょこちょ

動作に合わせて、「こちょこちょ」「ころころ」「ぶるぶる」など、語感のいい言葉を添えて。

●子どもの目線に合わせるかかわりを

5か月くらいになると、首を支える背中もしっかりしてきて、さらに広い範囲での追視が可能になる。視力も2mくらい離れた所にある小さな物を見つけるようになる。保育者は、子どもが見ている物に視線を合わせて言葉を添えよう。繰り返していく中で、子どもは自分が見つめている物の名前や形容詞などの言葉を知ることができる。

はいはいのころ
7〜9か月くらい
子どもの興味に 合わせる

欲しい物や行きたいほうを見ながら、喃語で盛んに伝えようとします。子どもが何に興味をもっているのかを確かめて、丁寧にかかわりましょう。

発達の姿

・大人が指さした方向に視線を動かす。（共同注意）
・喃語が活発になる。

保育のポイント

●子どもが見ている物や人を追っていく

「子どもが大人と視線を共有し、同じ物を見る」ことを「共同注意」、または「共同注視」といい、子どもが言葉を覚えるために必要な土台となる。

例えば、保育者が持つスプーンを子どもが見ているときに、「これはスプーンよ」と声をかけると、子どもは、「スプーン」という言葉の音を耳で聞き、目でスプーンの形を記憶する。もし、子どもの見ている物と、保育者が言った物が違うと、間違って覚えてしまう可能性がある。必ず、子どもの視線が向いている物や人について、短い言葉で伝えることが大事。

スプーンいいな

コップを見ているときに、耳から「スプーン」と聞くと、間違って覚えてしまうおそれがある。

●「わかる言葉」を増やすやり取りを

喃語の出始めは、「あーあー」「おーおー」など母音が中心だが、この時期になると、「あぶあぶ」「ばーばー」など、唇を使った音がたくさん出せるようになって、どんどん喃語が活発になる。

保育者は、子どもの表情やしぐさから、子どもの気持ちを言葉にしたり、動作に言葉をつけたりするとよい。そうしたかかわりを重ねることで、物に名前があることや、動作や気持ちを表す言葉があることを知っていく。

あら落ちた

盛んに物を落として楽しむときにも声をかけて。

10〜12か月くらい　伝い歩きのころ　「わかる」を増やす言葉かけ

早い子だと意味のある言葉を言うようになり、わかる言葉もどんどん増えます。言語発達のベースとなる認識の発達を支える大事なかかわりを紹介します。

発達の姿

・自分が気づいた物や人などを示すために指を向ける。（指さしの出現）
・「いやいや」など、自分の思いをしぐさで伝えようとする。

保育のポイント

●「言える」より「わかる」が先

この時期は、まだ発音の機能がととのっていないが、わかっていることはたくさんあるので、しぐさで伝えようとする姿が見られる。「いやいや」と言う代わりに首を振るのもその一つ。「バイバイ」など、何度も聞いたことがある言葉は、関連した動きをするようになる。保育者は、やり取りをする際、動作と一緒に言葉を添えるよう意識することが大事。

●指さしのプロセスを意識して

前段階の「共同注意」を経て、10か月ころ、保育者が指さすほうを見ながらその方向へ手を差し出す「志向の手さし」が表れる。その後、自分が見つけた物を見てもらおうとする「定位の指さし」や、「要求の指さし」をするようになる。こうした子どもの姿に対して、先取りせず、タイミングよく言葉を添えていくことが大事。また、引き続き、身ぶり、表情を交えながら、物の名前や、動作の名称、気持ちなども伝えよう。

これは定位の指さし。

13〜15か月くらい　歩き始めのころ　子どもの「世界」に寄り添って

自分の体を使ってできることが増えることは、あそびの世界を大きく広げます。一人一人の子どもがいる世界に寄り添うようなかかわりを意識しましょう。

発達の姿

・自分の名前を呼ばれると、返事をする。
・眠るふりをしたり、空のコップで飲むまねをしたりして、「つもり」の行動が表れ始める。

保育のポイント

●言葉を使うやり取りのはじめに

10か月ころには自分の名前を呼ばれると振り向いていた子が、この時期になると、名前を呼ばれて、手を挙げたり、「あーい」と返事をしたりするようになる。友達の名前が呼ばれているのに返事をする子もいるが、大抵は返事をしたときの保育者の反応を喜んでいることが多い。「違うでしょ」と否定するのではなく、「○○ちゃん」と、その子の名前を呼び直そう。

みんなの名前を順に呼ぶうちに、友達の名前もわかってくる。

●イメージが広がる環境と言葉かけを

この時期の「つもり」行動は、「○○みたいにしてみたい」と明確にイメージしているものではない。人形を抱いているうちにお母さんやお父さんのつもりになってみたり、空き箱に積み木や紙片を出し入れしているうちにご飯作りが始まったりする。子どもがいつでも取り出せる所に、いろいろなおもちゃを整理して置いておこう。子どもがなんのつもりなのかを見極めて、その場にふさわしい言葉をかけることで、さらに子どもの「つもり」が膨らんでいく。

○○お母さんご飯できたかな？

16〜18か月くらい

とことこ歩きのころ
「わかる」うれしさを土台に

いろいろなことがわかるうれしさが、繰り返しをせがむ姿となって表れます。そんな子どもの心に寄り添って、いろいろな力をはぐくみましょう。

発達の姿

・簡単な指示がわかる。
・問いに答えて、知っている物を指でさす。

保育のポイント

●わかりやすく伝える

言葉の理解が進み、「持ってきて」「座って」といった動詞の意味もわかるようになるので、簡単な用事を頼むことができる。まだ長い文章の理解は難しいので、子どもになじみの深い言葉を用いて短い文にして伝える。新しい言葉を入れるときは、一語にしよう。その際、「それ、持ってきて」と代名詞を使わず、「コップ、持ってきて」など、きちんと名詞を使うことが大事なポイント。

ご本
ないない
してきてね

赤ちゃん言葉でも問題なし。

●可逆の指さしが示す成長を意識して

1歳半近くになると、大人の「○○は、どこ？」という質問に、指さしで答える「可逆の指さし」をするようになる。絵本を使った「○○はどれ？」といったやり取りも好きで、同じ絵本を何度も保育者の元に持ってくる。こうした子どもの要求には、できる限り応じるようにしたい。

ときには、指さしだけではなく、言葉を添えることもあるが、まだ正しく発音することはできない。子どもの発音が違っても、まずは「そうね」と受け止め、その後、「○○ね」と、正しい言い方や発音を伝えよう。

これはなあに？

バ・ナ・ナ言ってごらん

言わせるのはNG。

19か月〜2歳未満

しっかり歩けるころ
教えるのではなく、見守って

「〜ではない○○だ」という物のとらえ方が、子どもの世界を大きく広げます。子どもの姿をしっかりとらえて、一人一人と丁寧にかかわりましょう。

発達の姿

・「ほん　よんで」「ブーブー　きた」などの二語文が出現する。
・道具の用途がわかり、使おうとする。

保育のポイント

●子どもの言葉を膨らませて返すやり取りを

例えば、子どもが「ほん　よんで」と言ってきたら、「○○の本を読もうね」とか、「ブーブーきた」という言葉に「大きなブーブーがきたね。バスかな」など、子どもが言ったことを少し膨らませて返すような語りかけが大事。二語文や三語文を話し始めた子が、助詞や文法を理解する手助けとなる。

大きなブーブーがきたねバスかな？

ブーブーきた

●使ってみたい気持ちを受け止めて

道具へのあこがれはますます強くなり、スコップなどの身近な道具は、その用途を理解して使ってみようとする。道具によっては、いろいろな方法を試す姿も見られる。子どもが集中して取り組んでいるときは、様子を見守り、うまくいったときに、うれしい気持ちをしっかりと受け止めることが、次の活動につながっていく。

ただし、なんでも使ってみたい時期なので、家庭での道具の管理については、クラスだよりなどで、発達の姿とともに伝え、注意を呼びかけたい。

試行錯誤の過程では、こんな姿も。

2～3歳未満　走ったり跳んだりするころ
体験と言葉の結び付きを大事に

聞いたり、体験したりする楽しさが、言葉の層を厚くしていきます。個人差が大きい時期ですが、一人一人にふさわしいやり取りを考えましょう。

発達の姿

- 「これなあに？」とよく質問する。
- 「大きい、小さい」「長い、短い」「多い、少ない」などがわかる。

保育のポイント

●質問には、言葉を加えて答える

子どもの質問には、「○○だよ」と答えるだけでなく、「電車だよ。絵本にあったね」など、言葉を加えて答えるとよい。繰り返し、同じことを聞いてくるが、できるだけ答えよう。同じ質問でも、その都度、「電車だよ。散歩で見たね」とか「電車だよ。乗ったことあるかな？」など、違う言葉を添えて返すと、新しい単語や文章の形を加えることができる。

●感覚を共有する体験の積み重ねが大事

2歳半を過ぎたころから、物を大小や多少を基準にして分けるようになる。これは、ただ物や絵を見て、繰り返し言えばわかるということではなく、あそびや生活の中で、友達や保育者と感覚を共有する体験が大切。こうした体験が、比べる力と言葉を結び付け、「他者に様子を伝える」ことにつながっていく。保育者は生活の中で「長い棒」「大きい紙」など、対比を表現する言葉を意識的に使っていこう。

3～4歳未満　片足けんけんをするころ
「伝えたい」思いを受け止めて

どの子も、言葉を使ったやり取りがほぼできるようになります。言葉を使って、自分が知りたいことや聞いてほしいことを伝えられるうれしさをしっかり受け止めていきましょう。

発達の姿

- 「どうして？」と尋ねる質問が増える。
- おしゃべりが盛んになる。

保育のポイント

●質問には丁寧な対応を

子どもの質問には、時間が許す限り、丁寧に答えよう。ただ、自分から質問しておいても、その答えをしっかり聞いているとは限らないこともある。

3歳後半になると、質問は「空はどうして青いの？」など、すぐには答えられないような内容になる。「わからないなあ」と適当に答えると、納得できなくて、次々と質問してくるので、一緒に図鑑で調べるなど、しっかりと対応することが大事。

時間がなくて「後でね」と対応した場合は、忘れずに。

●「話したい」に寄り添って

「わ、わたし」「えーと、えーと」など同じ音や言葉を繰り返したり、うまく言葉が続かなくてつかえたりすることがある。この時期は、伝えたいことがたくさんあるのに、口の動きがついていかないためにこのようなことが起こりやすい。話したい気持ちを受け止めながら、相づちを打ち、安心して話ができるようにしよう。

言い直しを求めるのは、話すときに緊張を伴ってしまい、逆効果になる。

対人関係

「保育者と」から「友達と」へ

0〜2歳児の育ちには、人とかかわる土台を作る大事なポイントがたくさん詰まっています。それぞれの発達段階で、押さえておきたい保育のポイントをわかりやすく紹介します。

手足を動かすころ

0〜3か月くらい

笑顔と笑い声の獲得に向けて

「笑う」ことは、人間だけがもっている高度な力だといわれています。
コミュニケーションの土台となる笑顔と笑い声を、子どもが獲得できるよう働きかけていきましょう。

発達の姿

・声をかけられるとにっこり笑う。（2〜3か月）
・あやされると、口を開けた笑顔で、手足を伸ばしたり、曲げたりするようになる。

保育のポイント

●子どもの泣きにはしっかりかかわる

生理的に快い状態のときに見せる「生理的微笑」を経て、次第に大人にあやされて反応する「社会的微笑」が見られるようになる。これは、子どもが泣いて不快を表現したときに、大人が不快の原因を探り、あやしながら快い状態にするかかわりを繰り返すことで、次第に表れてくる。愛着関係を促すかかわりである。

●しっかりとあやして笑顔と笑い声を引き出す

大人がいつもあやしながら、生理的に快い状態を作っていくことで、子どもは次第に大人が笑いかけると口を大きく開けて笑い、ときには手足を動かして全身で反応する。首が据わると、のどが開放されて、笑い声も出てくる。笑顔と同様に、笑い声を獲得することも人とかかわる土台となる。子どもと目を合わせながらしっかりとあやし、笑顔と笑い声を引き出すかかわりを大切にしたい。

かかわりを楽しむ関係作りを

4～6か月くらい 寝返りのころ

笑顔と笑い声を獲得して、子どもは身近な大人とのかかわりを自ら求めるようになります。人とかかわる楽しさを繰り返し感じられるよう、保育を工夫しましょう。

発達の姿

・身近な大人の顔がわかる。
・子どもから身近な大人に向けて声を出し、笑いかける。

保育のポイント

●愛着関係の土台を作るつもりで

　生後4か月ころになると、子どもは聞き覚えのある声のほうへ顔を向けるようになり、いつも自分の世話をしてくれる身近な大人の顔がわかるようになる。0歳児保育で担当制を取り入れるのも、こうした子どもの発達によるもので、特定の大人との愛着関係の土台につながっていく。保育者は、少し高めの声で、ゆっくりはっきりと語りかけよう。

●心地よく楽しいやり取りを繰り返して

　あやしてもらったときの心地よさを経て、子どもは自分から大人にほほえみかけるようになり、ときには声を出す。こうした子どもの様子に合わせて、繰り返しかかわることで、子どもは、大人が反応してくれる心地よさを感じ、「もっと、もっと」と、自ら声を出して大人に働きかけるようになる。
　また、この時期は、見た物を手でつかもうとするようになるので、おもちゃを使ったあやしあそびをたくさん取り入れて、楽しいやり取りを重ねたい。

心のふれあいを大事に丁寧に

7～9か月くらい はいはいのころ

守られている安心感をもつことが、他者への興味を育て、活動意欲の高まりを促します。日常的に心のふれあいを感じるようなあそびや、かかわりのポイントを押さえておきましょう。

発達の姿

・「おつむてんてん」など、身近な大人とのあそびを喜ぶ。
・特定の大人への後追いが増えたり、夜泣きが強くなったりする。（8か月不安）

保育のポイント

●単純な繰り返しのあそびを通して心の交流を

　好きな保育者とのやり取りをますます喜ぶので、「いないいないばあ」や「おつむてんてん」「いっぽんばしこちょこちょ」など、いろいろなあそびを繰り返し、保育者との快い交流を楽しめるようにしよう。こうした交流が、人とかかわることへの楽しみを培う。

わらべうた「さるのこしかけ」

1 さるのこしかけ
　めたかけろ めたかけろ

2 どっしーん

好きな保育者との揺さぶりあそびも子どもたちは大好き。

●安心できる基地になるかかわりを

　8か月ころになると、子どもは周りの物やことを「知っている物・こと」と「知らない物・こと」に分けるようになり、知っている物やことには安心を、そうでないときには不安を感じるようになる。そして、「不安だけれど知りたい」という無意識の願いを、後追いや夜泣きなどで、安心できる人に表現するようになる。
　この時期はできるだけ身近な保育者が子どものそばにいて、子どもが心の支えを得ながら不安を乗り越えられるよう、保育者の動きを整理する必要がある。

よかったね
お姉さんが
ボールをくれるって

あげる
どうぞ

<table>
<tr><td>

10〜12か月 くらい

伝い歩きのころ
人への興味が 高まるかかわりを

</td><td>

13〜15か月 くらい

歩き始めのころ
「主人公」になりたい 子どもを見守って

</td></tr>
</table>

二項関係から三項関係の成立を経て、子どもは大きく変わる時期を迎えます。発達のポイントを意識して、丁寧にかかわりましょう。

同じ物を一緒に見て、感じ合う三項関係を土台に、子どもは少しずつ「自分」を意識するようになります。どんな場面で表れるのか、その姿を追ってみましょう。

発達の姿

・身近な大人と、物や別の人を共有する。（三項関係）
・物を使って、「ちょうだい」「どうぞ」のやり取りを喜ぶ。

発達の姿

・要求が通らないときに、だだをこねるようになる。（自我の芽生え）
・持っている物を友達に取られそうになると抵抗する。

保育のポイント

●対人関係の大きな転換期を意識して

　生後9か月ころまでは、「子ども—大人」あるいは「子ども—物」という二者の関係（二項関係）なので、例えば、おもちゃであそんでいるときはおもちゃにだけ注意を向け、人とあそんでいるときは人にだけ注意を向ける。これが、10か月を過ぎるころになると、自分が持っているおもちゃをそばにいる身近な大人に見せようとする。これが「三項関係」であり、対人関係の大きな発達のポイントとなる。子どもが知らせようとする姿を丁寧に受け止め、子どもが伝わったうれしさを感じられるようにかかわることが大事。

二項関係　　→　　三項関係

「三項関係」とは、身近な大人と、物や別の人をイメージの中で共有する「子ども—大人—物または第三者」の関係を指す。

●やり取りあそびは子どもが求めるなら 繰り返して

　三項関係の成立によって、物を使ったやり取りのあそびは、子どもの大好きなあそびの一つとなるが、生後10か月ころは、物を渡すことに未練があり、物と保育者の顔とを交互に見る姿に出合うことがある。子どもの様子に応じて、保育者は「はい、どうぞ」と、すぐにまた渡そう。子どもの求めに応じて繰り返しているうちに、興味の対象がやり取りする物から人へと移り、人とかかわることへの興味が高まっていく。

保育のポイント

●芽生えた自我を否定しないように

　自分を意識する心の働き、「自我」が芽生えた子どもは、「自分は独立した存在」だということをアピールするために、まず、保護者や保育者に対して「いや」と反発する。だだこねも、自分の要求を否定されたことへの反発で、この時期はまだ気持ちを切り替えることが難しい。
　子どもの「いや」に即座に反応しないで、「そうか。嫌なのね」と言葉にしていったん受け止めてみる。子どもの主張を否定しないやり取りを工夫したい。

そうか 嫌なのね

いや！

保育者が動じないことが大事。

●ほかの子との仲立ちを

　自分が持っていたおもちゃを横からほかの子が取っても、「あれ？」とびっくりしたような表情だった子も、自我の芽生えとともに「自分の物」という思いが芽生え、「いや」と抵抗するようになる。一方、ほかの子への関心が高まり、その子が持っている物が欲しくなったり、同じあそびをしたくなったりする。それぞれに思いが募ってくるのに、自分の気持ちを言葉で伝えることはまだ難しいため、トラブルになることも増えてくる。双方の気持ちを言葉にしたり、おもちゃの数を増やしたりして、ほかの子とかかわる楽しさを感じられるように工夫したい。

16〜18か月くらい とことこ歩きのころ
子どものさまざまな思いに共感を

驚きや不安、不満など、さまざまな感情が分化してきます。また、友達とのやり取りを求める行動も活発になってきます。きめ細かなかかわりが大事な時期です。

発達の姿

・それまでやっていたことでも、見知らぬ人の前では恥ずかしがってやらないことがある。
・ほかの子に抱きついたり、泣いている子のそばに行ったりして、友達への働きかけが多くなる。

保育のポイント

●不安な気持ちに共感して、受け止めるかかわりを

信頼できる大人に依存しながらも、少しずつ自立していこうとし始める時期には、はじめてのことや、はじめての場所、はじめて出会う人に対して、強い不安を表すことがある。「できるでしょ」と無理に誘わず、「恥ずかしいよね」と子どもの気持に共感する言葉をかけたい。

はじめての場所では、保育者がゆったりと構えて一人一人の子どもに丁寧にかかわったり、はじめて触る素材のあそびでは、まずは保育者が楽しそうにあそんで見せたりして、安心できるようかかわることが大切。

その子なりの参加の仕方を受け止めて、さりげなく見守る。

●友達への関心をあそびに生かす

自分を意識するようになった子どもたちは、今まで以上にほかの子を意識するが、まだ相手の気持ちをくんで行動することは難しい。相手の気持ちに気づきかけているからこそ、より自分の思いをはっきりと相手に示そうとして、トラブルになることもある。友達と楽しい思いを共有できるような、まねっこあそびや追いかけっこを増やしていこう。

＼おふねがぎっちらこ／

わらべうた「おふねがぎっちらこ」のような、友達と正面からかかわるあそびも取り入れたい。

19か月〜2歳未満 しっかり歩けるころ
芽生えた自我が膨らむ姿を見守って

大人には「困った」行動と映る姿が頻繁に見られる時期ですが、自我が膨らむ発達過程として大事な姿です。必要なかかわりのポイントを紹介します。

発達の姿

・自分の所有物を「○○ちゃんの！」と主張する。
・「〜ではない○○だ」と選んで決めるようになる。（自我の誕生）

保育のポイント

●取り合う場面を大事にとらえて

友達の存在が気になることで、より「自分の世界」を意識するようになり、「自分の物」を大切に思う気持ちも強くなる。取り合いになる場面が増えるが、「いけない」と、すぐ止めに入るのではなく、少し様子を見守りたい。取られたら、取り返しにいったり、泣きながら訴えたりして、自分の思いを相手に伝えようとする姿に、共感をもってかかわろう。そういうやり取りを繰り返す中で、子どもは相手の気持ちがわかるようになっていく。

●気持ちを立て直そうとする子どもを支えて

1歳前半で芽生えた自我は、次第に「〜ではない○○だ」と見比べ、選んで決めて、要求を表現するようになる。このころになると、ひたすら自分の意思を通そうとしていただだこねも、大人のかかわり方によっては、「今は〜ではない」と状況を理解し、「だから○○しようか」と、自分で気持ちを立て直そうとする。子どもが主張してきたときは、周囲に目を向ける余裕をもてるよう、いったんは「そうか、○○したいのね」と受け止めよう。自分の気持ちが受け止められたことで心に余裕が生まれ、「今は、だめか。じゃあ、どうしようかな」と次の行動を選択する姿につながっていく。

あらあら赤ちゃんみたいよ

子どもの主張に保育者が「だめ！」と強い拒否を示すと、子どもは心の余裕をなくし、1歳前半の一方的に主張するだだこねの世界に戻ってしまう。

発達と保育

2～3歳未満 走ったり跳んだりするころ 子どもの世界を尊重するかかわりを

イメージの世界で飽きることなくあそび、自分の力で大きくなろうとする子どもたち。子どもを尊重するかかわりや、やり取りで、子どもの思いを支えていきましょう。

発達の姿

・「みてて」と自分がすることを認めてほしがる。（自我の拡大）
・2～3人で「みたて・つもり」あそびや簡単なごっこあそびを楽しむ。

保育のポイント

●温かな見守りを子どもが実感できるように

　自分の世界を拡大させていく子どもたちが言う「みてて」という言葉には、大好きな大人に褒められ、認めてもらいたいという願いが込められている。保育者はこうした子どもの思いを尊重し、「よかったね」「できたね」といった共感的な言葉とかかわりで支えていこう。子どもは、見守られていることを実感し、安心して自分の世界を広げていくだろう。

見てるよー
頑張ってー

みてて
みてて

●保育者がリードしすぎない

　この時期の子どもたちは、身近な大人の仕事にあこがれ、それらを「みたて・つもり」の世界で実現させようとする。2歳前半はそれぞれが自分の世界であそんでいるが、後半になると、保育者が仲立ちすることで、一人一人のイメージがつながり、2～3人の友達とあそびを楽しめるようになる。イメージを共有しやすい小物や場をととのえよう。ただし、保育者があそびを想定しすぎないよう、子ども同士のやり取りで物語が生まれてくるのを見守ることも大切に。

おなかがいたいです

どうしましたか？

病院ごっこね

3～4歳未満 片足けんけんをするころ かかわりの広がりを見守って

友達との楽しい体験をベースに、「もっと、もっと」とかかわりを広げていこうとする子どもたち。そんな前向きな気持ちを後押しするかかわりのポイントを紹介します。

発達の姿

・好きな友達ができる。
・友達との間で、物を貸し借りしたり、順番を守ろうとしたり、役割を交代したりする。
・出会いや再会の場面で顔を隠したり、物陰や大人の後ろに隠れたりする。

保育のポイント

●友達との交流体験を豊かに

　好きな友達ができ、一緒にあそびたいという期待をもって登園するようになる。また、他者を受け入れる力が育ってくるので、物の貸し借りや、順番、交代ができるようになる。ただ、まだ子ども同士の関係性が未熟なので、主張がぶつかり合うと、子どもたちだけで解決することは難しい。また、友達と一緒にイメージをもち合いながら同じあそびを楽しむが、必ずしもイメージが一致しているとは限らないので、トラブルも起きやすい。様子を見守りながら、必要な場面で仲立ちをし、豊かな交流を経験できるように配慮したい。

しんかんせんだよ！

ちがうよ〇〇せんだもん

●新しい場面で見せる葛藤に心を寄せて

　物の大小や多少、長短などの違いがわかるようになると、対人関係においても、友達と自分の力を比較して、「できなかったらどうしよう」と引っ込み思案になることがある。出会いの場面でも、「自分は受け入れてもらえるのか、拒否されないか」と不安になり、動けなくなってしまうこともある。こうした子どもの葛藤する姿を丁寧に理解し、穏やかに対応しよう。やがて、4歳前になると、自分を励まし、コントロールして前向きにかかわろうとする姿になっていく。

機能間のつながりを知る

発達の過程では、全身運動や手指の操作、言語と認識など別々の機能が互いに深くかかわっています。
それぞれのカテゴリーで紹介してきたポイントのいくつかを、
相互のかかわりを踏まえながら、とらえ直してみましょう。

0〜6か月くらい

寝返りの獲得を後押しする力のつながり

あおむけからうつぶせに自力で姿勢を変えるには、追視する力や手指の操作など、
いろいろな力が必要です。

 全身運動　 手指の操作　言語・認識　対人関係

つながりのポイント

●**追視が促す手指の操作**

　首が据わり始めることで、徐々に追視の力を得てきた子どもは、5か月くらいになると首を支える背中もしっかりしてきて、ぐるりと360度の追視が可能になる。4か月ころから、目の前の物に手を伸ばし、ふれるとつかむようになってくる。ふれた物が揺れたり、音がしたりして、「行為の結果」を目や耳で感じられるようなおもちゃを用意して、追視と手指の操作のより深い関連（目と手の協応）を援助しよう。

●**あおむけ姿勢での葛藤**

　あおむけ姿勢でおもちゃに手を伸ばしてあそんでいた子どもは、手が届かない所にある物について、「見えているのに、触れない」という葛藤を抱えることになる。このとき、見えている物をつかみたいという意欲が、寝返りを獲得する力の土台となる。
　寝返りは、重心の上下や側方の移動、また腹筋の育ちといった条件を満たすだけではなく、周囲の物を見続ける力と、見た物をつかみたいという思いに支えられて、自ら獲得していく。そのためにも、触りたくなるような魅力的なおもちゃの用意や、うつぶせになった後の楽しいかかわりが大事。

発達の姿

0〜3か月

・首が据わり始める。（3か月）

4〜6か月

・あおむけからうつぶせへの寝返りをする。

・手を伸ばして体のそばにある物をつかむことができるようになる。
（リーチング）

・動く物を広い範囲（全方位360度）にわたって追視する。

うつぶせになったときは、目線を低くしてかかわろう。
丸めたタオルやクッションを子どものわきの下辺りに
置くと、姿勢を保ちやすい。

発達と保育

物や人とのかかわりを広げる大きな力

この時期は、手指の操作の発達や三項関係の形成などをベースに、
周囲とのかかわりを広げ、子どもが大きく変わります。

つながりのポイント

●つまむあそびと指さしの進化

　座位が安定してきたことで両手の自由を獲得した子どもの
手指の操作と、指さしの出現には深いかかわりがある。
　指さしは、5本の指をそろえた「手さし」から始まる。指先
の操作性が高まり、小さな物を上から親指と人差し指を直立さ
せてつまむようになるころには、さらにはっきりと指し示すよ
うになる。

●三項関係の形成で広がる
　あそびの世界

　身近な大人に抱かれるなど、相手と
一体になっているときに相手が指さ
すものを見る「共同注意」を経て、三
項関係の形成とともに、物を使ったや
り取りができるようになる。

おつむ
てんてん

　動作のやり取りも、大人の言葉としぐさに合わせて、首を振ったり、手を
たたいたりするようになる。保育者
は、子どもと「楽しいね」という思い
をやり取りするようなかかわりを意
識したい。

●「○○だ」と直線的
　（あるいは往復的）に表現する

　移動手段を獲得した子どもは、目標に
向かってまっすぐに進む。この「○○だ」
という直線的な動きは、描画や積み木の
あそびなど、さまざまな場面で見られる。
　だだこねについても、この時期は、一
方的に「○○だ」と主張を繰り返す姿を
見せる。こうした子どものさまざまな表
現を臨機応変に受け止めたい。

発達の姿

7〜9か月くらい
・座る姿勢が安定してきて、少しずつ
両手が自由になってくる。

10〜12か月くらい
・小さな物を親指と人差し指でつまむ。

・自分が気づいた物や人などを示すために
指を向ける。（指さしの出現）

7〜9か月くらい
・大人が指さした方向に視線を動かす。
（共同注意）

10〜12か月くらい
・「いやいや」など、自分の思いをしぐさで伝
えようとする。

・身近な大人と、物や別の人を共有する。
（三項関係）

・物を使って、「ちょうだい」「どうぞ」の
やり取りを喜ぶ。

10〜12か月くらい
・高ばいをする。

・クレヨンやフェルトペンを握って紙に
打ち付ける。

13〜15か月くらい
・一人で歩く。

・積み木を2〜3個くらい積む。

・要求が通らないときに、だだをこねる
ようになる。（自我の芽生え）

調整しようとする力で広がる世界

1歳前後の「○○だ」と直線的に進む姿から、18か月前後に得る
「調整しようとする力」の具体例を紹介します。

つながりのポイント

●方向転換や回り道をして目標に進む

　「〜ではない○○だ」と選んで決めるようになる自我の表れは、全身運動にも表れる。例えば、しっかり歩くようになった子どもたちは、足はまっすぐ前に向けながらも、「あっちではなく、こっちだ」とあちこちを見ながら歩くようになる。また、物を持って歩いたり、障害物があると、別のほうから回り込んで歩いていったりもする。

　滑り台も、階段のほうへ回って方向転換をしたり、足を先に出して前向きに滑ったりするようになる。子どもたちは、そうした多くの「〜ではない○○だ」という体験を積み重ね、確かめるように繰り返す。子どもの意思を尊重した保育ができるよう、安全な場所選びと、余裕のあるデイリープログラムに配慮したい。

●手指の操作に見られる自我の育ち

　道具を使う姿にも、「〜ではない○○だ」と自分の操作を調整する力が表れる。それまでは、むやみに押しつけたり、たたいたりするだけだが、この時期になると、「押してもだめなら、引いてみる」という試行錯誤を経て、使い方がわかるようになる。

　次第に、手首の回転も可能になり、描画も、腕を左右に往復させる「なぐりがき」から、ぐるぐると円を描くようになる。子ども自身の力で獲得していく過程が大事なので、道具の使い方や持ち方を一方的に指導するようなかかわりにならないように気をつけたい。

発達の姿

16〜18か月くらい

・物を抱えて歩いたり、押し車を押して動かしたりする。

・3個以上の積み木を積む。

・つまんだ物を小さな穴に入れる。

・靴や帽子など、自分の持ち物と友達の持ち物を区別する。

・2つの物から1つを選ぶ。

19か月〜2歳未満

・転ぶことなく、しっかり歩く。

・滑り台にお尻をつけて、前向きにすべる。

・ぐるぐると連続した丸を描く。

・道具の用途がわかり、使おうとする。

・「〜ではない○○だ」と選んで決めるようになる。（自我の誕生）

発達と保育

77

2～3歳未満

できることを楽しみ、できなかったことに悩む心

いろいろなことができるようになる2歳代特有ののびやかな姿と、悩み揺れる心を追ってみましょう。

つながりのポイント

●コントロールする力のつながり

片足立ちや両足跳びなど、自分の体をコントロールする力がついてくると、手指をコントロールする力も増し、描画にもその変化が表れる。手あそびや指あそびなどもより楽しくなってくる時期なので、繰り返し楽しめるよう工夫しよう。

●見通しをもつことで生じる悩み

この時期の手指の活動では、左右の手がそれぞれ別の働きをすることも可能になる。そして、そのことと関連して、「～してから○○する」と手順をイメージして展開していけるようになる。ただし、やりたい思いはあっても、うまくいかないとイライラし、投げ出してしまうこともある。

例えば、はさみを使う場合、左右の手の役割分担や協応など、簡単にできることではないため、見通しのとおりに操作できるとは限らない。保育者は子どもの気持ちを想像しながら、あきらめずに取り組み、達成感を味わえるよう、かかわりを工夫しよう。

ほら
切れた！

●評価が気になり、揺れ動く心

2つの物を比べるようになると、子どもは、「できる、できない」「よい、悪い」といった二分的評価にも敏感になる。日によってお兄さん（お姉さん）になったり、赤ちゃんになったりして、気持ちも揺れる。この時期特有の揺れ動く心を理解して、丁寧な対応や配慮が大事。

やってみない？

やらない

発達の姿

・片足で立つ。

・20cm程度の高さなら、両足をそろえて跳び下りる。

・閉じた丸や、縦線と横線が交差する十字を描くようになる。

・はさみを使って紙を切る。（1回切り）

・「～してから○○する」と、見通しをもった行動がとれるようになる。

・「大きい、小さい」「長い、短い」「多い、少ない」などがわかる。

・身の回りのことをなんでも一人でやろうとする一方で、「できない」と手伝ってもらいたがる。

78

3〜4歳未満

幼児期への大きな飛躍が目前

3歳代の1年間で、子どもは次への大きな飛躍の準備をととのえます。

つながりのポイント

●あきらめずやり抜くことで　充実する自我

　3歳を過ぎ、階段の上り下りなど、少し難しいことをなんとか自分でやり抜こうとする姿は、自我のさらなる充実につながっていく。自分のことを「ぼく」や「わたし」と言う姿も、単なる語彙の獲得ではない。1歳前後から少しずつ意識するようになった「自分」を、ほかのだれでもない「自分」としてより強く表明している姿と受け止めていきたい。

●言葉で考える力の始まり

　3歳以降は、文の形でやり取りするようになり、「言葉で考える力」が生まれ始める。例えば、かくれんぼでは、約束（ルール）を言葉の説明で理解し、楽しむようになる。ただ、この時期は、「もういいかい」に対して、「もういいよ」と答えるという、約束どおりの言葉の応答に楽しさを感じている。本来のかくれんぼを楽しむのはもう少し先である。3歳代の子どもの育ちを意識したかかわりが求められる。

●「〜しながら○○する」のは3歳後半

　3歳代は、前半と後半で活動内容が大きく変わる。例えば、片足跳び。その場で片足跳びをしていたのが、3歳後半になると、片足けんけんで前進できるようになる。
　また、はさみの操作も、紙を持っている手を動かしながら、はさみを操作して、形を切り抜くことができるようになる。子どもによって、発揮する力や表現内容が違ってくるので、それぞれが自分の「できる」を味わい、「今度は○○したい」という願いを見つけられるよう、温かいまなざしで個々の表現を受け止めながら、選択できるような環境作りをしよう。

発達の姿

・手すりを持たずに、一人で階段を上り下りする。

・自分のことを「ぼく」「わたし」と言うことがある。

・おしゃべりが盛んになる。

・「もういいかい」「もういいよ」のかけ合いをしながら、かくれんぼをする。

・その場で片足跳びをする。

・はさみで紙を直線に沿って切る。（連続切り）

3歳前半　▶　3歳後半

発達と保育

79

「発達の原則」を知ろう

発達のみちすじには、さまざまな原則があります。
知っておきたい原則のあらましを紹介しましょう。

1 発達の順序はみんなほぼ同じ

発達は、性別や出生順、出生地域などにかかわらず、どの子どもも同じみちすじをたどっていきます。例えば、首が据わる→座位→よつばい→歩行というように、運動機能は体の上から下へ順を追って発達していきます。また、体の中心（体幹）から末端へという順序性もあります。自分の意のままに肩や腕を動かすことができるようになった後に、てのひらで物をつかめるようになり、その後、指先で小さな物をつまめるようになるのもその一例です。

2 さまざまな機能がかかわりながら発達する

一見関係がないように思える別々の機能でも、実は深くかかわりながら発達していきます。例えば、首が据わらないと、物を目で追って見続ける追視は難しいですし、あやされたときの笑い声も出にくいといわれています。つまり、首が据わるという全身運動の機能と、追視や笑い声といった言語と認識の機能が深くかかわっていることがわかります。

3 発達には個人差がある

1歳ころになると一語文が出現し、2歳近くになると転ぶことなくしっかり歩くことができるなど、能力や機能を獲得する時期には、おおよその目安があります。ただし、それはあくまでも平均値であり、実際には個人差があります。

知っておきたい「発達のコトバ」

よく耳にする発達を語る「コトバ」をピックアップ。

発育と発達と成長

　一般的に、身長や体重のように体の形や大きさなど、測定できる量的変化を「発育」、心や体の機能（働き）が質的に変化し成熟していくことを「発達」、発育と発達の両方を合わせたものを「成長」と、それぞれ区別して使われています。

立ち直り反応　P.51 全身運動 ※2

　子どもの腰の辺りを持った支え座りの姿勢から、片側に少し倒すと、子どもは頭から倒れず、倒れるほうの床に手をついて、頭をまっすぐに立ち直らせます。おおむね6か月ころから表れる反応で、寝返りや座位、つかまり立ちなどに大事な運動発達です。

原始反射　P.50 生理的機能 ※1

　新生児に見られるいろいろな反射。生後数か月間の大脳皮質の成熟とともに、次第に見られなくなります。

モロー反射	あおむけに寝かせた子の下に両手を入れてそっと持ち上げ、急に下げると両腕を広げ、抱きつくような動きをする。

把握反射	てのひらに何かがふれると、握り締める。

口唇探索反射	口元に何かふれると、そのほうに顔を向け、口を開く。

吸てつ反射	唇の真ん中にふれる物があると、吸いつこうとする。

グライダーポーズ・ピボットターン　P.51 全身運動 ※3

　うつぶせの姿勢でおなかを支点にした飛行機のような姿勢をグライダーポーズといいます。これは腹筋や背筋が備わってきたしるしです。その後、体の横におもちゃを置いたり、大人がいるほうに向くために、おなかを中心に体を回すような動きをするようになります。これを、ピボットターンといいます。この方向転換ができるようになると、間もなくはいはいが始まります。

ハンドリガード・リーチング　P.50 手指の操作 ※4　P.51 手指の操作 ※5

　生後2か月を過ぎたころ、あおむけで寝ている赤ちゃんは、それまでは握っていることの多かった手を広げて、自分の目の前にかざして見つめたり、動かしたりするようになります。時に口の中に入れたりもします。これらはハンドリガードと呼ばれるもので、次第に手を自分の意のままに動かせるようになっていく第一歩です。

　その後、自ら手を伸ばして体のそばにある物にふれたり、つかむことができるようになります。これをリーチングといいます。

知っておきたい「発達のコトバ」

共同注意と指さし

P.51 言語と認識 ※6
P.52 言語と認識 ※9、※10

人差し指で何かを指し示すような行動のことを「指さし」といいます。指さしは、実際にはまだ指さしをしないけれど、大人の指さすほうを見る「共同注意（ジョイント・アテンション）」から、大人の指さす物を見つけて片手を差し伸べる「志向の手さし」へ、そして、自分が欲しい物を相手に知らせようとする「要求の指さし」や、自分が知っている人や物を知らせようとする「定位の指さし」へと変化していきます。単に指で示すだけではなくて、親しい人の顔を見たり、「アッアッアー」と声を出して知らせることも、あわせて行うようになります。

1歳6か月ころになると、「○○はどれかな?」との問いに答えて指をさす「可逆の指さし」が見られるようになります。このころには一語文が出現していますから、子ども自身の言葉で発語しながらの指さしということもあります。

| 共同注意 | 志向の手さし | 要求の指さし | 定位の指さし | 可逆の指さし |

三項関係

P.52 対人関係 ※11

9か月ころまでは、子どもと大人、あるいは子どもと物という二者の関係（二項関係）ですが、10か月を過ぎるころになると、自分が見つけた物を指さしや表情で大人に知らせようとする姿が表れます。子どもの心の中で、第三者や物が結びつくようになり、大人と一緒に注目できるようになる「子ども─大人─物（または、第三者）」の関係を三項関係といいます。言葉が出る前の姿で「ことばの前のことば」ともいわれています。

ハイガード・ミドルガード・ローガード

P.52 全身運動 ※7
P.53 全身運動 ※8

「歩く」姿にも、順序があります。歩き始めのころは、両足を左右に大きく広げ、両手を上げます。これは手の位置からハイガード歩行と呼ばれています。歩き始めてしばらくすると、手の位置が胸付近まで下りてきます。これをミドルガード歩行といいます。その後、手を下におろして歩くローガード歩行になります。ローガード歩行になると、手をつないで歩くことができるようになります。

自我の芽生え

P.52 対人関係 ※12

「自我」は、自分を意識する心の働きをさします。10か月ころから、鏡に映る自分や、ほかの人をじっと見たり、名前を呼ばれると振り向いたりして、「自分」を見つけ始めます。1歳ころになると、大人の言葉かけに対して、なんでも「イヤ」とこたえる姿になって、自我の芽生えが表れます。その後、2歳から3歳にかけて、子どもは自分で選んだり、できるようになったことを見てもらいたがったりして、徐々に自我を拡大させ、充実させていきます。

病気とけが
園でのケア

発熱やおう吐など園で子どもが病気の症状を示したとき、また、けがをしてしまったとき、園でできる応急の手当てとそのポイントを解説します。

監修 **山中龍宏**
（緑園こどもクリニック院長・NPO法人 Safe Kids Japan 理事長）

マークの見方 登降園のときではなく、すぐ保護者に連絡したほうがよい。

 保護者のお迎えを待たず、園から直接病院に行ったほうがよい。

 すぐに救急車を呼んだほうがよい。

病気

子どもは、自分の症状をうまく言葉で表せないことも。
普段の様子との違いになるべく早く気づき、症状を緩和したり、
適切な対応で悪化するのを防いだりすることが大切です。
保護者と密に連絡をとり、毎日の健康観察も怠らないようにしましょう。

発熱したとき

「発熱」は、体内に侵入してきた細菌やウイルスの増殖を抑え、免疫力を高めて体を守る反応です。平熱より、1℃以上高いと発熱といえるでしょう。

ポイント

●発しんが出ていたり、症状の似ている感染症がはやっていたりするときは、別室で保育する。
●微熱のときは水分補給をし、静かに過ごす。
●暑がるときは薄着にし、氷枕などをして気持ちよく過ごせるようにする。
●手足が冷たいときや、寒気がするときは、保温する。
●高熱のときは、首の付け根、わきの下、脚の付け根を冷やす。

熱の計り方

わきの下に体温計を右図のように押し当て、ひじを体に密着させる。

こんなときは、緊急に対応を！

● 微熱でも、元気がなく、機嫌が悪い
● 微熱でも、せきがひどい
● 38℃以上の熱がある
● 排尿回数がいつもより少ない
● 食欲がなく、水分がとれない
● 顔色が悪く、苦しそう
● 意識がはっきりしない
● ぐったりしている
● けいれんが、10分以上止まらない

頭痛がするとき

頭痛は、体調不良のサインの一つで、インフルエンザなどの感染症のほか、中耳炎、眼精疲労、歯のかみ合わせなど、さまざまな要因が考えられます。子どもは、「どう痛いか」を説明するのが難しいので、痛みの長さや程度、その他の症状から類推して適切な対応をしましょう。

ポイント

●温めて治るときと、冷やして治るときがあるので、子どもに確かめて痛みが和らぐ方法を探す。
●室内で、静かに過ごす。
●ずっと室内にいたときは、外の新鮮な空気を吸ってみる。

こんなときは、緊急に対応を！

● 熱やおう吐、下痢など、感染症の症状がある
● 顔色が悪い
● 頭を打った後に頭痛が続く
● おう吐を繰り返す
● 意識がもうろうとしている
● けいれんが10分以上続く

発しんが出たとき

ひとくちに発しんといっても、水ほう、赤い、ぶつぶつと盛り上がるなど、見た目はさまざまです。どんな発しんかよく観察して、感染症かどうかを見極めることが大切です。

こんなときは、緊急に対応を！

👤 発しんがどんどん増えていく

👤 発熱がある

👤🏥🚑 食後1時間ほどで、発しんが始め、息が苦しそうだ

ポイント

● 感染症の疑いがあるときは、別室で保育する。
● 体温が高くなったり、汗をかいたりするとかゆみが増すので、温度管理に気をつける。
● 木綿など、皮膚に刺激の少ない下着やパジャマを着せる。

おう吐したとき

おう吐のきっかけは、さまざま。細菌やウイルスなどによる胃腸の感染症のほか、髄膜炎や脳症、頭部外傷などでも、おう吐が起こります。まず、きっかけを確認しましょう。

こんなときは、緊急に対応を！

👤 2回以上おう吐がある

👤 吐き気が止まらない

👤 腹痛がある

👤 下痢を伴っている

👤🏥 おう吐の回数が多く、元気がない

👤🏥 血液や、コーヒーのかすのようなものを吐く

👤🏥 下痢の回数が多かったり、血液の混じった便が出たとき

👤🏥🚑 脱水症状と思われるとき

ポイント

● できる子は、うがいをする。
● 次のおう吐がないか様子を見る。
● 別室で、保護者のお迎えを待つ。
● 寝かせるときは体を横向きにする。
● 30分くらい吐き気がなければ、少しずつ水分をとらせる。

おう吐物の処理

①ほかの保育者を呼び、子どもたちを別室に移動させ、窓を開けて換気する。

②おう吐物の処理をする人は、使い捨ての手袋とマスク、エプロンを着用する。

③おう吐物に次亜塩素酸ナトリウムの溶液を染みこませたペーパータオルをかぶせ、外側から内側にぬぐい取る。

④おう吐物の飛まつは3ｍ四方ほど飛散するので、その範囲は、次亜塩素酸ナトリウムの溶液でよくふく。
使用したペーパータオルなどはポリ袋に入れ、口をしっかり閉じる。ポリ袋は外のゴミ箱に捨てる。

⑤子どもの服におう吐物や下痢便がついた場合は、そのままポリ袋に入れて家庭に持ち帰り、処理してもらう（消毒方法について保護者に伝える）。

⑥処理後は、手袋をはずし、念入りに手を洗う。

※次亜塩素酸ナトリウム（製品濃度約6％の場合）＝0.1％に希釈する（水1Lに対して約20mL）

腹痛があるとき

腹痛は、子どもによく見られる症状の一つです。下痢の初期症状や、かぜのときに胃腸の働きが悪くなると起こりやすくなります。また、まだ自分の不調をうまく伝えるのが難しい子は、気持ちが悪かったり、頭など違うところが痛かったりしても「おなかが痛い」と表現します。かまってほしいだけだったり、精神的なプレッシャーでほんとうに腹痛を起こしたりすることもあるので、見極めが大切です。

ポイント

- 発熱、下痢やおう吐、便秘など、ほかの症状がないかを確認する。
- 全身を触って、どこがどう痛いか、どのくらい痛いかをチェックする。
- 吐き気がなければ、様子を見ながら、水分を少しずつ与える。
- 子どもが楽な姿勢で、横になれるようにする。
- ほかに症状がなく、しばらくすると元気になり食欲もあれば様子を見る。

こんなときは、緊急に対応を！

- 痛みが続く／食欲がない
- 発熱やおう吐、下痢など、ほかの症状がある
- 血液や粘液の混じった便が出た
- 痛みで泣きわめく
- 苦しがって、ぐったりしている
- 呼吸が荒く、おなかが張っている
- 顔色が青白くなり、冷や汗をかく
- おう吐を繰り返す

せきが出るとき

せきは、のどや気管支についた細菌やウイルス、ほこりなどの異物を体の外に出そうとして起こる反応です。熱がなくても、せきが長引くときは、受診を勧めましょう。

ポイント

- せき込んだら、前かがみの姿勢をとらせ、背中をさすったりタッピング※したりする。
- 部屋の乾燥に注意する。
- 寝かせるときは、背中に布団などをあてがい、上半身を高くする。
- 様子を見ながら、湯冷ましやお茶を少量ずつ与える。

※タッピング＝手のひらをおわんのように丸めて、背中をポンポンとリズミカルにたたくと、気道の分泌物がはがれて、呼吸が楽になる。

こんなときは、緊急に対応を！

- 38℃以上の発熱がある
- 呼吸をするたびに、ゼイゼイヒューヒューと音がして苦しそう
- 少し動いただけでも、せきが出る
- せきとともに、おう吐する
- 発熱を伴い、息づかいが荒い
- 顔色が悪く、ぐったりしている
- 水分が摂取できない
- 元気だった子どもが、突然せき込み、呼吸が苦しそうになる（気管支異物の疑い）

下痢をしたとき

下痢の多くは、細菌やウイルスの感染で起こります。ウイルス性の下痢は、症状が治まっても、1か月近く便からウイルスが排出されることが多いので、注意しましょう。

ポイント

● 発熱やおう吐など、ほかの症状もあるときは、別室で保育する。
● おう吐がなければ、様子を見ながら少しずつ湯冷ましやお茶などを与える。
● 受診時には、便の状態、量、回数、色やにおい、血液・粘液の有無、食べた物、園で同じ症状の子がいないかなどを伝える。

こんなときは、緊急に対応を！

- 食事や水分をとると下痢をする
- 腹痛があり、下痢をする
- 水様便が2回以上ある
- 発熱やおう吐、腹痛がある
- 血液や粘液の混じった便、黒っぽい便のとき
- 脱水症状がある

けいれんを起こしたとき

初めてけいれん発作を起こした子どもを目の当たりにすると、慌ててしまいますが、冷静に経過を観察することが大切です。けいれんの中でいちばん多く見られるのは熱性けいれんで、多くは38.5℃以上でけいれんを起こします。2回以上熱性けいれんを起こしたことがある子は、保護者と抗けいれん薬の使用について相談しましょう。
また、激しく泣き続けることで呼吸が止まる憤怒けいれん（泣き入りひきつけ）や、脳の過剰な興奮でけいれんを繰り返すてんかんなどのときもあるので、けいれんを起こしたときは必ず受診しましょう。

ポイント

● おう吐物がのどに詰まらないよう、顔を横向きに寝かせ、衣服を緩める。
● 大声で名前を呼んだり、体を揺らしたり押さえつけたりせず、静かに見守る。
● 窒息する危険があるので、口の中に布などを入れない。
● けいれんの持続時間を計る。
● 手足の突っ張り、動き、顔色や目つきなどを観察する。

こんなときは、緊急に対応を！

- けいれんを起こしたときは、軽いものでも連絡する
- けいれん発作が10分以上続く場合
- けいれんが治まっても意識がなかったり、呼びかけに応じないなど反応がおかしいとき
- 首が硬直し、発熱、頭痛を伴う
- おう吐を伴う
- 熱中症と思われるとき
- 頭をぶつけたとき

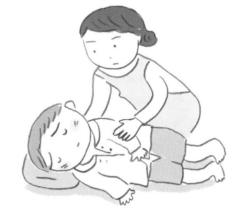

熱性けいれんを予防するには

・熱性けいれんを過去に2回以上起こしたことのある子は、保護者と相談して、希望があれば抗けいれん薬を預かっておく。
・37.5〜38℃を超す熱が出たときは、なるべく早く薬を使う（使うときは、保護者に確認）。
・薬を使うと、ふらつくことがあるので、転倒などには十分注意する。
・座薬の解熱薬も併用するときは、先に抗けいれん薬を使い、30分たってから解熱薬を使う（使うときは、保護者に相談）。

けが

子どもが園でけがをしたとき、何よりも大切なのは慌てないこと。
原因やけがの状態を冷静に確認し、適切な手当てをしましょう。
また、傷のない小さなけがであっても、保護者への報告は必須です。

打撲した

転ぶ、友達とぶつかる、遊具から落ちるなどして打撲することがあります。打撲した部位やその後の様子をよく観察して、手当てをしましょう。

応急手当て

- どこを打撲したか、出血はないかを確認する。出血がある場合は清潔なタオルなどで止血する。
- 打った場所にへこみがないか、手足の動きに異常がないかを確認する。
- 遊具から落ちたのかなど、打撲した状況を確認する。
- 安静にし、打った場所を冷やして様子を見る。
- おう吐があるときは、吐いた物がのどに詰まらないよう、必ず顔を横向きにして寝かせる。

頭を打った

頭を打った後すぐに泣き出し、その後元気ならひとまず安心です。頭を打った後、48時間は急変する心配があるので、家庭でもぐったりしていないか、おう吐がないかを観察してもらうよう、保護者に伝えます。

手足の打撲

患部を動かすことができ、あざができている程度なら、冷やして様子を見ましょう。はれてきたり、動かせなかったりするときは、ねんざや骨折の疑いがあります。

注意!

- 患部を冷やすときは、氷水に浸したタオルを絞った物を使う。市販の冷却スプレー、湿布などはかぶれることもあるので、NG。冷却ジェルシートは、効果が薄い。
- 頭や首、背中などを打って意識がないときは、抱き上げたり、揺すったりしない。

胸や腹を打った

呼吸が楽にできるように衣類を緩めて、動かしたり揺すったりせずに静かに寝かせてしばらく様子を見ます。すぐに大声で泣き、その後元気な様子ならそれほど心配はいりません。

目・耳を強く打った

氷水で冷やした清潔なタオルやガーゼなどで患部を冷やしながら、すぐに病院へ行きましょう。

こんなときは、緊急に対応を!

- 頭痛が続く→脳外科へ
- 顔色が悪くぼんやりしている→脳外科へ
- 普段と様子が違う→脳外科へ
- 血尿が出た
- ねんざ・骨折した疑いがある
- 目・耳を強く打った
- 胸や腹を打ち、息をすると痛い
- 出血がある
- 出血がひどい
- 意識がなかったり、ぐったりしている

- 頭の打った部分がへこんでいる
- けいれんしている
- おう吐する
- 耳や鼻から出血する
- 高い所から落ちた
- 呼吸が苦しそう
- いつまでも泣き続ける
- 腹や胸を打ち、触ると痛がったり、患部がはれてきた
- 腹や胸を打ち、患部が青黒くなった
- まひやしびれがある

脱臼した

関節が外れた状態を脱臼といいます。子どもがひじや手首を動かせないほど痛がるときは、脱臼したのかもしれません。

応急手当て

●どこが痛いのか、確認する。脱臼の場合は、関節に力が入らず、曲げられなくなる。
●冷たいぬれタオルなどで、患部を冷やす。
●患部を動かさないようにしながら、病院へ。

ぬれタオル

肘内障

ひじ関節の骨と骨をつないでいる輪状のじん帯から骨が外れたり、ずれたりした状態です。子どもの場合は完全に骨が外れるというよりも、この肘内障であることがほとんどです。急に手を引っ張ったりするとなることが多いので、気をつけましょう。一度肘内障になるとくせになることがあるので、なったことのある子どもには、特に注意が必要です。

こんなときは、緊急に対応を！

 関節は動かせるが、ひどく痛がる

 関節が動かせない

腕や手首など、脱臼したと思われるほうと、反対のほうの長さが違う

ねんざ・骨折

ねんざは、関節の周りを保護しているじん帯が切れたり、伸びたりすることです。外から見ても、骨折と区別がつきにくいので、素人判断をせずにすぐに受診しましょう。

応急手当て

●出血があれば、患部を動かさないように止血する。
●氷のうや氷水に浸して絞ったぬれタオルなどで、患部を冷やす。
●患部に添え木をし、包帯などで固定する。

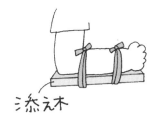
添え木

こんなときは、ねんざ・骨折かも

・負傷した部分が不自然に変形している
・激しい痛みとはれがある
・負傷した部分を動かせない
・負傷した部分が青黒く変色している

こんなときは、緊急に対応を！

患部がはれたり、熱をもったりしている

ぐったりしている

骨が出ている

顔面、頭などを骨折した疑いがある

顔色が青ざめ、呼吸がおかしいなど、ショック症状が出ている

注意！

◆氷のうを使うときは、タオルにくるんで。直接皮膚に当てると、凍傷になることがあります。
◆応急手当てで添え木をするのは、患部を安静に保つため。曲がっている患部を無理に伸ばさないようにしましょう。
◆添え木は、身近にある段ボールや丸めた雑誌などで代用できます。患部が指の場合などは、割りばしやボールペンなどで代用しても。

ひっかき傷・すり傷・切り傷

転んですり傷を作ることなどは、園でもよくあるけがですが、化膿しないようにすることが大切です。傷口から出てくる滲出液には、傷を治す細胞を助ける働きがあるので、傷口を密閉して滲出液を保つと、あとも残りにくく早くきれいに治り、痛みも少なくなります。出血を見るとパニックになりがちですが、冷静に行動しましょう。

応急手当て

- 患部を流水でよく洗う。
- 清潔なタオルやティッシュペーパーでふく。出血している場合は、傷口を押さえて止血する。
- 止血できて、傷口が浅く小さい場合は、湿潤療法用の傷テープで患部を覆う。

止血の仕方

小さな傷なら、傷口の上を清潔なガーゼなどで、直接強く押さえる。
頭の傷の場合は、へこんでいないか確認してから圧迫する。陥没しているときは、血液が逆流して脳を圧迫するので強く押さえない。

傷口を圧迫しても止血しにくい場合は、傷口より心臓に近い動脈を圧迫する。できれば、傷口を心臓より高い位置にする。

キズの位置　圧迫点

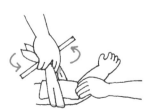

大量出血のときは、三角巾などで、傷口の10cmほど上をきつく縛る。縛るときに、棒などを入れて回転させると止血効果は高まるが、長時間止血するとほかの組織にダメージを与えるので、すぐ救急車を呼ぶ。

注意！

◆ 消毒すると、傷を治そうとする働きのある白血球なども傷ついてしまうので、小さな傷のときは、消毒しない。傷口を流水できれいにするのが原則。

出血の種類

動脈性出血

動脈が破れると、心臓が脈打つのに合わせてドクドクと鮮やかな紅色の出血をする。大きな血管の場合は、瞬間的に多量の血液を失ってしまうので、速やかな応急手当てが必要。

静脈性出血

静脈が破れると、にじみ出るような出血の仕方をし、血の色は暗赤色。切った部分を圧迫することで止血ができる。

毛細血管性出血

動脈血と静脈血の中間色で、そのままにしておいても、自然に止血する。

こんなときは、緊急に対応を！

 傷を洗った後、傷の上から清潔なタオルやティッシュペーパーなどで、10分ほど強く押さえても、出血が止まらない

 顔のひっかき傷はあとが残りやすいので、血がにじむ程度の傷でも受診する

 傷の中に小石などが入っていて取れない

 ぱっくり切れている

 小さくても傷が深い

 傷口が大きく、深い切り傷

 頭の傷で、傷の周りがへこんでいる

 ドクドクと出血が続く切り傷

 出血が多く、意識がもうろうとしている

友達にかまれた

人間の歯は鋭くないので、多くの場合はあざになるか、裂傷程度です。しかし、口の中には雑菌が多いので、患部をよく洗うことが大切です。

応急手当て

●流水でよく洗う。
●歯形がついたり、内出血しているときは、患部を氷水に浸して絞ったぬれタオルでよく冷やす。
●出血しているときは、清潔なタオルなどで押さえ、病院へ。

氷水

 注意！

◆かまれた直後はたいしたことがないと思っても、家庭でおふろに入って温まったりすると、歯形が浮き出てくることもあるので、保護者への説明はきちんとしておく。
◆冷却ジェルシートは、便利だが、効果が薄い。

こんなときは、緊急に対応を！

👤🏥 出血したとき／顔をかまれたとき

動物にかまれた

動物は人間に比べて歯が鋭いので、裂傷ができやすくなります。園で慣れている動物でも、あまりしつこくするとかむことがあるので、普段から動物が嫌がらない接し方を伝えていきましょう。また、園外保育などで出合ったイヌやネコに、子どもが不用意に近づかないような配慮も大切です。

応急手当て

●流水でよく洗い、傷ができているかどうか確認する。
●傷ができているときは、患部を一度消毒してから、もう一度水で洗い、湿潤療法用テープをはる。
●出血しているときは、清潔なタオルなどで圧迫する。

 注意！

◆動物の口中は、人間以上に雑菌が多いので、出血したときは、たいしたことがないと思っても、必ず受診する。
◆イヌにかまれたときは、必ず飼い主と連絡を取り、そのイヌが狂犬病の予防接種をしているかどうかを確認する。

こんなときは、緊急に対応を！

 動物の口中は、雑菌が多いので、少しでも出血した場合は、必ず受診する

👤🏥 目に傷がついたおそれがある

👤🏥 顔を強くかまれた

 傷が深い

 出血が多い

異物が入った

目や耳、鼻に異物が入って取り除くのが難しそうなときは、ピンセットなどでつまもうとしても、
どんどん奥へ入ってしまうことがあります。無理をせず、病院へ行きましょう。

目に異物が入った

応急手当て

●小さなゴミ、砂、せっけんなどが入った場合は、流水で
洗い流す。
●下まぶたを押し下げて、目の中を確認し、清浄綿でそっ
とふき取る。

注意!

◆目に異物が入ったままこすると、角膜に傷がつくので、
絶対にこすらないようにする。
◆お昼寝などの後、体の自浄作用で目頭に出てくることも。
◆流水で目を洗うときは、水流を強くしすぎないようにする。

こんなときは、緊急に対応を!

- 目を開けていられないほど、痛がる
- 充血がひどい
- そっとふき取っても取れない
- 固い物が刺さった

鼻に異物が入った

応急手当て

●はなをかめる子は、反対の
鼻の穴を押さえ、「フン!」
と強くかませる。
●はながうまくかめない子
は、こよりなどでくすぐり、
くしゃみをさせる。

注意!

◆ピンセットなどで無理につまみ出そうとすると、かえっ
て奥に入ってしまうことも。無理をせずに、耳鼻科を受
診する。

こんなときは、緊急に対応を!

- 異物が原因で、鼻血が出た
- 異物が鼻から出てこない

耳に異物が入った

応急手当て

●水が入った場合は、入ったほ
うの耳を下にして、片足跳び
をしてみる。
●ビーズなど固形物の場合は、
異物が入ったほうの耳を下
に向け、耳を後ろ上方に引っ
張りながら、反対側の側頭
部を軽くたたいてみる。

注意!

◆耳をのぞいて異物が見えても、ピンセットなどでつまみ
出そうとしない。鼓膜を傷つけることがある。

こんなときは、緊急に対応を!

- 耳から出血した
- 入った物が取れない
- 耳を痛がる
- 子どもが「耳の中でガサガサする」など
と、訴える

誤飲

子どもは、好奇心から思わぬ物を飲んでしまうこともあります。園では、誤飲につながる物は、子どもの手の届く範囲に置かないことが基本です。定期的に危険がないか点検するとともに、家庭にも情報を伝えましょう。

応急手当て

●コイン形電池、強力マグネットは危険性が高いので、すぐに医療機関へ。
●意識があるかを確認する。
●飲んだ物によって吐かせてよいときと悪いときなどがあるので、何をどのくらい飲んだか、確認する。
●意識があるときは、誤飲した物によって対応する。吐いた物が肺に入るので、意識のないときは吐かせない。

注意！

◆石油、トイレの洗剤など強アルカリの物、とがった物は、吐くことで食道や肺を痛めるので、吐かせてはいけない。
◆防虫剤（パラジクロルベンゼン）は、乳脂肪分で溶け出すので、牛乳を飲ませるのはNG。

誤飲したときの吐かせ方

①片ひざを立てて、ひざが子どもの胃に当たるよう、うつぶせに乗せる。
②あごに手を添え、手の付け根で肩甲骨と肩甲骨の間をたたく。

こんなときは、緊急に対応を！

何を飲んだか、わからない
激しくせき込んでいる
呼吸が苦しそう
意識がない
けいれんしている

誤飲した物 対応早見表

	飲んだ物	対　応	
身の回りの物	小さい玩具	飲み込んでしまったら、たいていは便とともに出てくる。食道内にとどまっている場合もあるので、念のため受診を。	
	土・砂・小石	2〜3日便に変わった様子がないか観察する。	
	クレヨン	様子を見る。	
	子どもの薬	塗り薬をなめたり、シロップを少量飲んだりした程度なら様子を見る。かぜ薬のシロップを大量に飲んだときなどは、病院へ。	
	ボタン電池・コイン形電池	何もしない。すぐに受診する。	
洗剤	せっけん	様子を見る。	
	台所用洗剤（中性）	水か牛乳を飲ませ、吐かせる。	
	住宅用洗剤（中性）	水か牛乳を飲ませるが、吐かせない。	
	洗濯用洗剤・柔軟剤	水か牛乳を飲ませるが、吐かせない。	
	漂白剤（原液）	水か牛乳を飲ませるが、吐かせない。	
	トイレ用洗剤	何もしない。すぐに受診する。	
薬など	蚊取り線香	飲み込んでしまったら、たいていは便とともに出てくる。食道内にとどまっている場合もあるので、念のため受診を。	
	蚊取りマット	飲み込んでしまったら、たいていは便とともに出てくる。食道内にとどまっている場合もあるので、念のため受診を。	
	ホウ酸だんご	水か牛乳を飲ませ、吐かせてから病院へ。	
	防虫剤（パラジクロルベンゼン）	水（牛乳はNG）を飲ませ、吐かせてから病院へ。	
	防虫剤（樟脳）	けいれん誘発の可能性があるので、吐かせず病院へ。	
	石油・ガソリン	何もしない。すぐに受診する。	
その他、画びょうや針、ガラスなど とがった物		何もしない。受診する。	

鼻血が出た

子どもは鼻の中の粘膜が弱いので、ぶつけたり鼻をいじったりして、鼻の中の粘膜を傷つけると、すぐに鼻血が出ます。多くは一過性のものですが、アレルギー性鼻炎で鼻の粘膜が充血していたり、鼻をほじったりするくせのある子は、鼻血が出やすくなるので対処が大切です。

応急手当て

● 子どもを落ち着かせて、座らせる。
● 鼻血がのどに流れ込まないように、少し前かがみの姿勢で小鼻を強めにつまむ。
● 鼻をつまみながら、ぬれタオルで眉間から鼻のあたりを冷やすと、血管が収縮して血が止まりやすくなる。
● 少し出血が少なくなったら、脱脂綿かガーゼを鼻に詰める。

注意！

◆ 鼻血を飲み込むと、気持ちが悪くなる。首筋をトントンたたくと、鼻血がのどに流れ込みやすくなるので、NG。
◆ ティッシュペーパーを鼻に詰めると、かえって粘膜を傷つけやすい。

鼻血が出る部位

鼻血は、鼻の中の「キーゼルバッハ部位」という場所からの出血で起きることがほとんどです。「キーゼルバッハ部位」は鼻の穴の入り口に近く、血管が多くて粘膜層も薄いので、ちょっとしたことで出血してしまいます。子どもが鼻血を出すことが多いのは、大人に比べてさらに粘膜層が薄いことと、子どもの指が細くて鼻の奥まで入りやすく、キーゼルバッハ部位を直接触ってしまうからだといわれています。

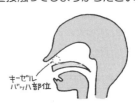

キーゼル
バッハ部位

こんなときは、緊急に対応を！

少量でも頻繁に鼻血が出るようなら、保護者と相談し、耳鼻科、または小児科を受診してもらう

10分以上出血が止まらない→耳鼻科へ

頭を打ったあとに鼻血が出た
→脳外科へ

大量に出血し、血が止まらない

意識がもうろうとしてきた

指を挟んだ

指を挟むと、神経が切れたり、骨折したりすることもあります。ドアなど、指を挟みやすい所には緩衝材をはるなどの予防措置をしておきましょう。

応急手当て

● 血が出ているときは、患部を流水で洗い、ガーゼなどで10分ほど押さえて止血する。
● 血が出ていないときは、氷水に浸してから絞った冷たいぬれタオルなどで、冷やす。
● 挟んだ指を、曲げたり伸ばしたりできるか、確認する。

血豆ができた

痛みがすぐに治まるようであれば、そのまま様子を見ましょう。針などでつついて血を抜くと、細菌に感染することがあるので、危険です。

こんなときは、緊急に対応を！

指が曲がらない

痛みが引かない

内出血している

はれがひどい

骨折している疑いがある

つめがはがれた

つまずいたときに引っかけたり、友達とぶつかった拍子につめが引っかかったりすると、つめがはがれることも。普段からつめが伸びていないか、家庭でも注意してもらいましょう。

応急手当て

- つめの根もとを強く圧迫すると、痛みが少し和らぐ。
- つめの根もとを圧迫したまま、流水できれいに洗う。
- はがれたつめを元に戻した状態で、ガーゼなどで押さえて病院へ。

こんなときは、緊急に対応を！

 つめがはがれた

 つめの内側が内出血した

 つめが欠けて、出血した

注意！

◆つめを戻さない状態でガーゼなどで押さえると、ガーゼが傷口に張り付いてしまう。

つめの根もとを痛めたとき

指を挟んで、つめの内側が内出血してしまうと、つめが黒くなって、後日はがれてしまうこともあります。流水できれいに洗い、ばんそうこうなどでカバーしておきましょう。つめがはがれたり痛んだりしても「爪甲」だけなら再生しますが、一度取れたつめが再生するには1か月以上かかります。また、「爪母基」が傷ついたり取れてしまったりすると、再生は難しくなります。根もとを痛めたときは、必ず外科を受診しましょう。

つめの構造

つめが欠けたとき

出血がなく深づめ程度なら、欠けてぎざぎざになった部分をつめ切りで整えて、湿潤療法用テープをはります。出血があるときは、流水でよく洗い、ガーゼなどで押さえます。

刺さった

小さなとげが刺さった場合と、大きな物が刺さったときとは、応急手当てなどに違いがあります。
どのくらいの物が、どう刺さったかを、まず、確認しましょう。

とげやガラス片が刺さった

応急手当て

- 抜く前に患部を消毒してから、ピンセットやとげ抜きなどで抜く。
- とげの頭が出ていないときは、患部が中央になるように5円玉か50円玉を押し当てると、抜きやすくなる。
- 抜いた後は、傷口から血を絞り出し、よく流水で洗っておく。

こんなときは、緊急に対応を！

 うまく抜けない

木の枝や大きめのガラス片が刺さった

応急手当て

- 刺さった物が抜けていたら、傷口の上から清潔なタオルなどで圧迫して止血する。
- 10分くらいで血が止まれば、切り傷と同じように湿潤療法用テープをはる。

こんなときは、緊急に対応を！

 押さえても、出血が止まらない

 傷の中に刺さった物が入っていて、取れない

 ぱっくり切れている

 小さくても傷が深い

 深く刺さったままなら、抜かないで救急車を呼ぶ

歯をぶつけた

子どもは、あごの骨が軟らかいため、ぶつけるなどして強い衝撃を受けると、歯が脱臼したり、亜脱臼を起こしたりすることがあります。いわゆる歯が抜けたり、ぐらぐらしたりする状態です。

応急手当て

- 口の中や唇を切っていないか、確認する。
- 口の中を切っていたら、口をゆすぐ。
- 唇を切った場合は、清潔なガーゼで押さえて止血し、氷水に浸して絞ったタオルなどで、患部を冷やす。
- 歯が抜けたときは軽くすすぐ程度にして、抜けた歯を牛乳などに浸す。

注意！

- ◆抜けた歯を水に浸すのは、NG。浸透圧の関係で歯根膜がだめになってしまう。
- ◆抜けた歯を元に戻す手術をしている病院かどうか、電話で確認してから向かう。事前に調べておくのがベスト。

こんなときは、緊急に対応を！

- 強くぶつけた→歯科へ
- 出血がひどい→外科へ
- 歯がぐらぐらになった→歯科へ
- 歯が抜けた→歯科へ
- 歯が折れたり欠けたりした→歯科へ

虫に刺された

ハチやムカデなど、身近にも毒の強い虫がいます。普段から園でも虫刺されを防ぐ工夫をしていきましょう。また、スズメバチは、黒いものや甘いにおいを好み、大きな音に反応します。山や草木の多い場所に出かけるときは、着ているものの色などにも注意し、ハチがいそうな所では、ジュースを飲んだり、大声を出したりしないようにしましょう。

注意！

- ◆刺された部分をかくと、とびひになったりすることもあるので、かきこわさないようにすることが大切。

応急手当て

- 刺された所を水で洗い流す。毒成分を洗い流せるだけでなく、冷やすことで血管が収縮し、毒成分の広がりを防ぐ効果や、痛みやかゆみが和らぐ効果もある。
- ハチやムカデに刺されたときは、患部の周りを指で強くつまみ、毒を押し出す。
- ドクガの毒毛は目に見えないほど小さいので、衣服などに付いた場合は、ガムテープなどで取るとよい。
- カ、アブ、ブユなどに刺され、かゆみがひどいときは、抗ヒスタミン剤の入った虫刺されの薬をつける（使うときは、保護者に相談）。

こんなときは、緊急に対応を！

- はれがひどい
- すごく痛がる
- ドクガにふれて、発しんやかゆみなどの症状が出た
- ドクガの毒毛が取れない
- ムカデにかまれて、はれた
- ハチに何か所も刺された
- スズメバチに刺された
- ハチやムカデに刺され、アナフィラキシーショックを起こした

2歳児の
保育のアイディア
12か月

生活、あそび、保護者支援の視点からのアイディアを紹介します。
すべて、現場で実践されていた現場発信のアイディアです。

*あそぶ前に、P.4「安全にあそび・
　活動を行うために」を必ずお読み
　ください。

4月

生活の流れに沿った環境作り

1年かけて、基本的な生活習慣の自立に向かう2歳児。無理なく少しずつ経験を重ねていけるような環境作りのポイントを紹介します。

キーワードは「同じ順番で」

2歳児は、「じぶんで」と、やってみようとする自立に向かう気持ちと、「やってほしい」という保育者を頼りたい気持ちの間を揺れ動きながら、基本的な生活習慣を身につけていく時期です。そこで大切なことは、生活の流れ（動線）を考えた環境構成です。外であそんだ後、「靴をしまう→帽子と靴下を箱に入れる→手を洗う→着脱スペース→トイレ」と連続した自然に行動できる環境を作り、身支度を整えた子からあそびのコーナーへと移っていけるように工夫してみましょう。

保育者も子どももスムーズに

日々同じ順番で身支度を繰り返すことで、子どもたちは自然と次の行動ができるようになります。保育者にとっても、子どもが右往左往することがなくなるので、注意するような否定的な言葉かけが要らなくなります。その結果、子どもの気持ちを大切に、できることは見守りつつ、必要に応じて援助をしていくかかわりがとてもスムーズに行えます。

ズボンが汚れたらはき替える。

置き靴

園で履く靴にまつわるアイディアです。
子どもはもちろんのこと、保護者の子育て支援にもつながります。

実践例

クラスだよりや掲示などで、園庭や散歩で使う靴を決めて、園に置いてもらうよう、保護者に伝えましょう。履きやすく、汚れても構わない靴を選んでもらいます。

よかったね

ここがポイント

●置きっ放しになるので、気がつくと、足が大きくなっていて窮屈ということもあります。クラスだよりなどで、定期的にチェックしてもらうよう呼びかけたり、個別に声をかけたりすることが必要です。

クラスだより　置き靴のチェックを。

汚れを気にすることなくあそべるだけではなく、登園前の朝の支度もスムーズになります。2歳児の前半はまだまだ「○○がいい!」と、自己主張の強い時期です。長靴やサンダルなど、一人で脱ぎ履きできる靴を「はいていく」と譲らない朝もあるでしょう。園用の置き靴があると、子どもの思いに「わかったよ。じゃあ、長靴で行こうね」と応え、スムーズに機嫌よく支度を整えることができます。

わかったいいよ
ながぐつがいい

食べやすい環境作り

落ち着いて食べられる環境を整えることで、おいしさや食べる楽しさを味わえます。

 実践例　**準備**　★風呂用マット　★カッター

足が着いてないね

確認
椅子に腰掛けたとき、子どもの足がしっかり床に着いているか。

調整
風呂用マットを椅子の幅より広めに切り、椅子の脚の前2本が入る場所をカッターで切り抜き、椅子をセットする。

ここがポイント

● 風呂用マットの厚さが薄めのものと厚めのものを用意しておくと便利です。子どもの体格に合わせて、厚めのマット1枚、あるいは、薄めのマット2枚などの調整ができます。

● マットを2枚重ねるときは、ずれないようにビニールテープで留め、ポリ袋に入れて1つにまとめるといいでしょう。

● どんどん体格が変わるので、時折、適切かどうか確認し、必要に応じて調整し直します。

シャボン玉あそび

春風に乗って飛んでいくシャボン玉を追いかけてみましょう。開放感が味わえます。

準備
★ストロー　★針金
★モール、または毛糸
★ビニールテープ　★輪ゴム
★シャボン玉液

あそび方例

保育者が口で吹いたり、手を振ったりして作ったシャボン玉を、子どもたちが捕まえようと追いかけます。いろいろな道具を使い、大きさの違うシャボン玉を作ると楽しいです。

作り方

A ストローの先に切り込みを入れ広げたり、何本か一緒に輪ゴムで束ねたりする。

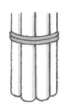

B 針金を曲げて円形を作り、両端をねじってまとめる。周りをモールや毛糸で巻き、ねじった持ち手の部分にビニールテープを巻く。円形だけでなく、三角や四角など、いろいろな形で作っても楽しい。

＊シャボン玉の道具の管理には十分注意しましょう。

紙パックで作る仕切り

身近な素材で作れる仕切りは、2歳児が大好きな「みたて・つもりの世界」で重宝する環境グッズです。一度作れば、長く使えます。

準備
- ★1ℓ入りの紙パック…40〜50本
- ★カラーガムテープ

作り方
① 紙パックの図の部分を切り落とし、カラーガムテープで紙パックの角を補強する。
② 同色のカラーガムテープで蛇腹になるように紙パック同士をつないでいく。

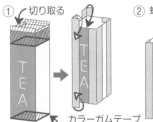

① 切り取る
底を切り取る → カラーガムテープで角を補強する
② 蛇腹になるようにつないでいく
切り込んで内側にはる

ここがポイント

● 軽くて扱いやすいので、空間の大きさを子ども自身のアイディアで決めることができる利点があります。仕切り同士を洗濯ばさみでつなげて、大きな空間を作ることもできます。

あそび方例

　仕切りをたくさんつなげて大きな家を作ってままごと、小さな囲いにしてお風呂など、子どものアイディアであそびを展開していけるように場を確保しましょう。子どもたちは、一人の世界を楽しんだり、友達と「いれて」「いいよ」「だめ」などのやり取りをしたりして、あそびます。子どもの様子に応じて、小道具を提案したり、あそびに加わったりして、イメージの世界を楽しめるように援助しましょう。

段ボール箱で作る仕切り

段ボール箱の特性を生かした仕切りのアイディアです。使わないときはコンパクトに畳めるのも魅力的。

準備
★段ボール箱　★木工用接着剤　★布
※シール付きの布を使えば、木工用接着剤は不要。

作り方

段ボール箱のふたと底を切り落とす

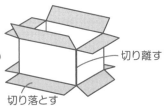

切り離す
切り落とす

布をはる

段ボール板をつなげば長いパーティション

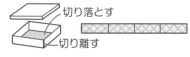

切り落とす
切り離す

お菓子などの小さな箱で作れば小さなパーティション

あそび方例

小さなパーティションで人形のおうち

長いパーティションで友達と一緒に

並べて歩く

ポンポン人形

ポケットに1つ忍ばせて、ちょっとした時間に子どもとやり取りを楽しみましょう。

準備 ★毛糸 ★厚紙

作り方 適当な大きさの厚紙に毛糸をぐるぐる巻いて、ポンポンを作る。

切る

中心を結ぶ

切らずにそのままのもの

短く切りそろえたポンポン

あそび方例

登園してきてちょっと不安そうな表情や落ち着かない様子を見せる子に、「おはよう」とポケットからポンポン人形を取り出し、ちょっとやり取りをしてみましょう。ポンポンに名前をつけ、擬人化すると楽しいです。

○○ちゃんおはようって言ってるよ

ポンポンに丸シールをはって小さな友達にみたてて、言葉をかけてみましょう。

どっちに入っているかな？

「どっちの手に入っているかな」と当てっこをするのも楽しいです。

「さよなら あんころもち」

友達とのやり取りを楽しむわらべうたです。短いうたなので、無理なく体験できます。

あそび方例

♪さよなら　あんころもち　またきな　　♪こ

①両手をつなぎ、うたに合わせて左右に揺らす。

②揺らしていた手を止めて、互いの顔を見合う。

ここがポイント

● 最初は保育者と子どもの1対1であそびましょう。次第に、子ども同士であそぶようになります。
● 「さようなら」のうたと決めずに、言葉のおもしろさを楽しみます。
● 保育者が入って輪を作り、複数の子どもと楽しむときは、つないだ手は前後に揺らします。

さよなら あんころもち わらべうた

さ よ なら あん ころ も ち また き な こ

101

トイレットトレーニング支援

1歳児から始めたトイレットトレーニング。2歳児での自立を目指し、家庭と歩調をそろえて進めていくための言葉かけや配慮点などを紹介します。

保護者へのアプローチポイント

①園での成功体験を重ね、確実に大丈夫と判断してから伝える

保護者に「そろそろパンツへ移行しませんか」と声をかけるのは、保育者がもう大丈夫と確信した段階にします。そのほうが保護者自身、達成感を得て、続けてみようという意欲をもちやすいからです。ただし、「もう大丈夫です」といった表現は避けましょう。あくまでも園と家庭とで連携して一緒に進める姿勢で対応することが大事です。

園では便器で出ることが多くなりましたが、ご家庭ではどうですか？

言葉かけ例

「チッチでた」と、伝えることが多くなりました。
チッチでた！

②保護者の負担に配慮する

午睡中も日中の過ごし方に合わせて、一緒におむつを取ってしまうほうが長引かないですが、季節によっては午睡中に間に合わないことがあります。家庭に洗濯を頼んでいる場合は、シーツやパジャマの洗濯が増えてしまい、そのことを負担に感じる保護者もいるので、一人一人の家庭の状況に配慮して進める必要があります。

③気をつけたいことを伝える

園と同じような対応で進められるよう、ポイントを具体的に伝えます。

怒らない
間に合わないこともあります。さらりと対応しましょう。

起こさない
午睡中の子を起こしてまでトイレに連れていく必要はありません。

あそび場にしない
行きたくなるようにと、おもちゃを持ち込むのはNGです。

長引かせない
出ないからと、いつまでも便座に座らせておくのは逆効果です。

大人も一緒に
「一人で行ってきなさい」は禁物。一緒に行って、「出たね」と言葉をかけ、共感するやり取りが近道です。

「野菜の皮むき」実践例

日々の生活の中で自然に行っている食育の実践例を紹介します。

きっかけ

朝、調理室のスタッフが、「お手伝いをお願いできますか？」と、タマネギを持ってきてくれました。

お手伝いをお願いできますか？

子どもへの働きかけ

そのとき、部屋にいた子に、「タマネギの皮むきをお手伝いしたい人はいますか？」と言葉をかけ、興味をもった子だけが行うように、無理強いせずに進めました。ですので、いくつとは決めず、できるだけにしました。

いますかー？
やるー！

保育者のコメント

大人の手伝いに興味津々の時期です。野菜の皮むきも、特別な活動ではなく、日常的な「お手伝い」として、調理室と連携しながら、繰り返し取り入れています。昼食時に「朝、お手伝いした○○だね」と言葉をかけて、少しずつ食への興味が深まるようにしています。

グリーンピースだね

葉っぱの船作り

自然物を使った伝承あそびの1つです。
子どもが見つけた葉っぱを使ってあそんでみましょう。

作り方

笹　船

①笹の葉の両端を内側に折り、折った部分
が3等分になるよう切れ目を入れる。

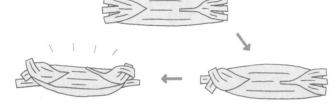

②3等分になった部分の両端を持ち上げ、
片方の輪の中にもう片方を差し込む。

笹以外の葉っぱの船

葉っぱの軸を葉の中央に刺す。

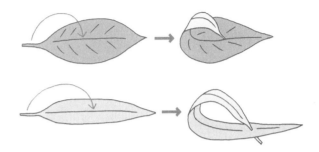

笹でもできるが、やや不安定。

ポリ袋ふわふわ

ポリ袋は、さまざまなあそびで活用度の高い素材の1つです。
ポリ袋だけを使うあそびを紹介します。

準備　★いろいろな大きさのポリ袋　★傘袋

あそび方例　　ポリ袋に空気を入れて、ボールのような感覚であそびます。特に傘袋は
空気をたっぷり入れると丸太のような形状になるので人気があります。
あまり空気が入っていないものも、感触が違っておもしろいです。

ここがポイント

●通常の形の袋なら、中くら
いから大きいサイズのもの
を使って全身でかかわって
あそべます。一人で抱えて
歩きたい子もいれば、ポー
ンと飛ばしてダイナミック
にあそびたい子もいます。
子どもの様子に応じて準備
をするといいでしょう。

新聞紙あそび

おなじみのあそびが、徐々に盛り上がっていくようなプロセスを紹介します。

準備 ★新聞紙　★傘袋　★輪ゴム　★丸シール（目玉用）
★ビニールプール、または段ボール箱

あそび方例

step1

新聞紙をそのままで、ふわっと放り投げたり、新聞紙の後ろに隠れたりしてあそぶ。

step2

①子ども同士で引っ張り合って破く。

②細く破いた新聞紙を集めて、ビニールプール、または段ボール箱を利用して作った枠の中に入れ、子どもたちも入る。盛り上がっているようなら、さらに小さくちぎってみよう。

step3

傘袋の中に②の新聞紙を入れて、保育者が口を輪ゴムで留める。袋の先に目玉用の丸シールをはり、ヘビを作る。

作ったヘビを投げてあそんでも楽しい。

片栗粉粘土

片栗粉を使った感触あそびです。
片栗粉独特の感触に子どもたちは大喜び！

準備 ★片栗粉　★水　★ボウルや洗面器
★紙皿とスプーン（人数分用意）　★ビニールシート（床に敷いておく）

あそび方例

①子どもの前で、ボウルや洗面器に入れた片栗粉に少しずつ水を加え、とろとろの状態になったら、1人ずつ紙皿に適量の片栗粉粘土を盛り付ける。

②スプーンで集めたり、すくったりしているうちに、直接触って不思議な感触を楽しむ。

エピソード

　手に付いたり、床に落ちたりした片栗粉粘土は乾くと、パリパリになるので、また違った感触を楽しむことができます。また、片栗粉粘土を置いた紙皿がだんだん湿ってきて、柔らかくなるので、2つに折ってとろとろとこぼれる様子を楽しんだり、中にはそのまま頭に載せる子もいたりして、思い思いに楽しんでいます。

みて～
パリパリのてになった

どれどれ

「めんめんすーすー」

顔あそびのわらべうたです。触ってもらったり、自分で触ったりして、いろいろなあそび方があります。

あそび方例

♪めんめん
①目尻を人さし指で、優しく触る。

♪すーすー
②鼻を人さし指で上から下になでる。

♪けむしし
③眉毛を人さし指でなでる。

♪きくらげ
④耳たぶを人さし指と親指でつまむ。

♪ちゅっ
⑤口に手を当てる。

ここがポイント

● 保育者にやってもらうのも楽しいですが、顔の部位を認識している年齢なので、うたに合わせて自分の顔を触るあそびとして楽しんでみましょう。繰り返しているうちに家でも楽しむようになります。

めんめんすーすー　わらべうた

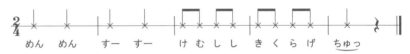

「あくしゅでこんにちは」

友達とやり取りする楽しさが味わえる挨拶のあそびうたです。

あそび方例

1番

♪てくてくてくてく あるいてきて
①自由に歩く。

♪あくしゅで　こんにちは
②近くにいる人と握手をした後、頭を下げる。

♪ごきげんいかが
③右手、左手と胸前で交差させる。

2番

♪もにゃもにゃもにゃもにゃ おはなしして
④1番で握手をした相手と向かい合ったまま、口元で両手指を開いたり、閉じたりする。

♪あくしゅで さようなら
⑤握手をした後、「バイバイ」のしぐさをする。

♪またまたあした
⑥バンザイをして、両手をひらひらさせながら下ろしていく。

ここがポイント

● 最初は子どもたちは動かず、保育者だけが歩いて、順に子どもたちと挨拶をしましょう。あそびに慣れてくると、保育者と同じようにやってみたい子が現れます。徐々に歩いて挨拶する子を増やすイメージで繰り返しあそびましょう。

● しぐさの内容はあくまでも目安です。「♪ごきげんいかが（またまたあした）」のしぐさは、手拍子でも構いません。子どもの様子に応じて工夫します。

あくしゅでこんにちは　作詞／まど・みちお　作曲／渡辺 茂

1. てくてく てくてく あるいてきて あくしゅで
2. もにゃもにゃ もにゃもにゃ おはなしして あくしゅで

こんにちは ごきげんいかがた ー
さようなら またまたあしたた ー

保育者間の連携を強化できるホワイトボード

子どもが今どこにいるか、何をしているか、この後どうするのかなど、子どもの動きを担任間で共有するためのアイディアを紹介します。

ねらい 子どもの動きを可視化する

　園庭に出る時間、食事の時間など、場面が切り替わるタイミングを、グループごとに少しずらしてゆったりと生活できるようにしています。原則としては、月齢で2〜3つくらいに分けていますが、その日の子どもの体調、起床時間によっては、「いつもは遅いグループだけど、今日は早いほうのグループで」ということがあります。また、園庭でのあそびが楽しくて、室内に入りたがらない子がいて、急きょ遅いグループに入ることもあります。

　「○○ちゃんは、今日は先のグループに」「△△ちゃんは、まだ園庭」など、一人一人の子どもの動きを担任間で共有する際、ホワイトボードを使って可視化することで、連携を強化できます。

準備
★ハンディサイズ (B5〜A4判) のホワイトボード
★マグネットシート
★丸シール (グループで色を変える)

作り方
①マグネットシートを幅1.5cm×長さ5〜6cmくらいの大きさに切ったものを、子どもの人数＋保育者の人数分作る。
②グループごとに色分けしたシールをはり、名前を書き入れる。

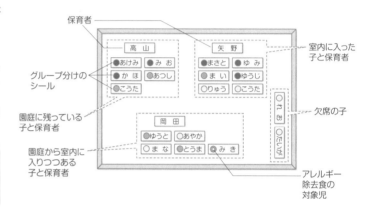

保育者
グループ分けのシール
園庭に残っている子と保育者
園庭から室内に入りつつある子と保育者
室内に入った子と保育者
欠席の子
アレルギー除去食の対象児

ここがポイント

●アレルギー除去食の対象児もひと目でわかるようにシールを工夫すると、ヘルプで入ってくれたスタッフとも確実に情報を共有できます。

春まきの栽培プランニング

無理なく楽しめるオススメ栽培プランを紹介します。プランターの置き場所など、安全管理に留意して行いましょう。

ミニトマトのプランター栽培

準備
★プランター (深さ、大きさとも30cm以上) ★トマトの苗
★鉢底ネット ★底石 ★野菜専用の培養土、またはトマト専用の土 (園芸店で販売) ★支柱 ★ひも

植え方

①プランターの底に鉢底ネットを敷き、底石を高さ3cmくらいまで敷き詰める。

②野菜専用の培養土、またはトマト専用の土をプランターに入れる。

③トマトの苗をポットから外して、②に植える。このとき、根に付いた土は払わずに一緒に植える。

④プランターの底から水がもれるくらいにたくさんの水をやる。

手入れの仕方

●土の表面が乾いたら、水をやる。水やりは気温が高くなる前に行う。
●わき芽が出たら、摘む。　わき芽

ここがポイント

●支柱は、根が傷つかないよう、苗から8cmくらい離して立て、ひもで結ぶ。

支柱
8cmくらい

サツマイモの袋栽培

準備
★野菜専用の培養土 (袋のまま) ★割りばし
★サツマイモの苗

植え方

①培養土の袋の底に割りばしで水抜き用の穴を多めに開ける。

培養土
穴
割りばし

②サツマイモの苗を5cmほど埋める。

手入れの仕方

●苗を植え付けた後、10日間は、毎日水やりをする。その後は、土の表面が乾いたら水をやる。

※子どもの手が届かない所で栽培し、収穫時は目を離さないようにしましょう。

同じ色探し

色に興味をもちはじめた子どもたちとのやり取りから生まれたあそびです。「おんなじ」を楽しみましょう。

準備
★色水を入れた小さいサイズのペットボトル
★果物や野菜の絵

あそび方例

カラーボックスのような低めのおもちゃ棚の上に、さまざまな果物や野菜の絵をはっておきます。色水を入れたペットボトルは、ジュース屋さんごっこで使うグッズです。色に興味をもちはじめた子が、ペットボトルの色水の色と"同じ色"の絵を探し、見つけるとその絵の上にペットボトルを置いて確認して楽しみます。

ここがポイント

●子どもたちの間で自然に生まれたあそびです。「なにいろ?」と聞いてくる姿があるようなら、色への興味がさらに膨らむように、おもちゃを色で分けてみるなど、室内の環境を工夫してみましょう。

赤・青・黄の絵本

色にちなんだ手作り絵本のアイディアです。
まずは、三原色から始めましょう。

準備
★はがき大のクリアファイル（差し替え式）　★赤・青・黄の布
★多用途接着剤　★ファイルに入れるさまざまな赤・青・黄のものの写真や絵

作り方

子どもたちが知っている身近なものから、赤、青、黄色のものの写真や絵を集め、クリアファイルに1枚ずつ入れる。ひと目で何色の絵本かわかるように、クリアファイルの表紙をそれぞれの色の布で覆い、多用途接着剤で留める。最初からたくさんそろえるのではなく、子どもたちと一緒に赤・青・黄のものを探したり、子どものつぶやきを記録したりして、少しずつ増やしていく。

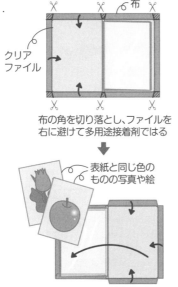

布の角を切り落とし、ファイルを右に避けて多用途接着剤ではる

表紙と同じ色のものの写真や絵

ファイルを左に避けて、同様に多用途接着剤ではる

エピソード

1枚ずつの絵や写真に厚紙をはり、ファイルから取り出しやすいようにひもなどを付けて、順番を入れ替えたり、1枚を抜いて即席の素話を楽しんでいます。今は緑・だいだい・紫が加わり、6色まで絵本が増えました。

今日はどのカードにしようかな

107

センサリーバッグ

センサリー（sensory）には、「知覚・感覚」といった意味があります。見る、触る、聴くなど、五感を刺激するアイディアグッズです。

準備
★ジッパー付きのフリーザーバッグ　★透明の幅広テープ
★色水や洗濯のり、または消臭剤（ビーズタイプ）や保冷剤の中身　★ビーズやボタンなど

作り方

①ジッパー付きのフリーザーバッグに色水や洗濯のり、または消臭剤や保冷剤の中身などと一緒に、ビーズやボタンなどを適量入れる。

ビーズ
ボタン
洗濯のりなど

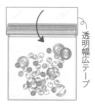

②中身が出てしまわないように二重にし、できるだけ空気を抜いてジッパーをしっかり閉めた後、口の部分を透明の幅広テープで覆う。

透明幅広テープ

あそび方例

まずは、色水を入れたセンサリーバッグを楽しみます。子どもは、袋を傾けたり、動かしたりすることで、中の空気の泡が動くことに気づきます。また、その気泡を1か所に集めたり、動かしたりしてみようとする子どもの姿が見られるでしょう。

その後、洗濯のりや消臭剤の中身などのセンサリーバッグも楽しみます。見た目は水と似ているのに、感触がまるで違うことに気づいたり、驚いたりする子もいるかもしれません。

ここがポイント

●中身が外に出てしまわないように、二重にすることが重要ですが、もっと重要なことは、「欲張ってたっぷり入れない」ことです。少なすぎてもおもしろさを感じにくいので、適量を研究してみましょう。

●中身は入れ替えなくても、1シーズン楽しめます。氷と食紅を少量入れて、密封して出来上がったものをすぐに子どもに渡し、その変化を追うのも楽しいです。

海あそび

つるつるした感触の大きな布を使ったつもりあそびの実践例です。つもりがどんどん変化していきます。

あそび方例

布を広げて、海にみたてます。

海だー！

保育者が「海だー」と泳ぐまねをすると、子どもたちも「うみだー」とまねっこ。

「お魚、いるかな？」と保育者が問いかけたり、新聞紙を丸めて釣りざおを作ったりして、海あそびを盛り上げます。

あそこにさかながいるよ

タコみつけた

実際には、「あそこにさかながいるよ」「タコもみつけた」とイメージを膨らませる子が現れたり、魚釣りごっこを楽しんだりする子もいました。

水族館へ行こう

その後、布を電車にみたてて、「水族館へ行こう！」と子どもたちを乗せ、保育者が引っ張るあそびに展開し、大いに盛り上がりました。

「うえからしたから」

布を使ったあそびです。
1対1でも、複数でも楽しめます。

あそび方例

1人ずつ

スカーフ大の布を1枚ずつ持って、うたに合わせて大きく揺らします。うたが終わった後、スカーフを上に向かって放り投げたり、顔に掛けて「ばあ」と言いながらスカーフを取ったりしましょう。

みんなで

それぞれが持っているスカーフをつないで大きな布にしたり、別の大きな布を用意したりして、保育者が四隅を持ち、子どもたちは布の下に入ります。うたに合わせて大きく上下に揺らし、うたが終わったら、ふわりと子どもたちの上に布を掛けます。

うえからしたから　わらべうた

うえから　した　から　おお　かぜ　こい　　こい　こい　こい

「はらぺこあおむし」

くすぐりっこが楽しい歌あそびです。1対1でのふれあいあそびはもちろん、友達同士のあそびとしても楽しめます。

あそび方例

1対1で

①保育者は人さし指と親指でアオムシを作り、歌いながら子どもの身体の上でシャクトリムシのように動かす。

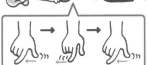

②歌の途中に入る「♪（グー）」のところでは、動きを止めて、人さし指で子どもの身体をぐりぐりする。

③最後の「♪ここらがいちばんうまそうだ（ムシャムシャ）」では、両手で子どもの身体をくすぐる。

友達と

①アオムシになったつもりで、みんなで床に四つばいになる。

②歌いながら、はいはいで移動し、途中の「♪（グー）」で、近くの友達の身体を人さし指でぐりぐりする。

③「♪ここらが〜うまそうだ（ムシャムシャ）」で、近くの友達とくすぐり合う。

はらぺこあおむし　作詞・作曲／二本松はじめ

おいらははらぺこあおむしだ（グー）おいらははらぺこあおむしだ（グー）おいらははらぺこあおむしだァ――ここらがいちばんうまそうだ（ムシャムシャ）

水あそび・プールあそび体調チェックカード

実際に現場で使用されている
チェックカードの一例を紹介
します。

水あそび・プールあそび体調チェックカード

グループ名　　　　　　　　　　　　　　　　　なまえ

項目　　　　　日時	/	/	/	/	/	/	/	/
朝食（食べた／食べない）								
体温								
便の状態（ゆるい／普通）								
目やに・鼻水（あり／なし）								
虫刺され・とびひなど（あり／なし）								
あそび（○／△／×）								

○＝水あそび可　　△＝シャワーのみ可　　×＝水あそびもシャワーも不可

朝食／朝食を食べていないと力や元気が出ません。本来は楽しいはずの水あそびが苦痛になることもあります。
検温／水あそびやプールあそびは体力を消耗するため、熱のある子どもはできません。
便の具合／下痢やゆるい便、どちらもおなかが冷えることでさらにひどくなります。
目やに・鼻水／症状の悪化や、感染を予防するため、症状によっては、水あそびはできないことがあります。
皮膚の状態／とびひや、かきこわしがないかチェックします。あった場合は、直接皮膚がふれあうので、水あそびには参加できません。

ここがポイント

● 保護者には、水あそび、プールあそびのためのチェック項目の補足事項を記載して、どうしてチェックが必要なのかを伝えることで、より正確な判断ができるよう支援します。
● 体調チェックカードのあそびの項目が○でも、園で体調が気になる場合は水あそびを見合わせることや、記入がないと水あそびができないことを事前にしっかり伝えます。

プレ・プールあそび

プールあそびがちょっぴり不安な子には、
ポリ袋を使ったあそびから始めてみませんか。

 準備
★いろいろな大きさのポリ袋に水を入れて袋の口を
しっかり結んだもの
★水を張ったプール

水の量は袋の
2/3くらいを
目安に

あそび方例
　プールに浮かんだ水入りポリ袋を拾い上げて、持つ。最初は子どもの両手に収まるくらいの大きさから始め、徐々に大きな袋に替えていきます。慣れてきたら、ポトンと足元に落としてみよう。落ちたときの音、形の変化などを楽しみましょう。

落としたときに袋が破けることもあって、ドキドキ感もアップ！

　※水・プールあそびの際は、あそびの最中は監視役を置くなどしてしっかり見守り、終わった後は水を捨てるなど管理を徹底しましょう。

プールの中の水あそび

レジ袋やポリ袋を使って、水の動きや感触を楽しむあそびです。

準備
★レジ袋
★大きめ（45ℓ入り）のポリ袋

ここがポイント

●水がちょっと苦手でプールサイドであそんでいる子も、水しぶきを感じたり、解放的なあそびの雰囲気に興味をもったりして、自然とプールあそびに親しむようになります。
●袋の取り扱いには注意してあそびましょう。

あそび方例

①レジ袋にプールの水をすくって入れ、滝のようにざーっと袋の中の水を空ける。

楽しみ方はそれぞれ。

②大きめのポリ袋に、プールの水をすくって適量入れ、口は縛らずに、そのまま少し離れた所に放り投げる。

落ちたときに波ができるので「うみだ」と大喜び。

色水作り

自分の好きな色を見つけた子どもたちが楽しんだ色水作りの実践例を紹介します。

準備
★150㎖くらいの小さなペットボトル（人数分）　★絵の具（緑、白、赤、青、黄）
★多用途接着剤

あそび方例

①子どもが、好きな色の絵の具を選んでボトルに入れる。

みどりがすき！

多用途
接着剤

②保育者が適量の水を入れ、別の保育者がペットボトルの口の周囲に接着剤をつけ、しっかりふたを締める。

③子どもが振って混ぜる。

いらっしゃいジュースやさんだよ

黄+白
バナナジュース

赤+白
イチゴジュース

緑+白
メロンソーダ

好きな色に白を加えた混色も楽しいです。自然とジュース屋さんごっこが始まるでしょう。

水のスタンプ

水の感触を楽しむ中で生まれた水あそびです。

エピソード

最初は、水を付けたカップをブロック塀に当てて、跡が付くことに気がついたことからこのあそびが始まりました。人さし指を水につけて、線を描くように動かしてみたり、手のひら全体をぺたんとスタンプしたりしてあそびました。水だけなので、時間がたつと消えてなくなってしまうことも不思議だったようです。

バケツに水を入れておくと、園庭を掃除する子ども用のほうきを絵筆のように使って、線描きをする姿も見られました。高い所まで届くおもしろさに気づいたようです。精一杯、腕を伸ばし、背伸びをして楽しんでいました。

ここがポイント

- ●ブロック塀がない場合は、木の板や段ボール板を使っても楽しめます。
- ●使わなくなった古い絵筆があれば、水を付けて、描画を楽しむこともできます。絵筆に慣れるファーストステップとしてもオススメです。

タンポあそび

絵筆を使う前の絵の具あそびのアイディアです。工夫次第でいろいろな楽しさを味わえます。

準備

- ★綿（適量）
- ★15cm角のガーゼ、または木綿の布
- ★輪ゴム
- ★濃いめに溶いた絵の具（3色程度）
- ★少し深めの空き容器（色ごと）
- ★段ボール箱

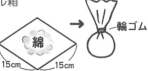

てるてるぼうずの要領で綿をガーゼでくるみ、しっかり輪ゴムで縛る。

綿　15cm　15cm　→　輪ゴム

ここがポイント

- ●絵の具が手に付くのを嫌がる子には、木綿の布にくるんで、余った部分をまとめて、ビニールテープで巻いて持ち手を作るといいでしょう。

ビニールテープ

- ●空き容器に入れる絵の具は、なくなってきたら補充するようにして、入れすぎないようにします。
- ●手に付くことを気にする子が多い場合は、原色を避け、少し白を加えると取り組みやすいです。

あそび方例

段ボール箱をとんとんスタンピング

丸い跡が付くことに気がついて、繰り返し楽しむ子や、段ボール箱の側面にスタンピングして、絵の具がつーっと落ちていく様子を楽しむ子などさまざま。

窓ガラスに跡を付けてみる

滑りがいいので、スタンピングよりも絵筆のように左右や上下に滑らせて跡を付けることを楽しみます。

「じーじーばー」

「いない いない ばあ」の楽しさを味わえるわらべうたのあそびです。

あそび方例

①布で顔を隠す。

♪じーじー
②目元まで布を下げて、また上げて顔を隠す（2回繰り返す）。

♪ばー
③顔を全部見せる。

♪じーじーばー
④ ①〜③を繰り返す。

♪ちり〜ん ぽろ〜んと
⑤布を左右に振る。

ちりーん　ぽろ〜んと

♪とんでったー！
⑥思いっきり布を放り投げる。

とんでったー！

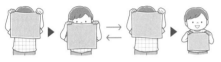

じーじーばー　わらべうた

（自由なリズムで）

じー じー ばー　じー じー ばー　ちり〜ん　ぽろ〜んと　とんでったー！

「にゅうめん そうめん」

1対1で楽しむわらべうたです。
子どもと向かい合って片腕ずつあそびます。

あそび方例

♪にゅうめん そうめん ひやそうめん
①子どもの片手を取って、腕の内側を上から下に3回こする。

♪かきがら ちょうの
②手のひらをくすぐる。

♪ぶたやの
③手のひらを軽く2回たたく。

にゅうめん そうめん　わらべうた

にゅう めん そう めん　ひや そう めん　か き が ら ちょう の

ぶ た や の つ ね こ さん が　ちん ぴ ちん ぴ ちん ぴ ちん ぴ

だいこんおろし だいこんおろし　だいこんおろし　「店ですか？ 奥ですか？」

かきがらちょう＝町の名前　ちんぴ＝陳皮。ミカンの皮。そうめんの薬味。

♪つねこさんが
④手を返して、手の甲を軽く2回つまむ。

♪ちんぴ ちんぴ ちんぴ ちんぴ
⑤腕の内側を下から上に向かって、4回つまむ。

♪だいこんおろし だいこんおろし だいこんおろし
⑥拳を作って、腕を下から上に3回こする。

⑦うたの後、「店ですか？ 奥ですか？」と子どもに聞く。
⑧子どもが「みせ」と答えたら、「いらっしゃいませ、いらっしゃいませ」と言いながら、人さし指と中指で子どもの腕を上っていき、間をおいて「いらっしゃいませー」と言いながら脇の下をくすぐる。
「おく」と答えたら「いらっしゃいませー」と言いながら脇の下をくすぐる。

8月

大きなプール ステップアップ
幼児クラスが使う大きなプールに挑戦！
みんなであそぶ楽しさを感じられるよう、
働きかけます。

ステップ ①

足だけ
プールサイドに腰掛けて、足だけ
を水につけてバタバタ！

ここがポイント
- 水しぶきが掛かることを気にしている子は、勢いよくしぶきを上げる子から離れた位置に移動します。

ステップ ②

座って
プールの壁に背中をぴったりつけ、両手をプールの底について上体を支えながらバタバタ！

ここがポイント
- 緊張している様子を見せる子は、保育者の膝に乗せて、一緒にバタバタ。「できる」ことよりも、「楽しい」感覚を大事にしましょう。

ステップ ③

ワニになって
両手をプールの床について、腕だけで移動。

ここがポイント
- やりたいけれど、ちょっと怖いと感じている子は、保育者がワニになって、背中に乗せて親子ワニからスタートです。

アワアワあそび
夏のあそびもそろそろおしまい。泡の感触を楽しむあそびを紹介します。

準備
- ★刻んだ固形せっけん
- ★ぬるま湯　★泡立て器
- ★洗面器やボウル　★透明のカップ

作り方
刻んだ固形せっけんをぬるま湯に溶かした後、泡立て器で泡を作る。

あそび方例

お風呂ごっこ
　手や身体に付けて、お風呂ごっこ。子どもたちが小さめのせっけんを使い、手で泡立てることに挑戦してみてもいいでしょう。

アイスクリーム屋さんごっこ
　透明のカップにすくい入れて、アイスクリームなどにみたててあそびます。

いらっしゃい
アイスクリーム
だよ

泡飛ばし
　カップに入れた泡を吹いて、泡が揺れたり、飛んだりする様子を楽しみます。

ここがポイント
- 泡立てネットや、野菜が入っていたネットを使って、いろいろな泡を作ってみても楽しいです。
- 道具の管理に注意しながら、固形せっけんを小刀で削る場面を子どもの前で見せても楽しいです。

　※水・プールあそびの際は、あそびの最中は監視役を置くなどしてしっかり見守り、終わった後は水を捨てるなど管理を徹底しましょう。

洗濯ごっこ | 泡あそびから洗濯ごっこへの展開をイメージして援助しましょう。

準備 ★泡立てネットやスポンジ　★固形せっけん
★たらい、または洗面器　★端ぎれやハンカチなど　★洗濯ロープ　★洗濯ばさみ

あそび方例

泡あそび ➡ 洗濯ごっこ

　泡立てネットにせっけんを付けて、形を保てる程度の泡を作ります。その泡を使って、保育者や友達の手に付けたり、砂山に飾り付けたり、コップに入れたりして、泡の感触を楽しみます。

　泡あそびの後、残った泡を使って、端ぎれやハンカチなどを洗います。泡を付けてもみ込んだり、水の中ですすいだり、ぎゅーっと絞ったり、ふだんのあそびではあまりしない動作を楽しみましょう。園庭の遊具や樹木を使って、洗濯ロープを張り、洗ったものを洗濯ばさみで留めておきます。1時間もすれば、乾いていることを実感するでしょう。

ゼリーあそび | ゼリーの透明感や感触を楽しむ、夏ならではのあそびです。

準備 ★湯（60〜80℃）
★粉ゼラチン（湯600㎖に対して10ｇ）
★食紅（2〜3色）　★透明のポリ袋
★透明のカップ　★スプーン　★バット
★たらい、または洗面器　★ぬるま湯

作り方

湯に粉ゼラチンを入れてよく混ぜ、さらに食紅を溶かす。

粉ゼラチン　60〜80℃

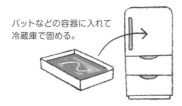

バットなどの容器に入れて冷蔵庫で固める。

※ゼラチンはアレルギー物質です。あそぶ前にゼラチンアレルギーのある子がいないか、確認しましょう。

あそび方例

①大きめに分けたゼリーを透明のポリ袋に入れて、太陽にかざしてみよう。

②袋から出したゼリーをたらいや洗面器に移し、指でつついたり、ぎゅっとつかんでつぶしたりして、感触を楽しむ。スプーンですくって、透明のカップに移すのも楽しい。

思わずパクッと口に入れないよう注意が必要。

③あそびの最後は、たらいにゼリーとぬるま湯を入れる。だんだんゼリーが溶けてなくなっていく様子に、子どもたちは興味津々。

ゼリーの処分も手軽にでき、一石二鳥。

保育のアイディア（8月）

転がし絵 | 絵の具のおもしろさを味わうあそびです。

準備 ★空き箱　★画用紙　★ゴルフボール、または木のボール
★絵の具　★溶いた絵の具を入れる容器

あそび方例

　ゴルフボールなどを溶いた絵の具の中で転がして、ボール全体に絵の具を付けた後、底面に画用紙を敷いた空き箱に入れて、箱の中でころころと転がしてあそびます。

ここがポイント

●絵の具は発色のよい色を3〜4色用意し、たっぷりの量を溶きます。色ごとにボールを2〜3個ずつ用意しておいても、あそぶ子どもに1個ずつ渡すのでも構いません。1個ずつ渡すのであれば、絵の具の色を替えるときにボールに付いた絵の具を拭き取れるよう、古いタオルなどを用意しておくといいでしょう。

●画用紙は、絵の具の色に合わせて、色画用紙なども用意しましょう。

●子どもの様子に応じて、一緒に手を添えて箱を動かすなど、子どもがコツをつかんで楽しめるように援助します。

ころころ〜

ままごとグッズ | いろいろなものにみたててあそべるままごとグッズを紹介します。

準備 ★クッションテープ　★フェルト　★多用途接着剤

作り方

①クッションテープの剥離紙をはがし、上部を3cmくらい残してフェルトとはり合わせる。

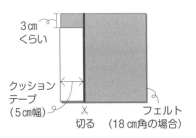

3cmくらい

クッションテープ（5cm幅）

切る

フェルト（18cm角の場合）

②端からくるくると巻く。

③巻き終わりを多用途接着剤でしっかりはり留める。

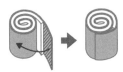

あそび方例

　トングで挟んだり、れんげですくったりしてお皿に並べるなど、思い思いにあそびます。弁当箱のような入れ物を用意しておくと、中に並べて、「お弁当」にもなります。

ここがポイント

●いろいろな色のフェルトで作ると、みたても広がります。

「おてぶし てぶし」

当てっこを楽しめるようになった子どもたちが大好きな
わらべうたです。

あそび方例

♪おてぶしてぶし～まるめておくれ

①両手を合わせて、大人が片手で握って隠せ
るくらいの大きさのものを入れて、うたい
ながらおにぎりを握るように上下に動かす。

おてぶし てぶし　わらべうた

おてぶし てぶし てぶしの なかに
へびの なまやけ かえるの さしみ
いっちょ ばこ やるから まるめて おくれ いーや

♪いーや

②左右どちらかの手に握り込
み、握り込んでいない方の手
もグーにする。両手を突き出
して、「どっちに入っている
か」と聞いて、子どもたちが当
ててあそぶ。

「西瓜の名産地」

かけ合いを楽しむ歌です。
歌詞の「♪すいか」をほかの果物や野菜に替えても楽しめます。

あそび方例

最初は歌だけでかけ合いを楽しみ、慣れてきたら動きをつけながらやり取りしてみましょう。

動きの
一例

上体を揺らす
胸の前で両手を交差
して、上体を左右に
揺らします。

手拍子を打つ
リズムに合わせて
手をたたきます。

腰を振る
腰に手を当てて、
左右に振ります。

西瓜の名産地　アメリカ民謡　訳詞／高田三九三

ともだちが できた すいかのめいさん ち なかよし こよし すいかのめいさん ち
すいかの めいさんち すてきな ところよ きれいなあのこの はれすがた すいかのめいさん ち

117

トイレットペーパーホルダー

2歳児は、排せつ自立の最終段階。
トイレットペーパーの使い方を知らせていく
ときに便利なホルダーを紹介します。

準備 ★厚紙 ★色画用紙 ★ひも ★のり
★セロハンテープ ★透明粘着シート（ブックカバー）
★目打ち

作り方

①厚紙を筒状に巻いてセロハンテープで留める。周囲に色画用紙を巻いてのりではる。

②①の周囲をさらに透明粘着シートで覆う。

③3〜4本同じように作り、両端に目打ちで穴を開けて、ひもでつなぐ。

④上部の両端に穴を開けて、下げるひもを付ける。

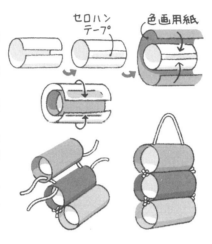

使い方例 1回の使用分を筒の1つずつに入れて、便器のそばの子どもの手が届く位置に下げておきます。自分でロールのトイレットペーパーをちぎって使うようになる前の途中段階に便利です。1回分のペーパーの量もわかりやすいです。

ここがポイント

●子どもたちが親しみを感じる絵柄を別の色画用紙で作ってはっておくと、見た目にもかわいく、親しみを感じやすいものになります。

「動物園に行こう！」運動会・親子種目

親子で楽しむサーキットあそびの運動会版です。

準備 ★跳び箱 ★マット ★巧技台 ★大型積み木 ★動物サイコロ（手作り）
★大きな木（手作り） ★おみやげ

あそび方例

①2、3段の跳び箱を岩にみたて、上にのぼった後、跳び下りる。

②大型積み木や巧技台を組み合わせた凸凹道を歩く。

③サイコロを転がし、出た面の動物（ペンギン・ゾウ・コアラ）になって進む。

④保護者に"たかいたかい"をしてもらい、大きな木に付いている実（おみやげ）を取る。

跳び箱は高さを選べるように
2種類設置する。

ペンギン 保護者の足の甲に乗って進む。

ゾウ 四つばいになった保護者の背に乗って進む。

コアラ 保護者にしっかりつかまり、保護者はできるだけ子どもを支えないで進む。

スタンプあそび

素材の特徴の違いを楽しむ造形あそびを紹介します。

準備
- ★段ボール板　★ビニールテープ
- ★プラスチックの小さな空き容器
- ★スポンジ
- ★レンコンやオクラ、ピーマンなどの野菜
- ★絵の具を浸したスタンプ台
- ★色画用紙、または画用紙

作り方

①段ボール板（名刺大〜はがき大）をいろいろな形にしてビニールテープで留める。

②プラスチックの小さな空き容器にスポンジを押し込み、断面を丸や三角に切る。

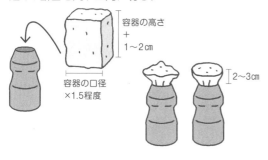

容器の高さ
＋
1〜2cm

容器の口径
×1.5程度

2〜3cm

あそび方例

いろいろなスタンプで跡を付けて繰り返しあそびましょう。

スタンプ台は、浅めの平らな容器に古タオルやスポンジを敷いて、水で溶いた絵の具を染み込ませます。絵の具の色は2〜3色程度にして、混色してもきれいな色を選びましょう。

子どもが握りやすい大きさの野菜スタンプ。

ここがポイント

- ●色画用紙に白の絵の具でのスタンピングもきれいです。色画用紙は濃いめを用意しましょう。
- ●スタンピングをするときに、画用紙の下に古タオルや多めに新聞紙を敷くと、クッションになり、跡がつきやすくなります。

草花の色水あそび

園庭や散歩先で摘んだ草花を使って色水を作ってみましょう。思った以上に簡単に作れます。

準備　★草花　★小さめのポリ袋　★水　★はさみ　★小さな紙コップや空き容器

あそび方例

散歩先や園庭で摘んだ草花と水を入れて、袋の上から繰り返しもみます。オシロイバナ、アサガオ、サルビア、ツユクサなどだと、簡単にきれいな色水ができます。色水ができたら、ポリ袋の角を切って、水だけを紙コップや空き容器に移します。

ここがポイント

- ●草花によって、色水になるものと、ならないものがあります。そのことに気づくのも大切なプロセスです。子どもが興味をもって探索を楽しめるように見守りましょう。
- ●そのまま "ジュース屋さん" が始まることもあります。子どもの姿に応じて、場を整えていきましょう。

「おすわりやす」

京都地方に伝わるわらべうたです。
2つのあそび方例を紹介します。

あそび方例　**自分で動く**

♪おすわりやす〜のったら
①正座をして、両手を膝に
置き、うたに合わせて膝
を左右に揺らす。

♪こけまっせ
②うたの後、身体を
横に倒す。

保育者の膝に乗る

♪おすわりやす〜のったら
①長座した保育者が椅子になり、
子どもが座る。うたいながら、
保育者は膝を上下に揺らす。

♪こけまっせ
②うたの後、保育者
が足を開く。

おすわりやす　わらべうた

おすわりやすいすどっせ　あんまりのったらこけまっせ

「どどっこ やがいん」

みんなで同じしぐさを楽しむわらべうたです。あそび
ながら手首の返しをスムーズにする効果もあります。

あそび方例

♪どどっこ やがいん
①身体の正面で両手の
ひらを下に向けて、4
回上下に動かす。

どどっこ やがいん　わらべうた

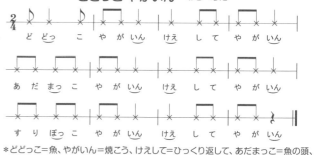

どどっこ やがいん けえ して や がいん
あだまっこ やがいん けえ して や がいん
すりぼっこ やがいん けえ して や がいん

*どどっこ＝魚、やがいん＝焼こう、けえして＝ひっくり返して、あだまっこ＝魚の頭、
すりぼっこ＝魚のしっぽの意味。

♪けえして やがいん
②両手のひらを上向き
にひっくり返して、
上下に4回動かす。

♪あだまっこ やがいん
③身体の左斜め前に両手
のひらを下に向けて出し
て、上下に4回動かす。

♪けえして やがいん
④そのままの位置で両
手をひっくり返して、
上下に4回動かす。

♪すりぼっこ やがいん
⑤身体の右斜め前に両手
のひらを下に向けて出し
て、上下に4回動かす。

♪けえして やがいん
⑥そのままの位置で両
手をひっくり返して、
上下に4回動かす。

ここがポイント　●子どもたちの様子に応じてうたの速さを調整して、みんなで一緒に同じしぐさを楽しみましょう。

「象さんとクモの巣」

友達の名前を覚えて呼ぶ姿が多くなった時期にぴったりのあそびです。

あそび方例

1番

♪ひとりのぞうさん〜よびました

①保育者は片手で象の鼻を作り、床に座っている子どもたちの周りを歌いながら歩く。

ここがポイント

●慣れてきたら、2番以降は、後ろについている子どもたちに、「次はだれを呼ぼうか」と相談しながらあそぶと盛り上がります。

②1番を歌い終わったら、「○○ちゃーん」と子どもの名前を呼ぶ。呼ばれた子は保育者と手をつなぎ、空いている手で象の鼻を作る。

2〜5番

♪ふたりのぞうさん〜よびました（きれました）

③2〜5番も1番と同じように、歌の後、子どもの名前を呼ぶ。呼ばれた子は、前の子の肩に片手を置き、空いている手で象の鼻を作る。

④5番まで歌い終わったら、後ろについていた子たちは元の場所に戻る。

象さんとクモの巣　外国曲　訳詞／馬場祥弘

1. ひとりの
2. ふたりの
3. さんにんの
4. よにんの
5. ごにんの

ぞう さん　クモのすに　かかっ てあそんで おりまし た　　あんまり ゆかいに なったの で　　もひとりおいでと よびました

ぞう さん　クモのすに　かかっ てあそんで おりまし た　　あんまり おもたく なったの で　　い とがプツンと きれました

鉄棒あそび

鉄棒に親しむ最初のあそびです。
ポイントは、楽しさやおもしろさを体験する援助です。

あそび方例 ＊必ず保育者がそばで見守りましょう。

タッチ＆ウォーキング

鉄棒の経験がない子の最初のあそびです。鉄棒の下をくぐったり、ちょっと高い鉄棒を背伸びやジャンプをして触ったりします。支柱ごとにジグザグに歩くのも楽しいです。

ゆらゆらスイング

両膝を少し曲げた姿勢で手が届く高さの鉄棒をしっかり握り、身体を前後にゆらゆらと揺らします。慣れたら、歩くイメージで足を前後に動かしたり、少し足を持ち上げたりしてみましょう。

ここがポイント

●鉄棒を握るときは、親指とほかの4本の指を対向させて握るように伝えます。ただ、あまり繰り返し伝えると、緊張して身体がこわばり、かえって危険なので、様子を見ながらかかわることが大切です。

しっかり握ってね

カエルごっこ

カエルになったつもりで楽しむ運動あそびのアイディアです。

準備 ★平均台、または巧技台　★マット
★ホースで作った輪（直径50cmくらい）数個

細く巻いた広告紙

ビニールテープ

あそび方例

連続跳び ハスの葉っぱにみたてたホースの輪を連続跳び。

跳び下り 岩にみたてた平均台、または巧技台から、マットの池に大きくジャンプ。

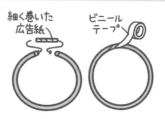

ここがポイント

●カエルをテーマにした絵本がいろいろ出ています。絵本を題材にしてイメージを膨らませ、ごっこあそびを盛り上げましょう。

オススメ絵本リスト
「10ぴきのかえる」
（作／間所ひさこ　絵／仲川道子　PHP研究所）
「かえってきたカエル」
（作／中川ひろたか　絵／村上康成　童心社）

はさみの1回切り

道具への興味が増し、使ってみたくなるタイミングではさみの1回切りに挑戦！ しっかりとした援助が大切です。

準備 ★はさみ ★1〜2cm幅のしっかりした紙

基本

① はさみの柄の小さいほうの穴に親指を入れ、もう一方の穴に2〜3本の指を入れて持つ。

② 身体の正面ではさみを持ち、まっすぐ前に向ける。このとき、肘が上がっていると、はさみの刃が寝てしまうので、脇を締めるように言葉をかける。

腕をおなかに寄せようね

③ はさみの刃を大きく開き、刃先ではなく、刃の根元に紙を挟んで1回で切り落とす。

ここがポイント

● 子どもの様子に応じて、後ろから手を添えて一緒に切ったり、紙をぴんと張ったりして援助します。

エピソード

おみやげに持ち帰る子どもの気持ち

園では、3歳になったら、はさみを使ってみることにしています。はじめてはさみで紙を切ったとき、うれしくて「ママにおみやげ」とポリ袋に入れて持ち帰る子もいます。子どものそんな思いを大切にしています。

のり付けを楽しむ

はさみと同様にのり付けにも興味津々。くっつくおもしろさをたっぷり味わえるアイディアを紹介します。

準備 ★のり ★のりを入れる浅めの容器 ★台紙にする画用紙や大きめの古封筒
★はる紙片 ★おしぼり（手を拭くもの）

あそび方例

落ちないことを確かめる

壁にはった画用紙にのりを付けた紙片をはってみましょう。手のひらでぺたっと押さえて、手を離すと、紙片は画用紙にくっついたままです。変化がわかりやすいので、子どもは何度も確かめるように繰り返します。

おちないよ！

My封筒を作る

はさみで切った紙片を封筒にはれば、My封筒の出来上がり。布や別の紙など、いろいろなものを入れてあそぶでしょう。

ここがポイント

● 「お母さん指にちょんと付けるよ」など、のりの付け方や、付ける量を具体的な言葉で伝えます。指に付ける量を見せたり、そばについて確認したりしましょう。

● 最初は、付ける紙片を机に置いて押さえ、もう片方の手の人さし指にのりを取って付けるやり方がわかりやすいです。

「こんこんさん」 | 走運動を楽しむ追いかけあそびです。

あそび方例 保育者の1人がキツネ役。ほかの保育者や子どもたちは手をつないで輪を作り、キツネ役は輪の中央でしゃがみます。

♪こんこんさん あそびましょ
①うたの後、キツネ役は眠るしぐさをしながら、「今、寝てます」と答える。

♪こんこんさん～
②顔を洗うしぐさをしながら「今、顔あろてます（洗ってます）」と答える。

♪こんこんさん～
③ご飯を食べるしぐさをしながら、「今、ご飯食べてます」と答える。

④キツネ役に「なんのおかずで？」と聞く。

⑤キツネ役の保育者は「ヘビの生きたん」と言いながら立ち上がり、子どもたちは逃げる。

*生きたん＝生きているものという意味の関西地方の方言

こんこんさん　わらべうた

こん　こん　さん　あ　そ　び　ま　しょ

ここがポイント

●回りながらうたってもいいし、輪を作るだけでその場でうたっても構いません。子どもたちの様子、人数に応じて、工夫してあそびましょう。
●あそび⑤で、逃げる子どもをある程度追いかけたら、また輪を作って①から繰り返します。キツネ役は、しばらくは保育者のみ、その後、保育者と子どもで、すっかり慣れてきたら子どものみと、展開を楽しみましょう。

「おちた おちた」 | 2つのグループに分かれて、かけ合いを楽しむわらべうたあそびです。

ここがポイント

●それぞれのグループに保育者がつきます。何が落ちたかは、あらかじめ決めておくといいでしょう。
●役割を交代して繰り返しあそびましょう。　●落ちたものをしぐさで表現しても楽しいです。

あそび方例

♪おちたおちた
①グループAが手拍子しながらうたう。

♪なにがおちた
②グループBが手拍子しながらうたう。

♪○○○がおちた
③グループAが落ちたものを決めてうたう。

おちた おちた　わらべうた

お　ち　た　お　ち　た　な　に　が　お　ち　た　○○○が　おちた

「バスごっこ」

椅子を並べてバスに乗っているつもりになったり、輪になって "みんなと一緒" を味わったり、いろいろな楽しさを味わえるあそびです。

あそび方例

1番

♪**おおがたバスに のってます
きっぷをじゅんに わたしてね**
①ハンドルを握っているつもりで、手を動かす。

♪**おとなりへ ハイ（4回）**
②①のしぐさのままで、「♪ハイ」のところで隣の人の両膝にタッチする（4回繰り返す）。

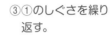

♪**おわりのひとは**
③①のしぐさを繰り返す。

♪**ポケットに**
④手拍子を2回。

2番 （①③は1番と同様）

♪**よこむいた ア**
②横を向く。

♪**うえむいた ア**
上を向く。

♪**したむいた ア**
下を向く。

♪**うしろむいた ア**
後ろを向く

♪**ねむった**
④両手を頬に寄せて眠るふりをする。

3番 （①は1番と同様）

♪**ごっつんこ ドン（4回）**
②近くの人と身体を軽くぶつけ合う。

♪**おしくらまんじゅう ギュッ ギュッ ギュッ**
③④みんなで身体を寄せ合って、おしくらまんじゅうをする。

ここがポイント

●輪になってあそび、3番で輪の中央に寄ってくる展開も楽しいです。あそびやしぐさに慣れるまではばらばらであそび、慣れてきたら、輪になってあそんでみるといいでしょう。

●どうしても1番からとこだわらず、子どもの様子に応じて、好きなしぐさを繰り返し楽しみましょう。

バスごっこ　作詞／香山美子　作曲／湯山 昭

125

ボタンを留める手指の動きと援助のコツ

自分でボタンを留めたい子どもの意欲を受け止め、援助する手順やポイントを紹介します。

☑ チェックポイント

□ デザインや生地

肩ボタンのデザインや厚い生地の服は扱いにくい。パジャマのような、前ボタンで子どもの指で扱いやすい少し薄手の素材のものから始めよう。

□ ボタンの大きさと形状

ボタンは直径1.7～2cmくらいの大きさで平たいものを選ぶ。丸みがあると、指でつかみにくい。ボタンホールは縦のタイプのほうが扱いやすい。

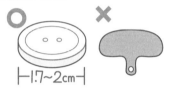

ここがポイント

●いちばん上のボタンを留めることはまだ難しいので、子どもが留めやすい位置から始めましょう。
●ボタンの掛け違いは、子どもが頑張ったあかしです。「違うよ」と直すのではなく、子どもにわかるように理由を伝え、一緒にやり直す配慮が大切です。

ボタンを留める手指の動き

第1段階
ボタンを引っ張る（片手の作業）

保育者がボタンホールにボタン半分くらいを差し込んだ後、子どもがボタンホールからのぞいているボタンを引っ張る。このとき、保育者がボタンホール側の身頃の襟と裾をぴんと張って固定すると出しやすい。

第2段階
ボタンを差し込む（片手の作業）

ボタンホールの形状（縦・横）に合わせて、ボタンをボタンホールに差し込む。このときも第1段階と同じように、保育者はボタンホール側の身頃を固定する。

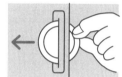

第3段階
ボタンをリレー（両手の作業）

ボタンホールにボタンを差し込んだ後、もう一方の手の指でボタンを引っ張り出す。ここでも、保育者は第1段階と同じ援助を行う。

第4段階
両手指の協同作業

一方の手の指でボタンをボタンホールに差し込み、もう一方の手の指で引っ張る動きをほぼ同時に行う。ここまでくると、ほとんど援助なしで行えるようになる。

約束を守る

生活に必要な言葉を知り、理解するようになった子どもたちに、散歩のときの約束を提案してみましょう。エピソードと約束作りのポイントを紹介します。

エピソード

体力がついてきて、少し遠い所まで散歩に出掛けるようになった子どもたち。散歩に行く前に約束をします。約束は3つ。
「散歩のとき、手を離さない」
「車が来たら、壁ぺったん」
「道を歩くときは、はじっこ」
「離さない」「壁ぺったん」「はじっこ」の3つを合い言葉にすることで、子ども同士で「はじっこ！だよ」と言い合ったり、みんなで「かべぺったん！」と声を合わせたりして、楽しい雰囲気の中で「約束」への意識が高まっていきます。

ここがポイント

●わかりやすく、覚えやすい言葉を取り入れます。
●伝える言葉をいつも同じにし、散歩の前など同じタイミングで伝えます。
●3の数までの認識はどの子も定着している時期なので、約束事も3つまでが適当です。

うずまきウォーキング

保育者がジョウロを使って園庭にうずまきの線を描いたときの子どもたちの様子を紹介します。

エピソード

子どもたちがあそびを作った！

保育者の当初のイメージは、「どんじゃんけん」でした。でも、まだ、じゃんけんであそぶことは難しかったようです。「さて、どうしようかな」と考えている保育者の傍らで、子どもたちがあそびはじめました。

最初は、うずまきの線の上を歩いてみました。でも、あっという間に線が消えてなくなってしまうことに気がついた子どもたち。そこで、線と線の間を歩きはじめました。

うずまきの中心から外に向かって歩く子もいれば、外側から中心に向かって歩く子もいます。反対側からやってきた友達に出くわしても、線と線の間が広い所は、すれ違うことができます。狭い所は互いにすれ違えるように姿勢を変えたり、間隔の広い所までどちらかが下がってすれ違ったりして、自分たちであれこれ試して楽しみました。保育者がフリーハンドで描いたうずまきだったことがあそびの可能性を広げたようです。

引っ越しゲーム

色の名前を使ったあそびを紹介します。
少しずつ難易度を上げていくと盛り上がります。

あそび方例

\お～い！/
赤いマットへ
お引っ越し
これ？
ちがうよ

赤、青、黄のマットを部屋やホールに並べ、保育者が指示した色のマットに移動する。

難易度アップ

慣れてきたら、「お姉ちゃんがいる人は赤いマット」「お兄ちゃんがいる人は青いマット」など、指示する内容に条件を加える。

わかるかな？
え～と…
こっちだ

ここがポイント

先生と一緒にやってみようか

- 「できる」「できない」を競うものではないので、不安そうな様子の子には、保育者がつきます。子どもの様子に応じた言葉をかけながら、その子なりの「わかった！」を感じられるようにかかわりを工夫しましょう。
- こうしたあそびが、役割を意識し、劇あそびやごっこあそびに発展していきます。

「むっくり熊さん」 | くま役の保育者の動きにどきどきする、プレ・おにごっこのようなあそびです。

あそび方例

むっくり熊さん スウェーデン民謡　訳詞／志摩 桂

むっ　くりくまさん　むっ　くりくまさん　あなのなか　ねむっているよ　ぐう　ぐう
ねごとをいって　むにゃ　むにゃ　めをさましたら　めをさましたら　たべられちゃう　よ

♪むっくりくまさん～あなのなか

① 輪になって手をつなぎ、歌に合わせてゆっくり回る。くま役の保育者は輪の中央で眠ったふりをする。

♪ねむっているよ～めをさましたら

② 少しずつ輪を小さくして、くま役の保育者に近づいていく。

♪たべられちゃうよ

③ くま役の保育者が起きて、子どもたちを追いかける。

エピソード

最初は「待て待てあそび」のような雰囲気を楽しんでいましたが、次第にくま役をやりたい子も出てきて、あそびが発展していきました。「♪たべられちゃうよ」で、逃げるスリルを味わい、逃げたり追いかけたりするおにごっこの楽しさを知り、おにごっこを好きになっていく姿が見られました。

アレンジ

歌詞の「♪くまさん」を、ウサギやカエルなどに替え、「♪ぴょんぴょんカエル」など、動きも変えて楽しみました。

♪ぴょんぴょんカエル

「もぐらどんの」 | みんなで輪になってあそぶわらべうたです。うたの後のせりふがおもしろく盛り上がります。

あそび方例

もぐらどんの わらべうた

も　ぐ　ら　ど　ん　の　お　や　ど　か　ね
つ　ち　ご　ろ　り　まいっ　た　ほい

♪もぐらどんの　おやどかね

① みんなで手をつないで大きな輪を作り、うたに合わせてゆっくり左へ歩く。保育者1人はもぐらどんになって、輪の中央で眠ったふりをする。

♪つち　ごろり　まいった　ほい

② もぐらどんに向かって歩き、「♪ほい」で止まる。

③ みんなでもぐらどんに「あさですよ、おきなさい」と声をかける。

おきなさーい

④ もぐらどんが起きたら、つないだ手を離して逃げる。

おきたぞー　わー　きゃーっ

ここがポイント

● ルールを理解してあそびになじむまでは、もぐらどん役の保育者が追いかけ、子どもたちが逃げるのを繰り返しましょう。「もぐらどんをやりたい」という子が現れたら、役割を交代したり、一緒に追いかけたり、子どもの様子に応じてあそびをアレンジしていきます。

「どんぐり」 | どんぐりになったつもりで、ころころ転がっていくリズムあそびです。

あそび方例 リズムに合わせて、次の①〜④を意識しながら転がる。

①寝転がって、両手はまっすぐ上に伸ばす。顔は天井に向ける。
②上になった足を深く曲げて、膝が床に着くまで腰をねじる。
③その足の親指で強く床をける。
④うつぶせになったら、足首を交差させてあおむけに戻る。

ここがポイント
- やり方にこだわりすぎず、楽しい雰囲気で行いましょう。
- ぶつかることがないよう、同じ方向を目ざしましょう。
- うまく転がれない子は、保育者がそっと腰のねじりを援助するといいでしょう。

どんぐり　作詞／戸倉ハル　作曲／小林つや江

どん　ぐりどん　ぐり　こ　ろころ　どん　ぐりどん　ぐり　こ　ろころ

どん　ぐりどん　ぐり　こ　ろころ　ころころころころ　こ　ろころ

「やきいもグーチーパー」 | 季節感のあるあそび歌です。芋掘りに出掛けたり、焼き芋を食べたりしたときに、みんなで一緒に楽しみましょう。

あそび方例

♪やきいも　やきいも
①手拍子4回。

♪おなかがグー
②両手をグーにしておなかに当てる。

♪ほかほかほかほか
③手拍子4回。

♪あちちのチー
④両手でチョキを作る。

♪たべたら　なくなる
⑤手拍子4回。

♪なんにもパー
⑥両手でパーを作り、前に出す。

♪それ　やきいも　まとめて
⑦「♪やきいも」から手拍子4回。

♪グーチーパー
⑧両手でグー・チョキ・パーを作る。

やきいもグーチーパー　作詞／阪田寛夫　作曲／山本直純

やきいもやきいも　おなかがグー　ほかほかほかほか　あちちのチー

たべたらなくなる　なんにもパー　それ　やきいもまとめて　グーチーパー
（じゃんけんぽん）

ここがポイント
- しぐさは一例です。子どもたちと新しいしぐさを作ったり、アレンジしたりして、楽しみましょう。
- しぐさだけではなく、おなかがすいた顔、熱くてびっくりした顔など、歌詞に合わせて表情をつけても楽しいです。

戸外あそびの防寒具

寒くなっても外で元気にあそぶための準備について、大事なポイントと保護者への伝え方を紹介します。

ねらい

養護 (生命の保持*) の視点で

ジャンパーやコートのような全身の動きを妨げやすい防寒着をやめ、身体の要所を温めることで全身の冷えを防ぐ。また、動きやすく、あそびやすい活動を十分楽しめるように配慮する。

子育て支援の視点で

動きやすく暖かな服装で十分に外あそびを楽しめるように、事前に保護者に防寒グッズの具体的な内容を知らせ、理解や協力を得られるようにする。

*関連する保育所保育指針の記載内容＝生命の保持 （イ）内容 ②家庭との連携を密にし、嘱託医等との連携を図りながら、子どもの疾病や事故防止に関する認識を深め、保健的で安全な保育環境の維持及び向上に努める。

防寒グッズ例

帽子

ニットやフリースタイプのものが暖かいです。帽子の横に飾りひもが付いているものは、引っかかったり、引っ張られたりして危ないので、ご遠慮ください。

手袋
指がすべて分かれているものをお願いします。ミトンタイプやサイズの大きいものは、手を動かしにくいので、お子さんの手に合ったサイズをお願いします。

ネックウォーマー

首周りを暖かくすることで、身体が冷えにくくなります。フリース素材は軽くて暖かいです。かぶるタイプをご用意ください。

ベスト
寒くなってくると厚着になりがちですが、おなか周りなど、体幹 (胴体) を冷やさないようにすることが大切です。ベストを着ることで、薄着でも暖かく過ごせます。

紹介する内容はクラスだよりに掲載されたものです。

はなかみ便利グッズ

身の回りを清潔にする心地よさを意識し、進んで取り組めるような、はなかみに関する環境グッズを紹介します。

ティッシュボックスカバー

準備 ★布　★バイアステープ　★ひも

作り方
①ティッシュボックスよりひと回り大きなサイズの布を、図のように縫う。
②上下をバイアステープでくるんで縫う。口の部分に図のようにひもを縫い付ける。
③つり下げ用のひもを適当な長さに切って、上部に縫い付ける。

くずかご

★針金ハンガー　★布　★ビニールテープ

① 針金ハンガーを図のような形に曲げる。

*安全管理上、針金ハンガーの先端をビニールテープで重ねて巻いて覆いましょう。

② 布を図のように縫って、袋を作る。
←25cm→
30cm
縫いしろ1cm
3～4cm

③ ①の針金ハンガーを通し口から通す。

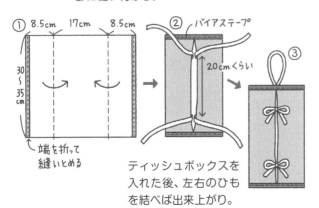

① 8.5cm　17cm　8.5cm
30～35cm
端を折って縫いとめる

② バイアステープ
20cmくらい

③
ティッシュボックスを入れた後、左右のひもを結べば出来上がり。

ここがポイント

●どこへでも掛けられるタイプなので、戸外にも持ち運べます。室内と同じ環境を整えることで、鼻水に気づいた子どもが、自分ではなを拭いたり、かんだりできます。
●取り外して洗えるので、衛生的にも安心して使えます。

缶ポックリ | バランス感覚を養う缶ポックリの実践を紹介します。

準備
★サバ缶やミカンの缶詰など、同じサイズのスチール製の空き缶2つ　★きり　★布ガムテープ
★ひも (ポリプロピレンロープ＝PPロープ) 1mくらい2本

作り方

①空き缶の底を上にして、両端に2箇所、同じ高さに穴を開ける。
②穴に通したひもが子どもの腰の高さに来るように長さを調節して、①の穴に通し、抜けないように玉結びを作る。
③缶の口の周囲を布ガムテープで覆う。

①
② 2箇所
ガムテープ
③

あそび方例

ひもを持って、バランスをとりながら園庭を歩いてみましょう。慣れてくると、その場でジャンプしたり、ちょっとした段差を越えたりして、いろいろな動きを楽しみます。

ここがポイント

●低めの缶を使うほうが怖がらずにあそべます。
●保護者の協力を得て、空き缶を家から持ってきてもらうといいでしょう。その際、それぞれに自分の缶ポックリがわかるように、油性フェルトペンでマークや絵を描いてきてもらうと、一層盛り上がります。
●缶ポックリの管理には注意を払い、子どもが自由に持ち出してあそぶことがないように、気をつけましょう。

サーキットあそび | 室内でも十分に身体を動かしてあそべる、サーキットあそびの一例を紹介します。

準備　★巧技台　★トンネル　★平均台　★マット　★鉄棒　など

あそび方例　いろいろな運動遊具を並べて、上り下りやトンネルくぐり、ジャンプ、滑るなど、さまざまな動きを楽しみます。

ここがポイント

●ジャンプでは高い台と低い台を用意して、子どもが選べるようにするといいでしょう。
●順番に動いていけるように、遊具と遊具の間隔に留意し、いちばん動きやすい距離を測ることが大切です。カーブがきついと、子どもが目標を見失ってしまうので、いろいろと試してみるといいでしょう。
●保育者は、子どもの様子を見ながら臨機応変に対応しましょう。

保育のアイディア (12月)

131

ボールあそび

ボールの扱いは自然とできるものではないといわれています。
子どもの育ちに合ったボールのあそびを工夫しましょう。

あそび方例

低月齢児向き

保育者に向けて、両手で転がします。保育者は子どもと目線が合うようにしゃがみ、子どもの動きに合わせて「1、2の3」など、声をかけましょう。

1、2の3

ここがポイント

●段ボール箱のトンネルの中や、保育者や友達の足の間を転がすあそびなど、いろいろなスタイルで転がすあそびを楽しめるように工夫しましょう。
●けるあそびでは、少し大きめのボールを用意します。ボールと自分の足との距離感を自分なりにつかめるように、繰り返しあそぶ機会を作りましょう。

高月齢児向き

築山のような斜面の下から上に向かって、ボールを勢いよく転がし、斜面を下ってくるボールを受け止めます。自分が転がすときの力の入れ具合によって、転がる速さが変わることに気づく子がいるので、子どもの気づきに応じた言葉をかけましょう。

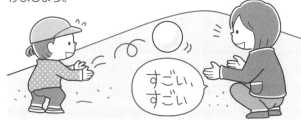

すごい、すごい

静止したボールをけってあそびます。目標物を決めたり、保育者と1対1でけり合ったりしてあそびましょう。

あの線まで届くかな

絵カードあそび

ルールがわかるようになった子どもたちが喜ぶあそびです。

 準備　★身近な食べ物や、動物、植物、身の回りの道具などを描いた絵カード（5〜6㎝角）　20枚程度

あそび方例

絵カードを並べて、4〜5人の子どもであそびましょう。保育者が絵カードにちなんだ言葉や話をし、わかった子が取ります。

ここがポイント

●最初は並べる絵カードの数を少なめにして、様子を見ながらカードの数を増やしていくといいでしょう。
●子どもたちは、勝ち負けだけではなく、聞いた言葉とカードの絵を結びつけることも楽しんでいます。絵カードを取った子には、「みんなに見せてあげてね」と言葉をかけるようにしましょう。
●絵カードにちなんだ言葉や話は、かるたの読み札のように決めてしまうのではなく、参加する子どもの理解レベルに合わせて、変化させます。

紙を切ります

チョキチョキチョッキン

はさみ

「いもにめがでて」 グー、チョキ、パーの手の動きを楽しむわらべうたです。

あそび方例

♪**いもに**
①グーを作る。

♪**めがでて**
②チョキを作る。

♪**はがでて**
③パーを作る。

♪**ホイ** ④じゃんけんをする。

ここがポイント

● 子どもの動きに合わせてゆっくりうたいましょう。
● 本来は、最後の「♪ホイ」で勝負をするあそびですが、じゃんけんのルールを理解するのはもっと後なので、グーチョキパーのいずれかを出し、「同じだね」「違った」といったやり取りを楽しみましょう。

いもにめがでて わらべうた

「おてらのおしょうさん」 一人一人が保育者のまねをしてしぐさを楽しむのもいいですが、少しステップアップして、向かい合わせのあそびを紹介します。まずは保育者と1対1のやり取りを体験!

あそび方例

「せっせっせーのよいよいよい」

①向かい合って、両手をつなぎ、上下に振る。

「よいよいよい」で、つないだまま腕を交差させる。

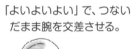

♪**おてらの おしょうさんが かぼちゃのたねを まきました**
②1拍目は自分で拍手、2拍目は相手の上向きの手に自分の片手を合わせる（20回繰り返す）。

子どもはまだ難しいので、見よう見まねでOK。

♪**めがでて**
③胸の前で両手を合わせる。

♪**ふくらんで**
④合わせている両手を膨らませる。

♪**はながさいて**
⑤両手を開いて花を作る。

♪**じゃんけん**
⑥胸の前でかいぐりをする。

おてらのおしょうさん わらべうた

♪**ぽん**
⑦じゃんけんをする。

紙パックのこま

小さな子でも楽しめるこまあそびのアイディアを紹介します。

準備

★紙パック（1ℓ入り）
★はさみ
★ペットボトルのふた
★多用途接着剤
★ビニールテープ
★布ガムテープ

作り方

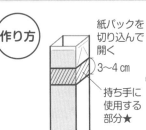

紙パックを
切り込んで
開く

3〜4cm

持ち手に
使用する
部分★

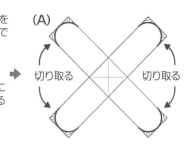

(A) 切り取る　切り取る

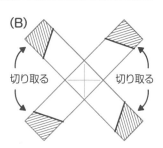

(B) 切り取る　切り取る

（持ち手1）

はる

中央にペットボトルのふたを
多用途接着剤とビニール
テープでしっかり固定する。

（持ち手2）

★

折る

はる

落とした部分を利用して持ち手を
作り、ビニールテープで留める。

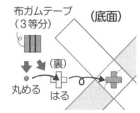

布ガムテープ
（3等分）

（底面）

丸める　（裏）　はる

底の裏面の中心に、小さく
丸めた布ガムテープを
十字のテープで固定する。

あそび方例

つまんで回す1

持ち手を持って
回します。

(B)　(A)

(C)

3〜4cm

持ち手部分を
切り落とす

切り落とす

ビニール
テープ

持ち手に
なるように
折る

内側

つまんで回す2

持ち手をつまんで回しま
す。作るときに持ち手を太め
にすると回しやすいです。

(C)

吹いて回す　吹きごま

吹きごまの真上からふーっと吹い
て回します。あそびはじめのこまと
してオススメです。

＊「吹きごま」または、「吹きこま」の名称で
市販されています。

両手に挟んで回す　もみごま

木製の太めの芯を両手のひらで挟
み、挟んでいる左右の手を前後に交
互に動かして回します。

もみごま

一般的な
こまでも
OK

ポリ袋のたこ | こまと並び、正月にちなんだおもちゃの手作りアイディアです。

準備 ★ポリ袋（横20×縦30cmくらいの大きさ）　★麻ひも　★セロハンテープ　★紙テープ

作り方

①ポリ袋の底のほうに30〜40cmくらいの長さの紙テープ2〜3本をセロハンテープで留める。

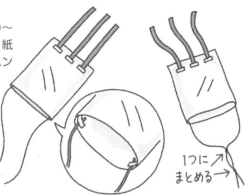

1つにまとめる

②ポリ袋の口の両側に麻ひもをそれぞれセロハンテープで留める。

③2本の麻ひもを途中で1つにまとめて結ぶ。

ここがポイント

● 紙テープを適当な長さに切ったり、ポリ袋に付けたりする作業は、子どもと一緒に行います。

● ひもを持って走りながら、ポリ袋に空気をはらませるので、子どもの走る速さによって、ひもの長さは違ってきます。最初はひもを短めに持って、走るといいでしょう。

ネズミとネコのしっぽ取り | ただ追いかけるだけではなく、「つもり」の世界を楽しむしっぽ取りです。

準備 ★すずらんテープを三つ編みにしたしっぽ（50cmくらいの長さ）

ここがポイント

● 「さあ、始めよう」という感じではなく、子どもとやり取りしながら、徐々に追いかけっこに展開していきましょう。

● 子どもたちの間であそびが定着してきたら、画用紙で作ったネコの耳を用意しても楽しいです。

あそび方例

①「しっぽを付けたい人、いるかな？」と子どもたちに声をかけ、「つけたい」と集まってきた子どもにしっぽを付ける。

ニャーニャー待て待て〜

②しっぽを付けた子どもをネズミにみたて、ネコになった保育者が「ニャー、ニャー、ネズミがいるぞ。待て、待て」と追いかける。ここで保育者と同じように、ネコになって、しっぽを付けている友達を追いかける子も現れる。

ニャーニャー

③しっぽを取ったら、取った人が付けてネズミになり、取られた人はネコになって追いかける。

はじめてのスパッタリング

網の目をこする「スパッタリング」という手法を活用した絵の具あそびです。

準備
- ★水で溶いた絵の具
- ★硬めの歯ブラシ
- ★網（茶こしや目の細かいざるでもOK）
- ★画用紙
- ★絵の具を入れる容器
- ★新聞紙

あそび方例

画用紙の上に網を置いたり、かざしたりして、絵の具を付けた歯ブラシで網の目をこすります。絵の具が小さな点になって紙に飛び散ります。あちこちに飛び散るので、机は新聞紙で覆っておきます。

エピソード

2歳児にはちょっと難しい技法ですが、集中してやっていると、花火のような跡が付き、感動する場面がありました。中には、直接、歯ブラシで画用紙に描く子もいましたが、筆以外で描く体験になり、それはそれでよかったです。

ここがポイント

茶こしもOK

- ●スパッタリング専用の網を使うほかに、紙に伏せて網を置いた状態でこするやり方もオススメです。
- ●黒や紺の色画用紙に白っぽい色の絵の具を使うと、跡がわかりやすいでしょう。

ピザ作り

はさみとのりを使うあそび案です。
作ったものであそぶ楽しさが道具への興味をさらに高めます。

準備
- ★色画用紙
- ★のり
- ★はさみ

① クレヨンやフェルトペンで線を引いた色画用紙を2cm幅くらいに縦に裁断しておく。

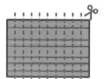

② 茶色やクリーム色の色画用紙をいろいろな大きさに丸く切る。

あそび方例

1回切りを楽しむ

①の紙に引いてある線を目安に紙を切る。最初は切る位置は気にせず、切り落とし、慣れてきたら線を目安に切ってみる。

ここがポイント

- ●紙を挟んで引っ張ろうとしているときは、紙とはさみが直角になるように手を添え、使い方のコツを知らせます。
- ●はさみを持って立ち歩かないことを事前に伝えておきましょう。

のり付けを楽しむ

1回切りで作った紙片にのりを付け、②の丸い台紙にはって、ピザ作りを楽しむ。

おいしそう

できた

ここがポイント

- ●のりを付けやすいように浅めの容器や紙皿などにのりを取っておくといいでしょう。
- ●指に付いたのりを拭き取るおしぼりやウエットティッシュを用意しておきます。
- ●作ったピザは、お店屋さんごっこやままごとの素材に加えて楽しみましょう。

合わせ絵 (デカルコマニー)

どんな模様が現れるのか、ちょっぴりわくわくする造形あそびの1つです。

準備 ★濃いめに溶いた絵の具　★絵筆やスポンジ　★浅めの空き容器　★色画用紙

あそび方例

2つに折った色画用紙の片側に、絵の具で線などを描きます。頃合いのいいところで、保育者が色画用紙を開き、逆に折ります。子どもが上から押さえた後、そっと開きます。

ここがポイント

●色画用紙の大きさは、子どもが扱いやすいA4〜B4判程度がいいでしょう。

●紙の形は四角にこだわらず、丸形や三角形にして試しても楽しいです。

「かもつれっしゃ」

簡単なルールを楽しむあそび歌のアイディアです。
2歳児向けにアレンジしています。

あそび方例

*紹介するあそび方は2歳児向けのアレンジの一例です。

2人1組で「かもつれっしゃ」になり、歌に合わせて好きな所を歩きます。

最後の「♪がっちゃん」で止まり、近くにいた別の2人組と対面し、両手を合わせ、再び歌に合わせて歩きましょう。

かもつれっしゃ 作詞／山川啓介　作曲／若松正司

かも つれっしゃ しゅっ しゅっ しゅっ　いそ げ いそげ しゅっしゅっしゅっ

こん どのえきで しゅっしゅっしゅっ　つ もうよにも つ がっ ちゃん

ここがポイント

●本来のあそび方は、対面した相手とじゃんけんをして、負けたら勝った組の後ろにつながります。園では、じゃんけんの勝ち負けのルールはわからないものの、じゃんけんのしぐさを楽しむ子どもの姿があります。そのまま、また歌に合わせて動いたり、つながったり、見よう見まねであそぶ姿を尊重して見守りましょう。

保育のアイディア (1月)

2月

洗濯ばさみであそぼう

手指の力が強くなり、思うように操作できるように
なってきたら、取り入れてみたいあそびを紹介します。

あそび方例

どんどん挟む

箱の周りにどんどん挟んでいきます。ただそれだけですが、夢中になって挟みます。

洋服の裾に挟む
アクセサリーみたいに
挟むのも楽しいです。

どんどんつなぐ

洗濯ばさみをどんどんつないで
いきましょう。

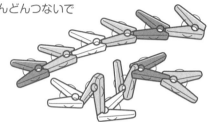

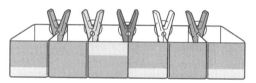

紙パックを洗濯ばさみで連結します。

「マイ氷」作り

冬の寒い時期ならではのあそびを紹介します。
自分だけの氷作りに子どもたちはわくわく！

準備
★ゼリーなどの空き容器（人数分）　★チェーンリング、または葉っぱや花びら　＊葉っぱや花びらは保育者が用意しておく。
★水

作り方
①チェーンリングや葉っぱ、花びらなどを自分で選んで容器に入れ、水を加える。

②戸外の日が当たらない場所を探し、一晩外に出しておく。

ここがポイント

●容器には個人のマークのシールをはったり、先に保育者が名前を書いたりして、区別できるようにしておきましょう。
●気温が低くなる日を選んで、子どもたちに提案します。
●氷ができやすい場所の条件を子どもたちに話し、一緒に探してみる活動も楽しいです。
●作り方①の空き容器に入れる素材は、子どもが選びやすいように、バイキング形式に並べるなど工夫しましょう。
●紙パックや卵パックなど、いろいろな形の氷を作ってみても楽しいです。

紙皿にはじき絵

絵の具のおもしろさを味わった後の活動も楽しいです。

 準備　★紙皿　★クレヨン
★薄めに溶いた絵の具　★絵筆

あそび方例

　紙皿に思い思いにクレヨンで描画した後、薄めに溶いた絵の具を絵筆に付けて、上から塗ってあそびます。紙皿の縁の凸凹に色を付けるのが楽しいようです。

ここがポイント

●何枚か楽しんだ後、「おにの顔を描いてみない?」と誘っても楽しいでしょう。その際は、絵の具で髪の毛を塗ることをあらかじめ説明して、どんな色がいいか聞いて用意してもおもしろいです。

エピソード

おにの面にアレンジ

　どの子も興味をもって楽しんだので、乾かした後、紙皿の一部を図のように切り落とし、髪の毛にみたてた毛糸を木工用接着剤で付けて、画用紙でベルトを作り、おにの面にしました。

毛糸　　切り落とす

ガムテープ
画用紙　　輪ゴム

おにの角作り

保育者と子どもが協力して作るアイディアです。
その後のエピソードも紹介します。

 準備　★角の形に切った色画用紙(多色・多数)　★シール　★クレヨン　★セロハンテープ
★角を付けるベルト用の色画用紙　★輪ゴム　★ホッチキス

作り方

保育者

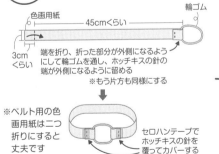
色画用紙　　　　　　　45cmくらい　　　　　　輪ゴム
3cm
くらい　端を折り、折った部分が外側になるようにして輪ゴムを通し、ホッチキスの針の端が外側になるように留める
※もう片方も同様にする

※ベルト用の色画用紙は二つ折りにすると丈夫です
セロハンテープでホッチキスの針を覆ってカバーする

子ども

好きな色の角を選んで、シールやクレヨンで模様を付ける。

保育者＋子ども

模様を付けた角をベルトのどの辺りに付けるか、子どもに確認して、セロハンテープで留める。

どこに付ける?
ここ!

エピソード

みんな「おに」気分

　角は何本選んでも構いません。1本だけ選ぶ子もいれば、たくさん選んでずらりと並べ、ご機嫌の子もいます。めいめいがおにの角を付け、おににになりきって、やり取りや追いかけっこを楽しむ姿がありました。追いかけっこでは、みんながおになので、互いに捕まえっこをして、2歳児ならではのファンタジーの世界を楽しんでいました。

イヌを折る

手指の巧緻性が高まってきたら、折り紙にも挑戦。
紙の新たな特性を知る機会にもなります。

あそび方例

角と角を「こんにちは」って合わせたら、アイロンみたいにぎゅーっと押さえてね

①中裏にして、角と角を合わせて山を作る。

先生が折っているみたいに少しだけ折るとお耳になるよ

②左右を少し折って耳を作る。

③クレヨンでイヌの顔を描く。

アレンジ

保育者が色画用紙で「イヌのおうち」を作り、みんなが折ったイヌと一緒に壁面に飾る。

ここがポイント

●室内で過ごす時間が長くなる時期なので、子どもによっては繰り返し作りたがる子もいます。折り紙はいろいろな色で多めに用意しておきましょう。
●耳を折るところは、保育者が先に折ってみせるといいでしょう。

「せんべせんべ」

保育者のしぐさをまねたり、やり取りを楽しんだり、いろいろなあそび方があります。

せんべせんべ　わらべうた

せんべ せんべ　やけた　　どのせんべ　やけた　　このせんべ　やけた

あそび方例

1人で

保育者のしぐさをまねてあそびます。

♪せんべ〜やけた

①手の甲を上にして、うたに合わせて上下に揺らす。

♪このせんべ　やけた

②手をひっくり返して、手のひらを上に向け、上下に揺らす。

輪になって

　輪になった子どもの真ん中に保育者が入り、うたに合わせて、子どもの手の甲を順に触っていきます。子どもは手を動かさずに待ち、保育者は最後の「♪た」で触った子の手を両手で包むように持ち、「○○ちゃんせんべ　やけた」と言葉をかけて、また繰り返します。

おに決めあそびとしても使えます。

140

「なべなべそこぬけ」

ほとんどの子が3歳を過ぎたこの時期、本来のやり方に挑戦してみませんか。

なべなべそこぬけ　わらべうた

な　べ　な　べ　そ　こ　ぬ　け　　そ　こ　が　ぬ　け　た　ら　か　え　り　ま　しょ

あそび方例

1回目

♪なべなべそこぬけ そこがぬけたら

①2人で向かい合って手をつなぎ、うたに合わせて大きく左右に振る。

♪かえりましょ

②つないだ手の片方を上げて輪を作り、2人で輪をくぐって背中合わせになる。

2回目

♪なべなべそこぬけ そこがぬけたら

③背中合わせのまま、うたに合わせて、つないだ手を大きく左右に振る。

♪かえりましょ

④つないだ手の片方を下げて、下げたほうの肩を見ながら2人でくぐって元に戻る。

ここがポイント

● 最初は保育者が相手になって、輪をくぐるコツをつかめるように援助するといいでしょう。

● 「♪かえりましょ」で手が離れても、そのまま続けて構いません。その都度、背中合わせになれるように援助します。

● まずは1回目の背中合わせになる動きを繰り返しましょう。スムーズに背中合わせになれるようなら、2回目の元に戻る動きにも挑戦してみます。

「どんどんばし」

役割を意識したあそびも楽しめるようになってきた2歳児にぴったりの歌あそび。役の交代を楽しみましょう。

あそび方例

♪どんどんばし～どんどん

①橋の役の2人が両手を合わせて上にあげ、橋を作る。

②ほかの子どもたちは輪になり、歌に合わせて橋の下をくぐり抜ける。

ここがポイント

● まずは保育者2人が橋を作り、役の交代はせずにあそんでみましょう。慣れてきてから、役の交代をすると無理なく楽しめます。

♪どんどんばし おちた～

♪どどん

③橋の役は両手を下げ、子どもを1人捕まえる。捕まった子は橋の役の1人と交代する。

♪どどん

どんどんばし　イギリス民謡　訳詞／志摩 桂

どん どん ばし　おちた　おちた　おちた　どん どん ばし　おちた　どん どん　ど どん

壁面の思い出コーナー

みんなで子どもたちの成長を喜び合う年度末の
子育て支援のアイディアです。

内 容

　行事や食事、ふだんの生活などを記録した
写真を月ごとに整理して、壁面にはります。
　送り迎えの時間などを利用して、子どもと一
緒に保護者に見てもらい、1年間の成長を喜び
合える機会を作ります。

ここがポイント

● 掲示する写真に写っている子どもが偏ら
ないように気をつけましょう。ただ、毎月
必ず全員が写っている写真を見つけるの
は大変です。おおよそ2か月に一度くらい
の割合で全員が登場するように配慮しま
しょう。
● 写真のタイトルや、その場面での簡単な
エピソード、あるいは子どものつぶやきな
ど、一言添えるといいでしょう。話が弾み
ます。

縄を使ったあそび

友達と一緒にイメージを共有してあそぶ楽しさや、思いどお
りに身体を動かす心地よさなど、1本の縄でいろいろなあ
そびを展開できます。

あそび方例

おうちあそび

　床に置いた跳び縄で、保育者が円を作り、おうちにみたて
て子どもたちを呼びます。少しずつ円を小さくして、それで
もみんなでおうちの中にいられるか試しながらあそびます。
最初はしゃがんで入りますが、円が小さくなるにつれて、立つ、
片足立ちになる、保育者の足の甲に乗る、つかまってぶら下
がるなど、いろいろな体勢を試してみましょう。

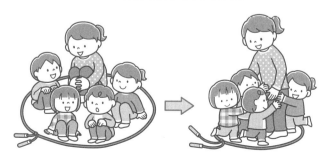

ヘビヘビ

　保育者が床に置いた跳び縄をヘビのようにくねらせ、
子どもは縄を踏まないようにまたぎます。最初は横に動
かし、慣れてきたら縦にくねらせてみましょう。軽く跳び
越える動きを楽しみます。

サイコロあそび

サイコロの出た目の動物になって楽しむ表現あそびです。何が出るかわからないサイコロのおもしろさがあそびを盛り上げます。

準備
★紙パック18本 ★布ガムテープ ★画用紙 (21×21㎝) 6枚
★木工用接着剤 ★透明粘着シート (ブックカバー) ★フェルトペン

作り方

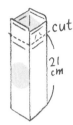
①紙パックをそれぞれ高さ21㎝の所で切る。

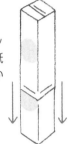
②9本の紙パックに別の紙パックを上からかぶせる。

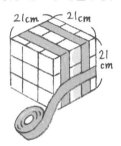
③紙パックを図のように組み立て、動かないように布ガムテープで留める。

④6枚の画用紙にそれぞれ動物の絵を描き、③に木工用接着剤ではる。

＊できれば透明粘着シートで覆うほうが丈夫。

あそび方例
サイコロを転がし、上になった面の動物のまねをします。

ウサギさんだよ〜

ここがポイント
●動きの速い動物やゆっくりの動物などいろいろな動きが楽しめるよう、6種類の動物を選んでサイコロを作りましょう。
●慣れてきたら子どもたちが順番にサイコロを転がしてもいいでしょう。

カラー双眼鏡

日差しの暖かさに誘われて、戸外に出ることが増えてきます。いつもとはちょっと違った戸外あそびを楽しんでみませんか。

準備
★トイレットペーパーの芯 (30分程度の日光消毒を行った物) 2個
★色画用紙 ★カラーセロハン ★セロハンテープ ★両面テープ ★ひも

作り方

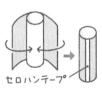
①紙芯の周囲に色画用紙を巻いて、セロハンテープで留める。

②カラーセロハンを紙芯の口の片側に当てて、セロハンテープで固定する。

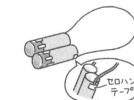
③両面テープで2つの紙芯をはり合わせる。

④ひもをセロハンテープで留める。

あそび方例

園庭や散歩先で草花や虫を探して、のぞいてあそびます。いつも見ている世界と、カラーセロハンを通して見える世界の違いを楽しみましょう。

ここがポイント
●カラー双眼鏡をのぞいたまま歩くと、危ないことを伝え、必ず立ち止まってのぞくように話をしておきます。また、子どもの様子を保育者間で分担して、見守るようにしましょう。

保育のアイディア（3月）

ペットボトルの電車

ペットボトルを利用した電車のおもちゃです。
なじみのある車体の色にすると盛り上がります。

準備　★ペットボトル（四角いタイプ　500㎖　6本以上）　★ビニールテープ（作りたい車体の色）　★カッター
★面ファスナー　★多用途接着剤

作り方

① ペットボトル（ふたをしたまま）全体をビニールテープで覆う
※2本作る。
車体をイメージして、ビニールテープをはる

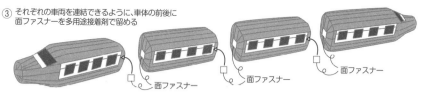

② 残りのペットボトルの上の部分を、図のようにカッターで切り落とす

いくつか切り込みを入れる　差し込む

全体をビニールテープで覆う
※2本以上作る。
車体をイメージして、ビニールテープをはる

③ それぞれの車両を連結できるように、車体の前後に面ファスナーを多用途接着剤で留める

面ファスナー　面ファスナー　面ファスナー　面ファスナー

ここがポイント　●3歳児に進級する際、一緒に持ち上がるおもちゃとして用意するといいでしょう。ある程度の数を作ってから、子どもたちに渡すとあそびが盛り上がります。

長い線路の電車あそび

電車あそびが大好きな子どもたちの様子を見て、保育者が機転を利かせた記録を紹介します。

きっかけ

電車あそびの好きな子が多く、部屋の中で線路をつなごうとしても長く延ばせませんでした。そこで、保育者がテラスに移すことを提案。紙の上に長い線路を描いてみました。

展　開

最初は電車を走らせているだけでしたが、1つトンネルを置いてみると、「ぼくも！」「わたしも！」と、めいめいがトンネルを作りはじめました。菓子の空き箱や段ボール紙などで思い思いに作った、大きさも長さも違ういろいろなトンネルをくぐらせて、電車あそびを楽しみました。

トンネルは保育者がガムテープで固定。

おうちごっこ

大きな段ボール箱で作った「おうち」で、思い思いにあそぶ子どもたち。少しアイディアを加えると、ますます盛り上がります。

準備
- ★大きめの段ボール箱
- ★布ガムテープ
- ★ビニールテープ
- ★カッター　★レース布
- ★木工用接着剤

作り方

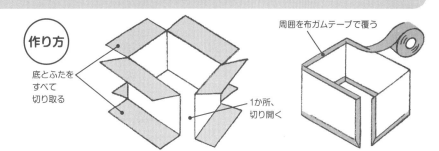

底とふたをすべて切り取る

1か所、切り開く

周囲を布ガムテープで覆う

あそび方例

窓を作る

　段ボール板の一部を2か所くらい切り抜いて、窓を作ります。レースのカーテンを木工用接着剤で付けても楽しいです。外からのぞいたり、中から「こんにちは」と声をかけたりして、子ども同士のやり取りが広がっていくでしょう。

郵便受けを作る

　段ボール板の一部に切り込みを入れるだけでもOK。切り込み部分は、ビニールテープなどで覆います。最初は保育者が「お手紙ですよ」と郵便屋さんになって、手紙にみたてた紙を切り込みに差し込んでみるとよいでしょう。

お手紙ですよ〜

「おはぎがおよめに」

しぐさが楽しいわらべうたです。

あそび方例

♪**おはぎがおよめに　いくときは**
①手のひらでおはぎを丸めるように動かす。

♪**あんことで**
②片方の手を返す。

♪**きなこで**
③もう片方の手も返す。

♪**おけしょして**
④両手で頬をくるくるなでる。

♪**まるいおぼんに　のせられて**
⑤両手で丸を作る。

おはぎがおよめに　わらべうた

おはぎが およめに いくとき は　あんこと きなこで

おけしょし て　まるい おぼんに のせられて

ついた ところが おにがしま

ここがポイント
- ●最後の歌詞の「♪おにがしま」は、「♪おうせつま」など、いろいろあります。また、メロディもアメリカ民謡の「ともだち賛歌」で伝わっている所もあります。

♪**ついたところがおにがしま**
⑥手をたたく。

「だんごだんご」 | 手の動きを楽しむわらべうたです。

あそび方例

両手でグーを作り、だんごにみたてて、上下に動かしたり、途中で手首を返したりしてあそびます。

だんごだんご　わらべうた

♪ だんご だんご
　　だん

① グーにした両手の甲を上向けて、うたいながら、上下に動かす。

♪ ご

② 「♪ご」のタイミングで手首を返して、グーのまま、両手の甲を下に向ける。

ここがポイント

● 保育者は子どもと対面して座り、即席でいろいろな両手の動きを考えてみましょう。あそびに慣れてきたら、保育者役を子どもがして、みんなでまねをして楽しむのも盛り上がります。だんだん子どもたちの好きな「だんごだんご」のあそびができていくでしょう。

「東京都日本橋」 | 子どもたちの大好きなふれあいあそびのわらべうたです。

あそび方例

♪とうきょうと
① 子どもの手のひらを上向きにして、下から支え、人さし指で2回タッチする。

♪にほんばし
② 人さし指と中指で手のひらを2回タッチする。

♪がりがりやまの
③ 手を返し、手の甲を引っかくようにくすぐる。

♪ぱんやさんと
④ 手を返して、手のひらを親指以外の4本の指で軽くたたく。

♪つねこさんが
⑤ 手を返して、手の甲を軽くつねる。

♪かいだんのぼって
⑥ 人さし指と中指で腕を上っていく。

♪こちょこちょ
⑦ 脇の下をくすぐる。

こちょこちょ

東京都日本橋　わらべうた

とう　きょうと　にほんばし　がりがりやまの　ぱん　やさんと　つ　ねこさんが　かいだん　のぼって　こ　ちょこちょ

2歳児の 指導計画

年間指導計画は、「期別のねらい」「保育の内容」「環境の構成」の3つの項目で立てた計画案を掲載しています。「保育の内容」では、養護的な側面と教育的な側面を分けて取り上げ、教育的な側面については、5つの領域のどれに当たるのかをマークで示しました。

月の計画でも、毎月のクラス案の「保育の内容」を養護的な側面と教育的な側面に分けて立案しています。「個別の計画」は、3人の子どもの計画案を紹介。あわせて、絵本と歌の保育資料も月ごとに掲載しています。

監修 **片川智子**（鶴見大学短期大学部准教授）
協力 **バオバブ霧が丘保育園**（神奈川県横浜市）

●年間計画、月の計画のデータは、付録のCD-ROMに収録しています。
また、下記からダウンロードすることもできます。

2歳児の保育
https://hoikucan.jp/book/012saijinohoiku/2saijinohoiku/
ID 2saijinohoiku パスワード 2sky
※データの使用に際しては、P.229以降を必ずお読みください。

年間指導計画

- ●保育者に見守られながら、身の回りのことを行い、自分でできる喜びや誇らしさを感じる。
- ●自分の気持ちや思いをたっぷりと表現し、ありのままに受け止めてもらう体験を積み重ねることで、相手の気持ちや思いに気づいていく。
- ●さまざまなあそびを楽しみ、いろいろな世界のおもしろさや楽しさに出合っていく。

子育て支援

- ●日々の連絡ノートや、朝夕のコミュニケーションを大切にし、継続的な信頼関係を築いていく。
- ●さまざまな行事を通して、日々の様子を伝えたり、成長を喜び合ったりする機会にしていく。
- ●自我が拡大し、自分の「つもり」へのこだわりや自己主張が強くなる姿について、発達のプロセスや見通しを伝えながら、かかわり方をともに考えていけるようにする。
- ●日々の健康状態について、情報を共有し、健康に過ごせるよう連携する。

期別の計画

1期 (4月・5月)

<table>
<tr>
<td colspan="2">期別のねらい</td>
<td>

安定した生活の中で身の回りのことに興味をもち、自分でやってみる。
◎一人一人が新しい環境に慣れ、甘えや欲求を保育者に受け止めてもらい、安心して生活する。
◎戸外で身体を動かしてあそぶことを楽しむ。
◎あそびを通して保育者や友達とやり取りする楽しさを感じる。
◎一人あそびや探索活動をたっぷりと味わう。

</td>
</tr>
<tr>
<td rowspan="3">保育の内容</td>
<td>養護的な側面</td>
<td>

◎たっぷりあそび、おいしく食べ、気持ちよく眠ることを基本に、生活リズムが作られていくようにする。
◎環境の変化による疲れや、心の揺れ動きを受け止め、安定感をもって過ごせるようにする。
◎進級した喜びをともに感じ、一人一人の子どもが自分でやってみようとする気持ちを高めていけるように、適切に働きかける。

</td>
</tr>
<tr>
<td>

教育的な側面

●……健康
◆……人間関係
▲……環境
■……言葉
★……表現

</td>
<td>

●◆友達や保育者と一緒に、食べることを楽しむ。
●調理室の手伝いを通して、いろいろな食材に興味をもつ。
●畑で育つ野菜の生長に気づき、関心をもつ。**(1〜3期)**
●生活の節目で保育者に言葉をかけられて、トイレに行く。
●パンツやトイレに興味をもつ。
●◆保育者に見守られて、安心して眠りにつく。
●身の回りのことについて、自分でやりたいと思ったことをしてみる。
●食後の口拭きを進んで行う。
●◆入室時、食前、排せつ後に保育者と一緒に手を洗う。
●鼻水が出たことを保育者に知らせたり、自分で拭こうとしたりする。
●戸外でたっぷり身体を動かしてあそぶ。
◆心のよりどころとなる保育者に自分の気持ちを表し、受け止めてもらって安心して生活する。
◆あそびを通して新しい友達や保育者等と出会い、かかわっていく。
▲いろいろな虫や花、草、風など、自然への興味をもつ。**(1〜2期)**
▲ブロックや積み木などを、イメージをもって組み立てたり、いろいろなものにみたてたりしてあそぶ。
■▲同じ絵本や物語を保育者や友達と一緒に楽しむ。
■◆おしゃべりをたっぷり楽しむ。
★クレヨン、絵の具など、いろいろな画材での描画に親しむ。
★つまむ、ちぎる、丸める、伸ばす、めくる、混ぜるなど、手指を使うあそびを楽しむ。**(1〜2期)**
★砂や泥の感触を楽しみ、たっぷりあそぶ。**(1〜2期)**
★ままごとや人形あそびなどでイメージをもって楽しむ。**(1〜2期)**
★■好きな歌を保育者や友達と一緒に楽しむ。

</td>
</tr>
<tr>
<td colspan="2">環境の構成</td>
<td>

◎子どもに無理のないよう、前年度の生活の流れを引き継ぎながら過ごせるようにする。
◎あそびの拠点となるようなコーナーを用意し、好きなあそびを見つけたり、落ち着いてあそんだりできる環境を整えていく。
◎生活の節目の時間を長めに取りながら、子ども自身が気持ちを切り替える時間や、自分でやりたい気持ちを保障していく。

</td>
</tr>
</table>

＊養護的な側面＝生命の保持・情緒の安定

<table>
<tr><td rowspan="2">発達の目安</td><td>

2歳～2歳6か月未満

・食事の好みがはっきりしてくる。
・こぼしながらもスプーンを使って自分で食べる。
・尿意を知らせる。
・一定時間、眠る。
・転ばずに走る。
・粘土を引っ張ったり、ねじったりする。
・二語文を話す。
・大人のまねをし、再現あそびをする。
・友達と同じものを持ってあそぼうとする。
・身の回りのことを一人でやろうとする一方で、「できない」と手伝ってもらいたがる。

</td><td>

2歳6か月～3歳未満

・苦手なものも大人のかかわりにより食べようとする。
・簡単な衣服を自分で着脱する。
・尿意を知らせ、自分からトイレに向かう。
・うがいをする。
・片足で立つ。
・三輪車にまたがり、地面を蹴って動かす。
・はさみを使って紙を切る。（1回切り）
・「大きい、小さい」「多い、少ない」などがわかる。
・友達と簡単なごっこあそびをする。
・自分の気持ちを言葉にしたり、友達の気持ちを聞いたりする。

</td></tr>
</table>

2期（6～8月）

生活やあそびを通じて、自分のしたいこと、してほしいことを表現して伝える。 ◎保育者に手伝ってもらいながら、簡単な身の回りのことを自分でやってみようとする。 ◎友達と一緒にあそぶことを楽しみ、おもしろさや不思議さをたっぷりと味わう。 ◎全身を使って動き回り、意欲的に探索を楽しむ。 ◎夏ならではのあそびを楽しみ、開放感を味わう。	期別のねらい
◎熱中症予防のために、水分補給をこまめに行い、健康に過ごせるようにする。 ◎暑さで疲れが出やすい時期なので、活動と休息のバランスを整えていく。 ◎自分の気持ちを表すことができるように、自己主張や感情の揺れなどの子どもの気持ちに寄り添いながら援助する。	養護的な側面
●天気のよい日はテラスなど、いつもとは少し違う環境の中での食事を楽しむ。 ●育てた野菜を食べたり、調理の手伝いをしたりする中でいろいろな食材にふれ、食への興味を広げる。 ●畑で育つ野菜の生長に気づき、関心をもつ。**(1～3期)** ●▲保育者に見守られながら、スプーンで食事をする。 ●誘われてトイレに行き、排尿しようとする。 ●パンツで過ごしてみようとする。**(2～3期)** ●ズボンを全部脱がずに、便器に座って排尿しようとする。 ●身体を十分に動かしてあそび、ぐっすり眠る。 ●自分で洋服を選び、着替えようとし、自分でできたという満足感を味わう。 ●食後に自分のコップを使って口をゆすぐ。 ●さまざまなあそびを通して、身体を動かすことを楽しむ。 ◆友達や保育者と気持ちが通じ合う喜びや楽しさを感じる。 ◆■友達とやり取りする楽しさを感じる。 ◆■友達との気持ちのぶつかり合いの中で自分の気持ちがわかり、保育者と一緒に伝えようとする。 ▲いろいろな虫や花、草、風など、自然への興味をもつ。**(1～2期)** ▲◆2～3人の友達と一緒に、ブロックや積み木などであそぶ。 ■言葉でのやり取りやかかわりの中で友達とイメージを重ねながら、簡単なごっこあそびを楽しむ。 ■物語の世界を再現して楽しむなど、絵本の楽しみ方を広げる。 ★のびのびと描画を楽しむ。 ★▲水あそびをたっぷり楽しむ。 ★わらべうたを楽しむ。また、音楽に合わせた体操や踊りを楽しむ。 ★つまむ、ちぎる、丸める、伸ばす、めくる、混ぜるなど、手指を使うあそびを楽しむ。**(1～2期)** ★砂や泥の感触を楽しみ、たっぷりあそぶ。**(1～2期)** ★ままごとや人形あそびなどでイメージをもって楽しむ。**(1～2期)** 	保育の内容 （教育的な側面）
◎安全な環境の下、段階を追って水に慣れていけるよう、水あそびの遊具や道具をそろえたり、プールの中でのあそびについて工夫したりする。 ◎子どものあそびを見ながら、遊具の数や種類を見直し、調整していく。 ◎よりどころとなり、友達とつながっていけるような、保護者が作った個人持ちの人形を用意する。	環境の構成

指導計画（年間）

<table>
<tr><td rowspan="2" style="writing-mode: vertical">発達の目安</td><td colspan="2">**3歳～3歳6か月未満**</td></tr>
</table>

| 発達の目安 | ・食べこぼしが少なくなる。
・トイレの使い方がわかり、紙で拭いたり、流したりする。
・衣服の前後、裏表がわかる。
・脱いだ服を畳む。
・その場で片足跳びをする。
・三輪車のペダルを踏んで動かす。
・はさみを使って紙を直線に切る。
・丸をたくさん描く。 | ・「どうして？」と質問する。
・気の合う友達ができる。
・簡単なルールのあるあそびをする。
・自分が経験したことを話す。 |

期別の計画

3期（9～12月）

期別のねらい		自己主張、こだわりなどで友達や保育者とぶつかる中で、自分の気持ちを調整し、対処しようとする力を育む。 ◎保育者に見守られながら、身の回りのことを自分でしようとする。 ◎散歩でたくさん歩き、戸外で思いきり身体を動かしてあそぶ。 ◎秋の自然やいろいろな素材にふれ、表現することを楽しむ。 ◎保育者や友達と一緒に、簡単なルールのあるあそびを楽しむ。 ◎探索活動を十分に楽しむ。
保育の内容	養護的な側面	◎動きが一段と活発になるので、保育者間の連携を密にして、安全面に十分配慮する。 ◎一人一人の生活面について話し合い、身の回りのことを自分でしてみようとする意欲を高めていけるようかかわる。 ◎安心して自分の気持ちを表現していけるよう環境を整えていく。 ◎自己主張、こだわりなどで友達や保育者とぶつかる中で、自分で気持ちを立て直し、対処しようとする力を育めるよう援助する。
	教育的な側面 ●…健康 ◆…人間関係 ▲…環境 ■…言葉 ★…表現	●自分たちが食べるものが目の前で出来上がっていく様子を見る機会（クッキング保育）などを通して、食への興味や、食べることの楽しさを広げる。**（3～4期）** ●スプーンを使って食事を楽しむ。自分でごちそうさまをして、気持ちよく食事を終える。 ●畑で育つ野菜の生長に気づき、関心をもつ。**（1～3期）** ●パンツで過ごしてみようとする。**（2～3期）** ●男の子は、立って排尿しようとする。 ●女の子は、排尿後、トイレットペーパーで後始末をしようとする。 ●自分から布団に入り、眠ろうとする。 ●自分で着替えようとする。**（3～4期）** ●外から帰った後、手を洗い、うがいをする。 ●食後に歯磨きをしようとする。 ●走る、ボールを投げる・蹴る、上り下りなど、全身を使ったあそびを楽しむ。**（3～4期）** ◆生活の節目を友達とともに楽しみながら過ごす。 ◆簡単なルールのあるあそびを保育者や友達と一緒に楽しむ。 ◆友達とのやり取りを通して、相手にもいろいろな思いがあることに気づく。 ◆友達とのやり取りの中で、順番や貸し借りを少しずつ経験する。 ◆2～3人の友達と興味のあることやおもしろいことを一緒にし、ともに感じ合う経験を重ねていく。 ◆異年齢の子どもと一緒にあそぶ楽しさを味わう。**（3～4期）** ◆★友達のイメージにふれながら一緒に作ったり、なりきったりすることを楽しむ。 ▲園庭や散歩先で秋の自然を見つけ、あそびの中に取り入れて楽しむ。 ▲★はさみ、のり、セロハンテープなど、いろいろな道具や素材を保育者とともに使ってあそぶ。**（3～4期）** ■ストーリーのある絵本を楽しみ、場面を再現してあそぶ。**（3～4期）** ★■保育者とやり取りしながら描くことを楽しむ。**（3～4期）** ★好きな歌や、楽器の音に親しみ、楽しさを広げていく。**（3～4期）**
	環境の構成	◎幼児クラスと散歩に一緒に行ったり、散歩先で出会ったりする機会を多く作り、交流をもてるようにする。 ◎友達のイメージにふれながら作ることを楽しめるよう、紙パックや段ボール箱などの素材を十分用意する。

3歳6か月〜4歳未満

・身の回りのことをおおむね自分でするようになる。
・大人の話に興味をもって聞き入る。
・「いれて」「いっしょにあそぼう」など、相手のつもりを確認する。
・友達に自分の思いを伝えたり、相手の思いを聞いたりしてあそぶ。
・はさみで形を切り抜く。
・頭足人を描く。
・絵本の内容を表現することを楽しむ。
・友達同士で役割を決め、イメージを共有してあそぶ。

4期（1〜3月）

身近なことに興味や関心を広げ、さまざまな経験を重ねる。 ◎自分でできることが多くなり、喜びや自信を感じながら自分から身の回りのことをする。 ◎さまざまな身体の動きを獲得し、力強く走ったり、運動遊具を使ったあそびを楽しんだりする。 ◎友達とのやり取りの中で自分の気持ちをいろいろな方法で伝えようとし、友達の気持ちに気づく。 ◎経験したこと、興味のあることを保育者等や友達と自由に表現して楽しむ。	期別のねらい
◎感染症がはやる時期なので、一人一人の健康状態を把握し、体調の変化には適切に対応するとともに、感染の拡大を防ぎ、予防に努める。 ◎幼児クラスとのかかわりを通して、進級への期待が膨らみ、ある程度の見通しをもって行動できるようかかわる。 ◎自我を強く主張する中で気持ちの折り合いが少しずつつけられるよう、思いを受け止めながら、乗り越えていく方法も子どもと一緒に探っていく。 ◎進級に期待を膨らませる一方、不安な気持ちもあるので、一人一人の気持ちに寄り添い、保育者に甘えられる時間も保障していく。	養護的な側面
●自分たちが食べるものが目の前で出来上がっていく様子を見る機会（クッキング保育）などを通して、食への興味や、食べることの楽しさを広げる。**（3〜4期）** ●箸を使って食べてみようとする。 ●おやつの食器の片づけをする。 ●パンツで過ごし、尿意を感じて自分からトイレに行く。また、トイレで排便し、保育者に知らせる。 ●自分から布団に入り、心地よく眠りにつく。 ●自分で着替えようとする。**（3〜4期）** ●靴の左右や、衣服に表裏や前後があることに気づく。 ●鼻水が出ていることに気づき、自分ではなをかもうとする。 ●走る、ボールを投げる・蹴る、上り下りなど、全身を使ったあそびを楽しむ。**（3〜4期）** ●◆あそびのルールを理解し、たっぷり身体を動かして楽しむ。 ◆友達とのかかわりの中で、自分の気持ちに折り合いをつけようとする。 ◆進級に期待をもち、自分でできることが増えたことに喜びを感じる。 ◆1つの遊具を友達と共有したり、貸し借りを楽しんだりしながらあそぶ。 ◆異年齢の子どもと一緒にあそぶ楽しさを味わう。**（3〜4期）** ▲霜柱、氷、冷たい風など、冬の自然やそのおもしろさ、不思議さを感じる。 ■言葉を使ったあそびを楽しむ。 ■◆友達や保育者とごっこあそびを楽しむ。 ★■自分が経験したことやつもり、思いを友達や保育者に伝え、表現する世界を一緒に楽しむ。 ★■友達同士のやり取りが増え、互いのイメージを膨らませてあそぼうとする。 ▲★はさみ、のり、セロハンテープなど、いろいろな道具や素材を保育者とともに使ってあそぶ。**（3〜4期）** ■ストーリーのある絵本を楽しみ、場面を再現してあそぶ。**（3〜4期）** ★■保育者とやり取りしながら描くことを楽しむ。**（3〜4期）** ★好きな歌や、楽器の音に親しみ、楽しさを広げていく。**（3〜4期）**	保育の内容 教育的な側面
◎あそびの中でも箸を使う経験がもてるように、環境を工夫する。 ◎3歳児の部屋にあそびに行く機会を作り、進級に期待がもてるようにする。 ◎子どものごっこあそびの様子に応じて空間を分けるなどし、イメージを豊かにもてるようにする。	環境の構成

指導計画（年間）

4月

クラスの計画

4月当初の子どもの姿

- 新入園児2名、進級児15名。
- 進級児は動揺もなく、大きいクラスになったことを喜んでいる。新しい担任を意識し、やや緊張した表情を見せる子がいる。
- 新入園児は、登園時や生活の節目で泣くことがある。
- 新入園児に「これは○○ちゃんだよ」「いっしょにあそぼう」と、進級児が声をかける姿がある。
- 新しいおもちゃや絵本に興味を示す。

今月のねらい

- 新しい環境に慣れ、心地よい生活を送る。
- 保育者や友達とかかわりながらあそぶことを楽しむ。
- 好きなあそびを見つけ、楽しむ。

保育の内容／養護的な側面

- 環境が変わったことで、疲れが出ることが予想されるので、十分な休息を取れるようにする。
- 子どもの気持ちを受け止め、安心して過ごせるようにする。

保育の内容／教育的な側面

① 新しい環境に慣れる。
② 保育者や友達と一緒に、食べることを楽しむ。
③ 保育者に誘われて、生活の節目でトイレに行く。
④ 入眠前の時間帯や、午睡明けを心地よく過ごす。
⑤ 戸外でたっぷり身体を動かしてあそぶ。
⑥ あそびを通して新しい友達や保育者と出会い、かかわろうとする。
⑦ さまざまなおもちゃに興味をもち、あそぼうとする。
⑧ 春の草花や虫に興味をもつ。
⑨ 自分の気持ちを言葉やしぐさ、表情など、さまざまな表現で伝える。
⑩ 保育者や友達と一緒に絵本を楽しむ。
⑪ 保育者と砂場でのあそびを楽しむ。
⑫ わらべうたやふれあいあそび、手あそびを楽しむ。

4月末の評価・反省

- 登園時に大泣きしていた新入園児の姿が徐々に減ってきた。子どものペースで周囲とのかかわりを楽しめるように見守っていく。
- 新しい環境にも慣れてきて、生活の節目での保育者の言葉かけに、「やだやだ」と応えるなど、安心して自分を出せている。
- 中旬から、朝のおやつ後にトイレに行くように生活の流れを変えたところ、子どもが見通しをもってトイレに行くようになり、よかった。
- 友達への関心が高まり、やり取りを楽しむ姿も見られる。保育者も一緒におもちゃであそんだり、戸外で一緒に探索活動を楽しんだりする機会を繰り返し作っていく。

環境の構成

- 一人一人が安心して過ごせるように、食事の席や眠る場所について配慮する。
- 園庭を広く使える時間帯を選び、押し車や三輪車でのびのびとあそべるようにする。
- 好きなあそびを見つけて、ゆったりとあそべるように、空間作りを工夫する。

子育て支援

- 新しい保育室の使い方や準備物などを丁寧に伝えて、保護者も安心感が得られるようにする。
- 連絡ノートだけでなく、送迎時のコミュニケーションを大切にし、園と家庭での様子を伝え合う機会を作っていく。

保育者等の連携

- 生活の流れや保育者の動きを整理し、確認し合う。また、子どもの様子を伝え合う機会を大切にして、新しい生活が心地よいものになるように工夫し、連携していく。

養護的な側面を含めた配慮

- 新しい環境に不安を覚える気持ちを丁寧に受け止め、安心して過ごせる環境作りをしていく。また、新しい担任に緊張した様子を見せる子には、子どもの気持ちに寄り添いながら、徐々に関係を作っていくように配慮する。①
- 楽しい雰囲気で食事を進める。配膳も無理のない範囲で子どもの目の前で行い、やり取りを楽しむ機会としていく。座りたい席を選ぶ姿には、言葉を添えながら仲立ちしていくようにする。①②
- 便器での排尿経験がある子の様子や、排尿間隔など、一人一人の発達を把握し、個別にトイレに誘う。便器で排尿したときには一緒に喜び、次につながるようにする。③
- 安心して眠りにつけるよう、布団を敷く場所を決める。持ち上がりの保育者を求める子がいるので、しばらくの間、保育者がつく位置を固定していく。①④
- 一人一人の発達の様子を丁寧に把握しながら、追いかけっこや三輪車など、たっぷり身体を動かすあそびを取り入れていく。⑤

おいしそうね たくさん 食べてね

- 持ち上がりの保育者との関係を基盤にしながら、新しい担任や友達と出会い、ともに楽しめるようにかかわる機会をたくさん設けていく。⑥
- 興味をもった物と、その子なりのペースでじっくり向き合う時間を大切にする。状況によっては、それぞれのあそんでいる様子に合わせてスペースを分けたり、仕切ったりして、空間を保障していく。⑦
- 保育者も一緒にダンゴムシやアリ探しなどに加わり、自然のおもしろさや不思議さに共感して、興味がもてるようにする。⑧
- 友達とのやり取りの中で思い通りにいかない場面が見られたときは、一人一人の思いを認め、受け止めたうえで、子どもの気持ちを言葉に置き換えて相手に伝えるなど仲立ちをする。⑥⑨

- 保育者と1対1で読む機会を大切にするとともに、午睡の前などに友達と一緒に一冊の絵本を見る時間を作り、絵本に親しめるように配慮する。⑩
- 砂や水の混ざり具合によって違う感触や不思議さを楽しみながら、葉っぱなども使い、砂場でのままごとあそびなどを楽しめるよう、保育者も仲間に加わり、一緒にあそんでいく。⑪
- 新しい環境の中で、ほっと安心し、心も身体もほぐれるよう、ふれあいあそびを楽しむ機会を大切にする。わらべうたや手あそび、さまざまな歌と出合い、保育者と一緒に歌う心地よさを感じられるようにする。①⑫

指導計画（4月）

153

	Hちゃん（2歳・男児）	Aちゃん（2歳1か月・女児）	Yちゃん（2歳10か月・男児）
4月当初の子どもの姿	●保育者を求めて泣くことがある。 ●おむつ替えのとき、自分からおむつを脱ごうとする。 ●着脱に関しては、やってほしがることが多い。  ●戸外でぶらんこやボールあそびを楽しむ。	●汚れ物を片づけるのを嫌がることがある。 ●手をつなぐときなど、持ち上がりの保育者を求める。 ●ぬいぐるみにミルクをあげるまねをする。 ●園で飼っているウサギに「はい、どうぞ」と言いながら、餌をあげる。 	●食事の途中で眠ることがある。 ●午睡中、物音で起きることがあるが、保育者がそばにつくとまた眠る。 ●段差をとびおりてあそぶ。  ●「○○だから～だ」と話す。 ●誕生日ごっこのあそびを楽しむ。
保育の内容	①安心してゆったりと過ごす。 ②自分で脱ぎ着してみようとする。 ③戸外であそぶことを楽しむ。 ④絵の具にふれてあそぶ。	①新しい環境に慣れる。 ②安心して眠る。 ③保育者と一緒に、身の回りのことをしようとする。 ④好きなあそびを楽しむ。	①トイレに行き、便器に座ろうとする。 ②戸外でたっぷりと身体を動かしてあそぶ。 ③自分の気持ちを言葉で伝えようとする。
養護的な側面を含めた配慮	●本児の不安な気持ちを受け止めて、満足するまでだっこをするなど、思いを受け止めてもらえた、と安心して過ごせるようにかかわる。① ●着脱の場面で、「やって」と甘えてきたときには手伝って、本児の気持ちを受け止めていく。本児の様子に合わせて、自分でやってみようと思えるよう言葉をかけ、ゆっくりとかかわっていく。①② ●三輪車や固定遊具など興味をもった遊具を満足するまで楽しめるように配慮する。周囲への注意力や体勢のコントロールなどが未熟な時期なので、近くで見守るようにする。③ ●気泡緩衝材（エアパッキング）を使ったスタンピングで、こいのぼり作りを楽しむ機会を設ける。絵の具にふれることを嫌がるときには、本児の好きなあそびから働きかけてみるなど、興味をもって取り組めるように工夫する。④ ●母親が妊娠中なので、本児の様子を気にかけたり、家庭での様子を聞いたりして配慮する。	●新しい担任に緊張している様子が見られるので、朝の人数が少ない時間帯に、ゆったりと1対1で新しい担任とかかわりをもち、ふれあいを楽しめるように配慮する。① ●絵本を読んだり、子守歌をうたったり、おしゃべりをしたりして、入眠前の1対1でのかかわりを大切にしながら、本児のリズムで心地よく眠りにつけるように配慮する。② ●身の回りのことをするのを嫌がるときには無理強いをせずに、「一緒にしようね」「お手伝いするよ」などの言葉をかけて一緒に行うようにする。新しい環境への緊張感もあるようなので、本児の甘えたい気持ちを受け止め、少しずつ自分でやってみようという気持ちが芽生えるようにかかわる。①③  ●ままごとなど本児の好きなあそびを十分に楽しみ、あそびが広がっていくよう環境を工夫する。④	●午睡明けなどに、ゆったりとした気持ちでトイレに誘い、便器に座る経験を重ねていけるように配慮する。また、出ないときには適度な頃合いで、「また後にしようか」などの言葉をかけて切り上げていく。① ●全身を使ういろいろなあそびを楽しめるように環境を構成するとともに、追いかけっこなどを保育者や友達と一緒に行い、楽しさを共有していく。②  ●友達とのやり取りの中で自分の気持ちを言葉で表そうとするときには、心地よいやり取りができるよう、そばで見守ったり、状況に応じて仲立ちをしたりする。③ ●食事のために入室するときなど、早めに言葉をかけ、眠くなる前に食べられるように配慮する。

＊全員進級児です。

絵本

やさいさん

作／tupera tupera
Gakken

こぶたほいくえん

作／なかがわ りえこ
絵／やまわき ゆりこ
福音館書店

うしろにいるの
だあれ

作／accototo
　　ふくだ としお＋あきこ
幻冬舎

でんしゃにのって

作／とよた かずひこ
アリス館

やさいの おなか

作／きうち かつ
福音館書店

まるまるまるのほん

作／エルヴェ・テュレ
訳／たにかわ しゅんたろう
ポプラ社

ごあいさつなあに

作／はた こうしろう
ポプラ社

だるまさんが

作／かがくい ひろし
ブロンズ新社

歌

「大きな象さんが」（作詞・作曲／峯陽）

「みつけたの だあれ」（作詞・作曲／阿部直美）

「あくしゅでこんにちは」（作詞／まど・みちお　作曲／渡辺茂）

「チューリップ」（作詞／近藤宮子　作曲／井上武士）

「たんぽぽ」（作詞／葛葉国子　作曲／大中寅二）

「さよなら あんころもち」（わらべうた）

「パンドンタン」（作詞／古江綾子　作曲／岩河三郎）

5月

クラスの計画

前月末の子どもの姿

- トイレで排尿する子が増えている。
- 新しい環境で頑張っている疲れや緊張のためか、寝つきがいい。
- 生活の節目での保育者の誘いかけに「やだやだ」と言う。
- 園庭で三輪車や押し車であそぶ。
- 「おにだぞ」と言いながら、追いかけっこを楽しむ。
- 高月齢児は、新入園児に「いっしょにあそぼう」と声をかける。
- こいのぼり製作で、スタンピングを楽しむ。

今月のねらい

- 甘えたい気持ちや要求を保育者に受け止めてもらい、安心して過ごす。
- 安心できる環境の下で、身の回りのことに興味をもち、自分でやってみる。
- 子ども一人一人がやりたいことを見つけ、のびのびとあそぶ。
- あそびを通して、友達とやり取りする楽しさを味わう。

保育の内容／養護的な側面

- 気温の変化に応じて、衣服の調節を行ったり、タイミングよく水分補給をしたりして健康に過ごせるように配慮する。
- 一人一人の子どもの気持ちをくみ、安心してゆったりと過ごすことができるようにする。

保育の内容／教育的な側面

①保育者や友達と一緒に、食べることを楽しむ。
②野菜の生長に興味をもつ。
③保育者に誘われて、生活の節目でトイレに行く。
④ぐっすり眠り、気分よく目覚める。
⑤簡単な身の回りのことを、保育者と一緒にやってみようとする。
⑥戸外でたっぷり身体を動かしてあそぶ。
⑦保育者や友達とかかわり、楽しさを共有する。
⑧春の草花や虫を見つけ、楽しむ。
⑨保育者や友達とままごとやごっこあそびを楽しむ。
⑩手指を使ったあそびを楽しむ。

5月末の評価・反省

- パンツで過ごす子がだんだんと増えてきた。その様子を見て、ほかの子も便器に座ってみたり、パンツで過ごしたりするようになってきた。一方、トイレに行きたがらない子もいるので、午睡明けなどに無理のない程度に誘ってみて、便器で排尿する経験につなげていく。
- 自分の気持ちを伝えることが多くなってきているが、うまく伝わらずにトラブルになってしまうことがある。理由を代弁するなど仲立ちをし、どうして嫌だったのか、どうしたかったのかなど、少しずつ伝えられるようにかかわっていく。

環境の構成

- 一人一人のあそびが保障できるように、空間を分けたり、少人数で過ごす機会を取り入れたりしていく。
- 生活場面が切り替わるときの時間を長めに取り、子ども自身が自分で気持ちを切り替える時間や、次の場面に向けてやってみたい気持ちを保障していく。

子育て支援

- 懇談会で、1年間の保育内容やお願いを伝え、園生活への理解が深まるようにする。また、家庭での様子などを話す時間を設け、保護者同士の交流の場となるように配慮する。

保育者等の連携

- 連休明けで久々の登園になる子もいるので、一人一人の様子などの情報交換を行い、見通しをもって活動を考えていく。
- いろいろな食材に興味がもてるよう、調理室と連携をして、タマネギの皮やグリーンピースのさやむきなどをする。

養護的な側面を含めた配慮

- 一人一人の様子が見やすいように、テーブルの数や配置を工夫する。また、会話を楽しみながら食事を進めていけるように配慮する。①
- 子どもと一緒に、プランターに土を入れ、キュウリ、エダマメ、ナスの苗を植える機会を作る。生長の様子や水やりなどに興味がもてるよう、働きかけていく。②
- 一人一人の排尿間隔に合わせて、トイレに誘い、排尿できたときは一緒に喜ぶ。また、便器での排尿が定着しつつある子は徐々にパンツで過ごすようにする。③
- 安心してぐっすり眠れるよう、かかわりや環境作りに配慮する。また、子どもの様子に合わせ、臨機応変に保育者がつく位置を決めていく。④
- 身の回りのことを自分でやりたい気持ちと、やってほしい気持ちがあることを理解し、そのときの気持ちに寄り添いながら見守ったり、手伝ったりする。また、自分でできた喜びを感じられるよう言葉をかけ、できた喜びを一緒に味わう。⑤
- 戸外では泥あそびや追いかけっこなどを一緒に楽しみ、心と身体を開放してたっぷりとあそべるようにする。また、晴れた日には保育者や友達と手をつないで散歩に出掛け、探索を楽しめるようにする。⑥⑦
- 好きなあそびを一緒に楽しんだり、周りの子をあそびに誘ったりしながら、楽しさを共有する機会をたくさん作っていく。よりどころとなる保育者を基盤に関係は広がってきているが、保育者と1対1の関係を求めるときにはその思いを受け止めて、かかわっていく。⑦
- 3・4・5歳児が飼っている幼虫を見せてもらったり、ダンゴムシやアリを一緒に見つけたり、ふれたりして、生き物への興味、関心が深まるようにする。また、保育者が園庭や散歩先の草花に関心を寄せる姿を通して、子どもたちも自然物へ親しみがもてるようにする。⑧

- 身近な体験を再現するあそびを一緒に楽しみながら、イメージが広がるよう環境を整えたり、言葉をかけたりする。また、友達同士であそんでいるときにはそっと見守り、子どもだけの世界を味わえるようにする。⑦⑨

- 一人一人の興味に合わせて、つまむ、ちぎる、丸める、伸ばす、混ぜるといった手指を使ったあそびを楽しめるよう、ひも通しやパズル、粘土、新聞紙などを用意する。また、砂、泥、絵の具など、さまざまな素材にふれて楽しめるようにする。⑩

指導計画（5月）

	Hちゃん（2歳1か月・男児）	Aちゃん（2歳2か月・女児）	Yちゃん（2歳11か月・男児）
前月末の子どもの姿	●好きな物を喜んで食べる。 ●三輪車にまたがり、地面を足でけりながら、友達の後をついていく。 ●砂でお料理を作り、「どぞ！」と保育者に渡す。 ●木のレールの上で、電車をつなげてあそぶ。 ●自分の気持ちを伝えようとするが、思いが通じず、悲しむ姿がある。	●おやつのとき、あそびに夢中でなかなか座らないことがある。 ●自分で着脱しようとするときもあれば、「やって」と言うときもある。 ●押し車にままごとのおわんなどを入れて運ぶことを楽しむ。 ●泣いている友達がいると「○○ちゃん、どうしたの？」と保育者に聞く。	●食事や着替えの場面で、保育者に甘えてやってもらいたがるときがある。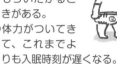 ●体力がついてきて、これまでよりも入眠時刻が遅くなる。 ●「○○ちゃんと」と言い、気の合う友達と一緒にあそぼうとする。 ●はだしになって泥の感触を楽しむ。
保育の内容	①いろいろな食材を食べてみようとする。 ②友達とかかわろうとする。 ③好きなあそびを楽しむ。 ④自分の思いを言葉やさまざまな表現で伝えようとする。	①保育者や友達と一緒に、食べることを楽しむ。 ②便器に座ってみる。 ③新しい担任と一緒にあそぶ。 ④戸外で感触あそびをたっぷり楽しむ。	①自分のリズムで心地よく入眠する。 ②自分で手を洗おうとする。 ③気の合う友達とあそぶことを楽しむ。 ④いろいろなあそびに興味をもつ。
養護的な側面を含めた配慮	●友達の姿を見ながら食事をしているので、「○○ちゃんも△△食べているね」などの言葉をかけ、"食べてみよう"という気持ちがもてるようにする。① ●友達のあそびをのぞいてみたり、隣であそんだりする姿が見られたら、かかわりがもてるよう一緒にあそびながら仲立ちをしていく。② ●電車あそびなど、本児が好きなあそびを満足するまで楽しめるように環境を整える。保育者を求めることが続いているので、だっこの求めに応じたり、ゆったりとふれあいあそびをしたりして、安心して自分からあそびを見つけていけるようにする。③ ●自分の気持ちを伝えようとする姿を大切にして、「○○だったのね」など、本児の思いを言葉にして、一緒に相手に伝えるなど、橋渡しをしていく。②④	●楽しい雰囲気の中で食事をし、満足して食べ終えることができるようにする。あそびに夢中になっているときには、タイミングを見て言葉をかけ、自分から気持ちを切り替えて、食べることに向かえるようにする。① ●トイレに興味をもち、自分から便器に座ってみようという気持ちがもてるよう、本児の意思を確認するなど言葉のかけ方を工夫する。嫌がるときには、「わかったよ」と本児の気持ちを受け止め、無理強いをしないようにする。② ●朝の人数の少ない時間帯に新しい担任とかかわる機会を多く作り、徐々に関係が深まっていくようにする。③ ●はだしになって、泥んこや絵の具の感触を一緒に楽しみ、「気持ちいいね」「ぬるぬるするね」など、感触を言葉にして、楽しい気持ちを共有する。④	●入眠前に保育者と絵本を見るなど1対1での時間を大切にし、心地よく眠りにつけるようにする。日によっては早くに眠くなることがあるので、起床時刻などに合わせて午睡の入眠時刻を早めるなど、配慮する。① ●自分で手洗いができるよう、石けんの量や洗い方、手の拭き方を丁寧に伝え、一緒に行ったり、そばで見守ったりする。②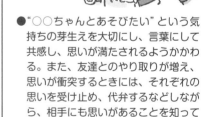 ●"○○ちゃんとあそびたい"という気持ちの芽生えを大切にし、言葉にして共感し、思いが満たされるようかかわる。また、友達とのやり取りが増え、思いが衝突するときには、それぞれの思いを受け止め、代弁するなどしながら、相手にも思いがあることを知っていけるようにする。③ ●描画、粘土、ひも通しなど、いろいろなあそびに興味をもち、じっくりと取り組めるよう落ち着いた雰囲気を作る。④ ●甘えて身の回りのことをやってもらいたがるときには、その気持ちを大事にし、受け止めていく。

絵本

いやだ いやだ

作／せな けいこ
福音館書店

いろいろごはん

作／山岡 ひかる
くもん出版

ありの あちち

作／つちはし としこ
福音館書店

ころちゃんは
だんごむし

作／高家 博成　仲川 道子
童心社

そらまめくんのベッド

作／なかや みわ
福音館書店

やさい

作／平山 和子
福音館書店

パン どうぞ

作／彦坂 有紀　もりと いずみ
講談社

できるかな？
あたまからつまさきまで

作／エリック・カール
訳／くどう なおこ
偕成社

歌

「こいのぼり」（えほん唱歌　作詞／近藤宮子）

「はをみがきましょう」（作詞・作曲／則武昭彦）

「線路はつづくよどこまでも」（アメリカ民謡　訳詞／佐木敏）

「いちご」（作詞／八代球磨男　作曲／大中恩）

「小鳥のうた」（作詞／与田準一　作曲／芥川也寸志）

「めんめんすーすー」（わらべた）

「どんな色がすき」（作詞・作曲／坂田修）

6月

クラスの計画

前月末の子どもの姿

- パンツで過ごす子がだんだん増えてくる。
- お茶を入れたコップを配るお手伝いをする。
- 泣いている友達を見つけると「いたいの?」と、顔をのぞきこんで心配する。
- ダンゴムシやアリを見つけると、手に載せて、友達と一緒に見る。
- 「やだ」「だめ」など、自分の気持ちを言葉で伝えるが、トラブルになることがある。
- はだしで泥あそびを楽しむ。

今月のねらい

- 保育者に手伝ってもらいながら、簡単な身の回りのことを自分でしようとする。
- 天気のよい日には、戸外でたっぷり身体を動かしてあそぶ。
- あそびの中で、友達とのやり取りを楽しむ。

保育の内容／養護的な側面

- トイレットトレーニングなど生活習慣の自立に向けて、一人一人の様子をよく見て適切な援助をしていけるようにする。
- 一人一人の思いやつもりに丁寧に寄り添い、子どもとの継続的な信頼関係を築いていくようにする。

保育の内容／教育的な側面

① 保育者や友達とおしゃべりをし、一緒に楽しく食べる。
② 生活の節目でトイレに行き、排尿しようとする。
③ パンツで過ごしてみる。
④ 簡単な着脱を自分でしようとする。
⑤ 食後にコップの水で口をゆすごうとする。
⑥ さまざまなあそびを通して、戸外で身体を動かすことを楽しむ。
⑦ 友達と誘い合ってあそぶ楽しさを感じる。
⑧ 構成あそびを楽しむ。
⑨ 絵本の世界に親しむ。
⑩ 自分の気持ちを言葉で友達に伝えようとする。
⑪ 描画を通して、さまざまな色や変化を楽しむ。

6月末の評価・反省

- 保育者に思いきり甘えたり、"今はこれをしたくない"としっかり自己主張したりしている。ゆったりとした気持ちで子どもの話を聞いて、受け止めていきたい。
- 天気のよい日には、外で水あそびや泥あそび、川作りなどをし、身体をたっぷり動かしてあそんだ。特定の友達を選んであそび、やり取りする中で、複雑な気持ちを味わっている。今後も、感じている気持ちを代弁したり、間に入ってやり取りをつなげたりし、丁寧にかかわっていきたい。

環境の構成

- 外あそびの後は、少人数に分かれて入室をし、落ち着いて着脱ができるようスペースを保障する。
- 一人一人が好きな紙や画材などを選べるよう、十分に準備する。また、保育室の一角や中庭など、のびのびと描画が楽しめるような場所を選ぶ。
- 子どもの心のよりどころとなり、また、友達とつながっていけるような、個人持ちの靴下人形を保護者の協力を得ながら用意する。

子育て支援

- トイレットトレーニングに関心がある保護者が多いので、一人一人の発達に合わせて進めていけるよう、子どもの様子を伝え合い、無理なく連携していく。

保育者等の連携

- 自分の思いが友達に伝わらなくて、手が出るなどの姿が見られたとき、双方の子どもにどうかかわっていくかについて話し合い、共通認識を図る。また、その都度、子どもの思いや理由などについて、報告し合うようにする。
- 5歳児と一緒に散歩に出掛け、交流がもてるよう、5歳児の担任と連携する。

養護的な側面を含めた配慮

- 食事の際に、座りたい場所や隣の友達を選ぶ姿を大切にし、温かい雰囲気の中で会話を楽しみながら食事をしていけるように配慮する。手づかみ食べやあそび食べの姿もあるので、その都度、言葉をかけながら援助していく。①
- 排尿の素ぶりが見られたときや一人一人の排尿間隔に合わせて、個別に言葉をかけてトイレに誘っていく。トイレに行きたがらない子については午睡明けなどゆったりとした時間に誘い、トイレに行ってみようという気持ちがもてるようにかかわる。排尿に関してはできるだけ同じ保育者がかかわるようにし、一人一人のペースを尊重していく。②
- パンツで過ごす機会を無理なく設けていき、パンツで過ごすうれしさを言葉にするなど、子どもの誇らしい気持ちに共感していく。③
- 着脱ではゆっくり時間を取り、"足はどこから入れるのかな"と子ども自身が考えたり、試したりしながら、自分でやってみようとする姿を大切にする。また、子どもの様子を見ながらあらかじめ着替えをセットしておく方法から、徐々に自分で衣服を選ぶ機会を増やしていくようにする。④
- 家から持参した個別のコップを使ううれしい気持ちに共感し、意欲をもって取り組めるように配慮する。子どものそばについて、口のゆすぎ方を見せ、やってみようと思えるよう丁寧にかかわる。⑤
- それぞれの興味や関心に合わせて、追いかけっこ、三輪車、斜面上りなど身体を動かすあそびを楽しめるようにする。また、保育者も参加して、心と身体を開放する心地よさを共有していく。砂場では山や川作りなど、少しずつダイナミックなあそびへと展開し、水を運んだり、穴を掘ったりして、全身を使ってあそべるようにかかわる。⑥
- 友達とやり取りしようとする姿を大切にし、一緒にあそぶ楽しさを味わえるよう見守ったり、言葉にしたりして、子どもの気持ちに寄り添うようにする。一緒にあそびたい気持ちをうまく表せなくて、あそびの中に入っていけない姿も予想されるので、その都度、丁寧にかかわっていくようにする。⑦
- 積み木やブロックを使って作った物を、身近な物にみたててあそべるように、スペースや十分な量の積み木などを用意する。また、保育者も仲間に加わり、ときにはダイナミックにあそぶ楽しさを味わえるようにする。⑧
- 友達と一緒に絵本の世界に親しめるよう、わかりやすい物や単純な言葉の繰り返しのある物を選ぶ。⑨
- 自分の気持ちを自分なりに言葉で表現できるように、時間を保障したり、言葉を補って後押ししたりしながら、子どもの伝えようとする気持ちを大切にしていく。⑩
- フェルトペンや絵の具、クレヨンなど、さまざまな描画材を使って、色合いやにじみ、混色、はじき絵など、紙の上に広がる世界を楽しめるようにする。⑪

指導計画（6月）

	Hちゃん（2歳2か月・男児）	Aちゃん（2歳3か月・女児）	Yちゃん（3歳・男児）
前月末の子どもの姿	●野菜をあまり食べようとしないが、友達が食べている姿を見て、「Hも」と言い、食べてみることがある。 ●トイレで排尿する友達が気になり、見に行く。 ●自分のリズムで心地よく眠りについている。 ●隣であそんでいる友達に、電車を「はい、どうぞ」と渡す。 ●型を取った砂を手や足で壊してあそぶ。	●食欲旺盛でおかわりをたっぷりする。 ●起床時間が早く、早めに眠たくなる。 ●新しい担任に慣れ、一緒にあそぶ。 ●自己主張をし、嫌な気持ちを伝えようとする。 ●はだしになって、泥や絵の具の感触を楽しむ。	●「3さいのおにいちゃんだから」とトイレに行くことが増えるが、排尿はしない。 ●衣服を自分で選び、着替えようとする。 ●友達におもちゃを取られると、嫌だった気持ちを言葉で伝える一方、友達のおもちゃを黙って取ることもある。 ●保育者が歌をうたうと、一緒にうたおうとし、「もう1かい」と言う。
保育の内容	①便器に座ってみる。 ②戸外あそびを楽しむ。 ③友達とかかわる楽しさを感じる。 ④自分の気持ちを言葉で表現しようとする。	①心地よく入眠する。 ②保育者と一緒に着脱をしようとする。 ③保育者の仲立ちを得ながら、友達とのかかわりを楽しむ。 ④わらべうたやふれあいあそび、手あそびを楽しむ。	①トイレで排尿しようとする。 ②友達と言葉でやり取りしながら一緒にあそぶ。 ③草花や虫に興味をもつ。 ④気に入ったあそびを満足するまで楽しむ。
養護的な側面を含めた配慮	●本児の様子に合わせて、「Hちゃんも座ってみる？」などと言葉をかけてトイレに誘い、自分から便器に座ってみようという気持ちがもてるようにする。①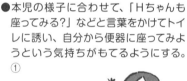 ●かくれんぼや三輪車、砂あそびなど、本児が興味をもっているあそびを一緒にして、楽しさを共有していく。また、ボールやフラフープなどを使い、身体を十分に使ってあそぶ機会も設けていく。② ●好きなおもちゃを介して友達にかかわろうとする姿を温かく見守り、必要に応じて言葉をかけるなど、仲立ちをしたり、環境を整えたりして、好きなあそびを友達と一緒に楽しむ体験を積み重ねていけるように配慮する。③ ●言葉が増える時期なので、本児が話そうとしていることを先取りせずにゆったりと聞き、返すなど、応答的にかかわる。友達に自分の思いを表現しきれない様子のときは、「○○なのかな」と言葉を添えて仲立ちしていく。④	●食事の時間を調整して、早めに布団に入れるようにする。布団を敷く位置にも配慮して、心地よく入眠できるように工夫する。睡眠のリズムを確認するため、家庭での就寝、起床の様子を保護者に聞いてみる。① ●自分で着脱をしようとしたり、やってほしがったりして、そのときによっていろいろな思いを出している。本児が表すそのときの思いに寄り添いながら、時間を取ってゆったりと見守ったり、手伝ったりする。② ●一人でじっくりとあそぶ時間を保障しながら、友達とのかかわりを楽しめるように見守る。自分の思いが相手に伝わらないなど、楽しくない場面になるときは、仲立ちをしたり、思いを聞いたりして配慮する。③ ●ゆったりとした雰囲気の中で、わらべうたやふれあいあそびをして、楽しさを共有していく。また、保育者とだけでなく、友達とも一緒にできるものを選び、繰り返し楽しむようにする。③④	●トイレに興味をもっている気持ちを大切にし、午睡明けなどおむつがぬれていないタイミングでトイレに誘っていく。トイレで排尿したときにはうれしい気持ちを言葉にして共感し、次につながるようにする。① ●友達とのやり取りの中で、表現する本児の気持ちに寄り添いながら、心地よいやり取りができるよう仲立ちしたり、言葉で伝える方法を知らせたりしていく。"また、この子とあそびたい"という仲間意識の芽生えを大切にする。② ●園庭や公園で見つけた草花や虫について"なんだろう"と不思議に思う気持ちを大切にしながら、一緒に見たり、ふれたりする。保育室に関連した絵本を用意するなど、興味が広がるように工夫する。③ ●本児が気に入ったあそびを満足するまで楽しめるよう一緒にあそんだり、スペースや時間を保障したりする。絵の具のあそびなど、これまであまり興味を示さなかったあそびにも加わるようになってきているので、継続して楽しめるように工夫する。④

しょうぼうじどうしゃ じぷた

作／渡辺 茂男　絵／山本 忠敬
福音館書店

ぷくちゃんの すてきなぱんつ

作／ひろかわ さえこ
アリス館

コロちゃんは どこ？

作／エリック・ヒル
評論社

ルルちゃんのくつした

作／せな けいこ
福音館書店

おやおや、おやさい

作／石津 ちひろ
絵／山村 浩二
福音館書店

11ぴきのねこ どろんこ

作／馬場 のぼる
こぐま社

あっちゃんあがつく たべものあいうえお

原案／みね よう
作／さいとう しのぶ
リーブル

かさ かしてあげる

作／こいで やすこ
福音館書店

「かたつむり」（文部省唱歌）

「あめこんこん」（作詞／松谷みよ子　作曲／板倉志伸）

「かえるの合唱」（ドイツ民謡　訳詞／岡本敏明）

「あめ」（作詞／まど・みちお　作曲／飯沼信義）

「あめふりくまのこ」（作詞／鶴見正夫　作曲／湯山昭）

「あまだれぽったん」（作詞・作曲／一宮道子）

「あめふり」（作詞／北原白秋　作曲／中山晋平）

「うえからしたから」（わらべうた）

7月

クラスの計画

前月末の子どもの姿

- 苦手な野菜も友達が食べていると、「みててね」と保育者に言って食べる。
- 食後の口ゆすぎで、自分のコップを使うのがうれしく、喜んでする。
- 特定の友達とあそぶ姿が増えてきている。
- 友達とやり取りをしながら、お店屋さんごっこやレストランごっこをする。
- 保育者に思いきり甘えたり、"今はこれをしたくない"と自己主張したりする。

今月のねらい

- 簡単な身の回りのことを自分でやってみようとする。
- 生活やあそびの中で自分のしたいことやしてほしいことを伝えようとする。
- 水や泥にふれ、夏ならではのあそびを楽しむ。

保育の内容／養護的な側面

- 手足口病やヘルパンギーナ、とびひなど、夏に流行する感染症や皮膚の病気などの感染予防に努める。また、体調に変化が見られた場合には早めに対応する。
- 水分補給をこまめに行い、健康に過ごせるようにする。

- 自己主張する姿を肯定的に捉え、その思いを温かく受け止めていく。その上で、"かなわないこともある"ことに気づいて、気持ちを整理し、子ども自身が気持ちを切り替えていけるよう丁寧なかかわりを心がける。

保育の内容／教育的な側面

① さまざまな食材に興味をもち、喜んで食べる。
② パンツで過ごしてみる。
③ 心地よく入眠し、気分よく目覚める。
④ 自分で着替えの衣服を選ぼうとする。
⑤ 自分の気持ちを友達に言葉やさまざまな表現で伝えようとする。
⑥ 夕涼み会の楽しさを味わう。
⑦ 保育者や友達とごっこあそびを楽しむ。
⑧ 歌やリズムに合わせて歌ったり、踊ったりすることを楽しむ。
⑨ 水あそびや泥あそびを楽しむ。
⑩ 手指を使ったあそびを通して、さまざまな素材にふれる。

7月末の評価・反省

- 体力がついてきたり、友達と一緒にいたかったりして、入眠時間が遅くなってきた。また、興奮して大騒ぎになり、寝ている子が起きてしまったり、眠たい子が眠れなかったりすることがあった。友達とのゆったりとした時間を大切にしながら、入眠前の過ごし方を見直していきたい。
- 「○○ちゃんはだめ」と言ったりするが、本心ではない様子が見られた。本当はどうしたいのか、子どもの思いを聞いていく。

環境の構成

●保護者が作った個人持ちの靴下人形はウォールポケットに入れ、いつでも手に取ることができるようにする。
●水が苦手な子も無理なく慣れていけるよう、たらいやベビーバスなどを使い、あそぶ場所を分けるなど配慮する。また、ダイナミックな水あそびを楽しめるよう、ブルーシートで大きな水たまりを作る。
●つもりになったり、経験したことを再現したりするので、子どもたちのイメージが膨らむよう、身に着ける物や道具などを用意する。

子育て支援

●夕涼み会を親子で楽しめるよう、内容を伝え、参加を呼びかける。
●保護者が作った個人持ちの靴下人形にまつわる子どもたちの様子をクラスだよりや口頭で伝えたり、夕涼み会のときにお披露目したりして、園での子どもの生活とのつながりが感じられるようにする。
●水あそびが始まるので、日々の体調についてこまめに伝え合い、連携して健康管理を行っていくようにする。

保育者等の連携

●水あそび、入室、着替えの流れや安全にあそぶための保育者の役割分担や立ち位置、見守り方などを話し合う。

養護的な側面を含めた配慮

●調理前の野菜を見たり、ふれたりする機会を作り、「どんな匂いがするかな」と言葉をかけたり、子どもの発見に丁寧に応えたりして、その日の食事を楽しみにできるようにする。また、育てたエダマメやナス、キュウリなどを一緒に収穫し、子どもたちの目の前で調理をして食べる機会を作る。①
●パンツで過ごす子や興味をもつ子が増えているので、引き続きパンツで過ごす機会を設けていく。間に合わないこともあるが、尿意を感じて自分からトイレに行くことにつながるよう、早めに誘いすぎることのないように気をつける。②
●「○○さんがいい」とそばにつく保育者を選ぶときは、その子の思いを大切にし、心地よく入眠できるようにする。また、身体を休め、水あそびの疲れが取れるよう、睡眠に十分な時間を保障し、気分よく目覚められるようにする。③
●衣服が選びやすいようにパンツ（おむつ）、シャツ、ズボンを2〜3枚ずつ分別して個別の棚に入れる。また、自分で選んでいるときにはそばで見守り、選ぶ喜びに共感していく。気に入っている衣服にこだわるときには、子どもの気持ちを尊重して応えるようにする。④

●一人一人の気持ちやつもりに丁寧に寄り添い、自分なりに表現できるよう言葉を先取りせずにじっくり待ったり、ときには代弁したりしながら、自分の気持ちが伝わった喜びが感じられるようにかかわる。また、友達と気持ちがうまくかみ合わないときもあるが、双方の気持ちを言葉にして伝え、友達にも思いがあることに少しずつ気づいていけるようにする。⑤
●にじみ絵を段ボール箱にはって作った山車に靴下人形を載せて練り歩きをしたり、音楽に合わせて踊ったりし、夕涼み会を楽しみに待てるようにする。⑥
●自分が経験したことを再現してあそぶので、仲間に加わり、子どもが膨らませたイメージに応答的にかかわり、あそびが広がっていくようにする。まだイメージの共有には至らず、自分のつもりだけであそんでいるので、子どもの様子や場面によっては、子ども同士のやり取りをつなげていく。⑤⑦
●保育者や友達と一緒に音楽やリズムに合わせて歌ったり、踊ったりすることを繰り返し取り入れ、楽しさを共有して、つながり合うきっかけになるようにする。⑧
●保育者もあそびに加わり、水や泥の感触をともに楽しむようにする。ペットボトルやじょうろ、バケツなどを使ったり、ワニ泳ぎをしたりして、一緒にあそぶ。顔に水が掛かるのを嫌がる子もいるので、一人一人の様子に合わせてあそんでいけるようにする。⑨
●ひも通しや新聞紙、パズルなどを用意し、つまむ、ちぎる、はめるといった手指を使ったあそびをたっぷりと楽しめるよう環境を整える。また、折り紙で自分なりに作る姿を見守り、さまざまな形の変化を楽しめるようにする。⑩

指導計画（7月）

165

	Hちゃん（2歳3か月・男児）	Aちゃん（2歳4か月・女児）	Yちゃん（3歳1か月・男児）
前月末の子どもの姿	●トイレには関心をもっているが、誘われても、便器に座ろうとしない。 ●自分で衣服を脱ごうとする。 ●ボールを投げたり、蹴ったりしてあそぶ。  ●友達と手をつないで歩いたり、一緒に三輪車に乗ったりする。 ●フラフープを電車にみたててあそぶ。	●椅子の上に正座をして食べようとする。 ●トイレに行くことを嫌がる。 ●一人で黙々とあそぶこともあれば、友達と誘い合ってあそぶこともある。 ●人形に優しく語りかけるなど、空想の世界を楽しむ。  おふろですよー	●これまでよりも登園時間が早くなり、食事中に眠たくなることがある。  ●おむつがぬれていないことが増える。 ●この子とあそびたいという思いが芽生える。 ●絵の具あそびなど、以前はあまり興味をもたなかったあそびも喜んでいる。
保育の内容	①便器に座ってみる。 ②自分で衣服を脱ぎ着しようとする。 ③友達とかかわってあそぶ。 ④好きなあそびを楽しむ。	①足を下ろした姿勢で食べる。 ②身の回りのことを保育者と一緒にしようとする。 ③戸外で身体をたっぷり動かしてあそぶ。 ④友達とかかわってあそぼうとする。	①一定量食べようとする。 ②保育者に誘われて、トイレで排尿しようとする。 ③衣服の脱ぎ着を自分でする。 ④水、泥、絵の具などの感触を楽しむ。
養護的な側面を含めた配慮	●自分から便器に座ってみようという気持ちがもてるよう、言葉のかけ方などを工夫しながらいつも同じ保育者が誘うようにする。嫌がるときには「わかったよ」と本児の気持ちを認め、無理強いをしないようにする。① ●着脱を自分でしようという姿を大切にし、励ましたり、「○○するといいよ」などの言葉で伝えたりしながら見守り、自分でできた喜びを感じられるようにする。②  はけたね！ ●友達と一緒にあそぶ姿が増えてきたので、友達との関係が広がっていくよう、おもちゃの数や種類をそろえたり、スペースを確保したりして、環境を工夫していく。イメージの共有はまだ難しい場面があるので、やり取りの様子によっては、間に入って援助する。③ ●さまざまなあそびに興味を示すので、本児のやってみたいという思いが満たされるよう、場面や様子によっては一緒にあそんだり、見守ったりして、楽しさを共有していく。④	●椅子や机の高さが本児の体格に合っているか再度確認をし、必要に応じて椅子の高さを調節し、足を下ろして座りやすいようにする。① ●手洗いや口ゆすぎなど、身の回りのことに興味をもって行えるよう、誘い方を工夫する。保育者も一緒に手を洗ったり、口ゆすぎをしたりして、楽しみながら行えるように配慮する。②  ●追いかけっこや斜面上りなど、心も身体も開放してたっぷりと楽しめるようにする。また、本児の様子に合わせて、水あそびでも全身を使ってあそべるようにする。③ ●新しい担任を含め保育者との関係が深まっているので、保育者をよりどころとしながら、友達との関係を広げていけるよう援助する。友達とのかかわりでは、いろいろな思いを味わうことがあるが、その都度、本児の揺れ動く気持ちに共感的にかかわりながら、仲立ちしていく。④	●食事を食べ終えてから寝られるように、早めに入室するなどして、食事の時間を工夫する。どうしても食事中に眠くなってしまったときには、無理のない範囲で一定量食べられるように介助する。① ●おむつがぬれていないタイミングでトイレに誘い、便器で排尿する経験ができるようにする。便器に座っても出ないことが多いが、座れたことを認めて次につながるようにする。また、座っても出ないときは、早めに切り上げる。② ●着脱が自立してきていて、自分で着替える姿が多いので、本児のペースで最後までできるよう、時間にゆとりをもち、見守る。自分の棚に好きな衣服がないと、園の衣服の中から選ぶこともあるが、着たい衣服を選ぶ気持ちを尊重する。③ ●水や泥の感触を十分に味わえるよう川作りをしたり、ボディーペインティングをしたりして、ダイナミックなあそびを楽しめるように配慮し、一緒にあそびながら楽しさを共有していく。④ 

ふしぎなナイフ

作／中村 牧江　林 健造
絵／福田 隆義
福音館書店

はけたよ はけたよ

作／かんざわ としこ
絵／にしまき かやこ
偕成社

はらぺこあおむし

作／エリック・カール
訳／もり ひさし
偕成社

じゃぐちをあけると

作／しんぐう すすむ
福音館書店

くだもの なんだ

作／きうち かつ
福音館書店

コッコさんとあめふり

作／片山 健
福音館書店

いろいろばあ

作／新井 洋行
えほんの杜

うずらちゃんの
かくれんぼ

作／きもと ももこ
福音館書店

「たなばたさま」(作詞／権藤はなよ　補詞／林柳波　作曲／下総皖一)

「トマト」(作詞／荘司武　作曲／大中恩)

「おはなしゆびさん」(作詞／香山美子　作曲／湯山昭)

「さかながはねて」(作詞・作曲／中川ひろたか)

「さんぽ」(作詞／中川李枝子　作曲／久石譲)

「しゃぼん玉」(作詞／野口雨情　作曲／中山晋平)

「ありさんのおはなし」(作詞／都築益世　作曲／渡辺茂)

「にゅうめん そうめん」(わらべうた)

8月

前月末の子どもの姿

- 大きく育ったナスやキュウリ、エダマメなどを収穫する。野菜が苦手な子も喜んで食べる。
- 午睡では、なかなか寝つけず、いつまでも友達と騒いでいることがある。
- 友達とのやり取りで、「○○ちゃんはいいよ」「△△ちゃんはだめ」と言う姿がある。
- 個人持ちの靴下人形をおんぶするなど、世話あそびを楽しむ。また、悲しんでいる友達にその子の人形を渡す姿もある。
- 水あそびでダイナミックにあそんだり、水が苦手な子はジュース屋さんごっこや水あそびのおもちゃであそんだりする。

今月のねらい

- 暑い夏を健康に過ごす。
- 水あそびを楽しみ、開放感を味わう。
- したいことやしてほしいことを言葉で伝えたり、自分でやってみたりする。

保育の内容／養護的な側面

- 水分補給をこまめに行い、健康に過ごせるようにする。
- 水あそびなど、戸外で活発にあそんだ後は、室内でゆったり過ごすなど、活動のバランスや調和を図る。

保育の内容／教育的な側面

① スプーンを使って食べる。
② 尿意を感じてトイレに行こうとする。
③ 自然な流れの中で、自分から眠ろうとする。
④ 自分で着替えようとする。
⑤ 水あそびなど、戸外で身体を動かすことをたっぷり楽しむ。
⑥ 自分の思いを言葉で伝え、相手にも思いがあることを知る。
⑦ はさみを使ってみる。
⑧ 絵本の内容やおもしろさにふれる。
⑨ 絵の具を使ってダイナミックにあそぶ。

8月末の評価・反省

- 保育者に甘える姿もさまざまになってきた。それぞれの姿を認め、保育者間で連携をして、一人一人の気持ちを受け止めていきたい。
- 友達が嫌がる気持ちを感じ取る姿が見られるようになってきたが、まだ自分中心のことも多い。葛藤やこだわりなど、複雑な気持ちにも向き合っていけるよう、かかわったり、見守ったりしていきたい。

環境の構成

● 外気温との差に気をつけながら、エアコンや扇風機を適宜使い、心地よく過ごせるようにする。

● 一人一人の様子に合わせて、水あそびを楽しめるよう、ゆったりしたスペースを保障したり、保育者の配置に配慮したりして、安全に楽しめるよう環境を整える。

子育て支援

● 暑さのために体調を崩したりすることのないよう、健康状態をこまめに伝え合う。

● 夏休みで長く休んだ後は、安心して園で過ごせるように、休み中の様子を聞くなどのやり取りを心がける。

保育者等の連携

● 保育者も順番に夏季休暇を取り、職員の態勢がふだんとは変わるので、子どもたちの様子などの情報交換を密に行って、子どもが不安を感じないように連携していく。

養護的な側面を含めた配慮

● スプーンの持ち方については、一人一人の発達の過程を把握し、保育者も一緒に食事をする中で持ち方を見せるなどして、関心がもてるようにする。手づかみで食べる姿が見られたら「スプーンでどう?」などさりげなく言葉をかけたり、手を添えたりしていく。また、ままごとでは、スプーンですくってあそべる素材を用意し、繰り返し楽しめるようにする。①

● 自分から尿意を知らせにきたときには「教えてくれてありがとう」と言葉をかけ、一緒にトイレに行く。また、排せつ後のトイレットペーパーの切り方や拭き方なども一緒に行いながら知らせていく。②

● 午睡時の入眠時間が遅くなっているので、食事の時間を30分遅くし、食後、落ち着いた雰囲気のまま、午睡に向かえるようにする。また、オルゴールのCDをかけて、眠る雰囲気を作り、自分から眠りにつけるよう配慮したり、子どもの様子に応じてそばについたりする。③

● 着脱の時間を十分に取り、自分でしようとする姿を大切にして、見守る。また、自分でできたうれしい気持ちや誇らしい気持ちに共感して、"またやってみよう"と思えるようにかかわっていく。④

● 水しぶきをあげたり、保育者の足のトンネルをくぐれるようにしたりして、十分に身体を動かしてあそび、開放感を味わえるようにする。水に慣れ、あそび方がダイナミックになってくるので、安全面には十分に注意する。⑤

● 主張がぶつかり合うときには、双方の話を落ち着いた状態で聞き、気持ちをしっかりと受け止めるようにする。そのうえで、相手はどうしたかったのか、何が嫌だったのかを代弁して伝えるなど橋渡しをして、相手にも思いがあることに気づいていけるようにする。⑥

● 細長く、張りのある紙を用意して、はさみの1回切りを楽しめるようにする。少人数で落ち着いた雰囲気の中で行えるようにスペースを設け、一人一人のはさみの使い方に合わせて援助する。⑦

● 気に入った絵本を「よんで」と繰り返し持ってくるので、膝の上でゆったりと読み、子どものつぶやきに応答的に応えていく。また、おもしろい言葉や簡単なせりふのやり取りを楽しみながら、絵本の内容やおもしろさを楽しめるようにする。⑧

● はじき絵や、にじみ絵、黒の画用紙への描画など、絵の具を使ったさまざまな描画を楽しめるように環境を整える。また、色水あそびやボディーペインティングなど、色の変化や感触に興味をもってダイナミックに楽しめるようにする。⑨

	Hちゃん（2歳4か月・男児）	Aちゃん（2歳5か月・女児）	Yちゃん（3歳2か月・男児）
前月末の子どもの姿	●野菜をあまり食べない。 ●自分で衣服を着ようとする。 ●竹筒の水鉄砲であそぶなど、水あそびを楽しむ。 ●午睡では、靴下人形を持って寝ようとする。  ●自分の気持ちを泣いて訴えることが多い。	●収穫した野菜を喜んで食べる。 ●午睡前、保育者に1対1で絵本を読んでもらうことを楽しみにする。 ●自分で好きな衣服を選ぼうとする。 ●友達と一緒にあそぶことが増える。 ●保育者や友達の困った様子を心配し、「だいじょうぶ、だいじょうぶ」と言う。	●登園時間が早くなったが、そのリズムにも慣れてきて、食事中に眠たくなることが少なくなる。 ●トイレで排尿することがある。 ●最後まで一人で着替える。 ●2、3人の友達とお医者さんごっこやおうちごっこをする。 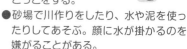 ●砂場で川作りをしたり、水や泥を使ったりしてあそぶ。顔に水が掛かるのを嫌がることがある。
保育の内容	①苦手な物も食べてみようとする。 ②簡単な衣服の着脱を自分でする。 ③水あそびを楽しみ、開放感を味わう。 ④自分の気持ちを言葉で表現しようとする。	①本児のリズムでゆったりと入眠する。 ②保育者に見守られて、着脱しようとする。 ③季節の草花や虫に興味をもつ。 ④自分の気持ちを言葉で伝える。	①トイレで排尿することが増える。 ②友達とイメージを共有してあそぶ。 ③構成あそびを楽しむ。 ④水あそびをたっぷり楽しむ。
養護的な側面を含めた配慮	●クラスで栽培し、みんなで収穫した野菜を調理したときには興味をもって食べる姿があった。状況によっては、食べようとするので、あそびの中で、野菜に興味をもち、食べてみたい気持ちにつながるようなやり取りを工夫していく。食事の場面では、一口でも食べられたときには十分に認め、次につながるようにする。① ●着脱については、自分でやってみようとする姿を大切にし、本児のペースで着替えられるように見守っていく。ズボンをはくのが難しい様子なので、座って両手でゴムの所を持つことを一緒にやってみるなどし、できた喜びを共有していく。② ●水あそびについては、ダイナミックなあそびをあまり好まない本児の思いを尊重し、あそぶ場所やあそび方を工夫して、本児なりの開放感を十分味わえるように配慮する。③ ●自分の気持ちを言葉で伝えられるよう、悲しそうなときにはその気持ちを受け止め、どうしたかったのかゆっくりと話を聞いていく。④ 	●少しずつ体力がついてきて、入眠前に絵本を見ることを楽しみにしているので、本児の気持ちに応え、1対1でゆったりと絵本を読み、安心して入眠できるようにする。① ●喜んで衣服を選んでいるので、「かわいいシャツね」などの言葉をかけて、自分で着替えようとする気持ちがもてるようにする。甘えてやってほしい気持ちもあるので、その気持ちも受け止め、手伝いながら少しずつ自分でもできるようかかわる。② ●園庭や散歩先で一緒にセミを探したり、クラスで飼っているカブトムシにゼリーをあげる機会を作ったりして、自然物にふれる機会を作っていく。③  ●自分の思いがうまく伝わらずにもどかしい思いをしているときには、本児の思いを代弁するなどし、伝わった喜びを感じられるようにする。④	●本児の排尿間隔を把握し、タイミングを見ながらトイレに誘っていき、トイレで排尿する経験を重ねていけるようにする。① ●自分が経験したことを再現したり、なりきってあそんだりするので、友達とイメージを共有してあそべるよう、小道具や場所などの環境を整えていく。保育者の雰囲気作りや言葉がきっかけであそびが広がることもあるが、子どものイメージや様子に合わせてかかわっていくようにする。②  ●積み木やブロックなどを友達と一緒に楽しめるよう、スペースや十分な量の積み木などを用意する。何かをイメージして作ることもあれば、高く積み上げてあそぶこともあるので、あそび方を限定せずに子どもの様子に合わせて共感的にかかわり、そのときどきのあそびが十分に楽しめるようにする。②③ ●ダイナミックな水あそびを嫌がるときには無理強いをしないようにし、水が掛からない場所や1人用のたらいであそべるように配慮し、徐々に水に慣れていけるようにする。④

くずかごおばけ

作／せな けいこ
童心社

はらぺこゆうれい

作／せな けいこ
童心社

かぶとむしのぶんちゃん

作／高家 博成　仲川 道子
童心社

ろくろっくび

作／せな けいこ
童心社

とまとさんがね・・

作／とよた かずひこ
童心社

うんちしたのはだれよ！

作／ヴェルナー・ホルツヴァルト
絵／ヴォルフ・エールブルッフ
訳／関口 裕昭
偕成社

ぺんぎんたいそう

作／齋藤 槙
福音館書店

**サンドイッチ
サンドイッチ**

作／小西 英子
福音館書店

歌

「西瓜の名産地」（アメリカ民謡　訳詞／高田三九三）	「ぞうくんのさんぽ」（作詞／阿部恵　作曲／家入脩）
「海」（作詞／林柳波　作曲／井上武士）	「アイスクリームの唄」（作詞／佐藤義美　作曲／服部公一）
「5つのメロンパン」（外国曲　訳詞／中川ひろたか）	「アイ・アイ」（作詞／相田裕美　作曲／宇野誠一郎）
「おつかいありさん」（作詞／関根栄一　作曲／團伊玖磨）	「ワニのうた」（作詞／上坪マヤ　作曲／峯陽）

9月

前月末の子どもの姿

- 「こう?」とスプーンの持ち方を確認しながら食べようとする。
- パンツで過ごす子が増える一方、おむつで過ごし、トイレに行くことを嫌がる子もいる。
- 友達が嫌がる気持ちを少しずつ感じ取る一方で、自分に都合が悪いと友達に目を向けようとしない。
- 飼っているカブトムシに餌をあげて喜ぶ。また、セミの抜け殻などにも興味をもち、触ってみようとする。

今月のねらい

- 身の回りのことを自分でできた喜びを感じる。
- 身体を使って思いきりあそぶ。
- 生活やあそびを通して、自分の思いを伝え、相手の思いも知っていく。

保育の内容／養護的な側面

- 着脱や排せつ、口ゆすぎなどでは、一人一人の様子をよく見ながらさりげなく手伝ったり、励まして見守ったりして、"自分でできた"という達成感を味わえるようにする。

- 好きな保育者に甘えたい気持ちや、思いを寄せてほしい気持ちをくみ取り、安心して自分の気持ちを表現し、行動していけるようにする。

保育の内容／教育的な側面

① 友達と一緒に食べることを楽しむ。
② パンツで過ごす。
③ 衣服を選び、自分で着替える。
④ 戸外で身体を動かしてあそぶ。
⑤ 簡単なルールのあるあそびを、保育者と一緒に楽しむ。
⑥ 自分の思いを伝え、相手にも思いがあることを受け止めようとする。
⑦ 季節の草花や虫に出合い、親しみをもつ。
⑧ 保育者や友達と言葉のやり取りをしながら、あそびを楽しむ。
⑨ 音楽や楽器にふれてあそぶ。

9月末の評価・反省

- 身の回りのことを自分でできる姿が増えてきているが、一方でやってほしい気持ちもある。保育者間で連携しながら、姿に合わせた援助を考えていきたい。
- 散歩にも何度か行くことができ、子どもたちはとてもうれしそうだった。公園では急な斜面を上るなど、全身を使ってあそんだり、ドングリや虫など自然物にふれあったりできた。今後も散歩に出掛けて、たくさん歩き、身体を動かしていきたい。

環境の構成

- 食への興味が広がるように、子どもの前で果物の皮をむいたり、調理をしたりする。また、トウモロコシの皮むきが体験できる機会を作る。
- 子どもの動きが活発になってくるので、安全な環境の下で、のびのびと全身を動かしてあそべるように室内外の環境を確認する。また、散歩先に危険がないか事前に確認をし、安全にあそべるようにする。

子育て支援

- 来月の「あそびの会」（運動会）で予定しているあそびをクラスだよりで紹介し、保護者も楽しみにできるようにする。また、子どもの成長を喜び、親子で一緒に楽しい時間を過ごせるよう、参加の仕方などを丁寧に伝えていく。
- 産休に入る保護者への言葉かけや配慮など、個別の事情に応じてかかわっていく。

保育者等の連携

- 特定の保育者を求めるときには、保育者間で連携をして対応できるようにし、一人一人の気持ちを受け止めていけるようにする。
- 散歩や園庭など、戸外であそぶ時間が増えてくるので、子どもたちの動きや様子を見落とすことがないよう、役割や立ち位置などを決めて、安全に安心して過ごせるように連携する。

養護的な側面を含めた配慮

- その日のあそびのつながりから食事の席を選ぶ姿があるので、それぞれの思いを受け止め、友達とおしゃべりをしながら一緒に食べることを楽しめるように配慮する。また、スプーンの持ち方を意識する姿に応えて、必要に応じてやって見せるなど、持ち方を伝えていく。①
- リンゴの皮むきを見せたり、トウモロコシの皮むきを楽しむ機会を作ったりして、食べることの楽しさや食への興味が広がっていくようにする。①
- 一人一人の様子に合わせてパンツで過ごす時間を少しずつ長くしていく。また、排せつ後は一緒にトイレットペーパーを切って、後始末を意識できるようにかかわる。おむつの子は、その子の排尿間隔に合わせてタイミングよくトイレに誘っていき、成功体験が増えるよう援助していくが、行きたがらないときには子どもの気持ちを尊重していく。②
- 落ち着いて衣服を選び、着替えができる環境を保障する。自分でやろうとする気持ちを大切にし、できたときにはそれが喜びとなるような言葉をかけていく。③
- 追いかけっこや縄跳びなど、身体全体を使ったあそびに保育者も参加しながら、心も身体も開放してたっぷりと楽しめるようにする。また、よじ上る、ぶら下がるなどさまざまな身体の動きを楽しめるような遊具のある公園に出掛け、自ら身体を動かそうとする意欲が育まれるようにする。④
- しっぽ取りや「むっくり熊さん」（スウェーデン民謡　訳詞／志摩桂）など、簡単なルールのあるあそびを一緒に楽しむ機会を作る。取ってほしかったり、取られたくなかったり、追いかけるのが好きだったりなどの一人一人の思いに寄り添いながら、楽しさを共有していくようにする。⑤
- 友達の気持ちを感じ取り、自分に都合が悪いときはその場から逃げたり、話を聞こうとしなかったりするが、そのままで終わらせずに、複雑な気持ちに丁寧に向き合い、落ち着いて友達の思いを受け止めようとする気持ちがもてるようかかわる。⑥
- 散歩に出掛け、この時期ならではの草花や虫を見つけて楽しめるようにする。また、カブトムシの世話を通して、生き物に親しみがもてるようにしたり、命があることを感じられるようにする。⑦
- あそびが広がるよう、子どもたちの様子に合わせて言葉をかけたり、雰囲気作りをしていく。言葉でやり取りしながら友達とあそぼうとする姿を見守り、必要なところでは伝わりやすいよう言葉を補うなどして、子ども同士のやり取りをつなげていく。⑥⑧
- 保育者や友達と歌をうたったり、リズムに合わせて身体を動かしたりして、楽しさを共有していけるようにする。また、鈴などの楽器にふれる機会を作る。⑨

	Hちゃん（2歳5か月・男児）	Aちゃん（2歳6か月・女児）	Yちゃん（3歳3か月・男児）
前月末の子どもの姿	●野菜に興味が湧いてきて、「おやさい」と言いながら、自分から食べようとする。 ●誘われてもトイレに行こうとしない。 ●午睡の入眠時間が遅くなる。 ●保育者に手伝ってもらいながら、ズボンを自分ではこうとする。 ●友達のまねをして同じようにあそぶ。 ●水あそびが嫌なときは、「シャワーがいい」と言う。	●午睡明けなど、おむつがぬれていないことがある。 ●入眠時をはじめ、さまざまな場面で特定の保育者を求めることが増えている。 ●気の合う友達と名前を呼び合ってあそぶ。 ●ブロックをいろいろな物にみたててあそぶ。	●自分の好きな物だけを食べようとする。 ●トイレに誘われると、「いってくる」と張り切ってトイレに向かう。 ●はじめは嫌がっていた水あそびも徐々に楽しむようになる。 ●ヒーローになりきってあそぶ。
保育の内容	①トイレに行ってみる。 ②午睡の前後を心地よく過ごす。 ③食後にコップで口をゆすごうとする。 ④友達と一緒に過ごす楽しさを味わう。	①便器に座ってみる。 ②保育者に思いを受け止めてもらい、安心して過ごす。 ③イメージを膨らませ、なりきってあそぶ。 ④手指を使ったあそびを楽しむ。	①苦手な物も食べてみようとする。 ②保育者に見守られて、衣服の着脱を自分でする。 ③季節の虫に興味をもつ。 ④保育者や友達と一緒に絵本を楽しむ。
養護的な側面を含めた配慮	●トイレに行きたがらない姿が続いているので、その理由を探りながら、自分からトイレに行ってみようという気持ちがもてるよう、生活の節目で誘っていく。ただ、無理強いはしないように配慮する。① ●入眠時間が遅くなったが、睡眠時間が足りているか本児の様子をよく観察する。午睡の前後でゆったりと過ごせるように、絵本を読んだり、布団の上でごろごろしたりする時間を保障していく。② ●自分のコップを持って、進んで口をゆすごうとする姿を認めながら、衣服をぬらさずにできているか、そばについて丁寧に見ていく。ゆすいだ後の気持ちよさを、「お口がきれいになったね」「気持ちいいね」などの言葉で共有していく。③ ●友達への興味や関心が高まっているので、友達と好きなあそびを十分楽しみ、一緒に過ごすうれしさを味わったり、関係が深まったりするよう配慮する。また、友達に共感を求めているときにはそばで見守ったり、本児の様子に合わせて言葉をかけたりしていく。④	●トイレにあまり関心がないようなので、気持ちと排尿間隔が合うときを見計らって、誘っていくようにする。また、出なくても便器に座ったときには、一緒に喜び、次につながるようにする。① ●特定の保育者に甘えたい気持ちを受け止めて、1対1で過ごせる時間をできるだけ保障していけるよう、保育者間で連携する。一方で、そばにいなくてもつながりが感じられるような対応を意識し、本児が安心して過ごせるようにする。② ●なりきったり、みたてたりできるような素材をいろいろ用意し、あそびが広がるよう工夫する。友達とかかわろうとする場面では、姿に応じて本児の思いを代弁するなどし、友達とのやり取りが増えていくようにする。③ ●ひも通しや新聞紙、粘土などを用意し、つまむ、ちぎる、丸めるといった手指を使ったあそびを楽しめるよう環境を整える。また、はさみを使っていく機会も作り、持ち方や切り方などを丁寧に見ていく。④	●楽しい雰囲気の中で食材の話をしたり、自分が食べる物が目の前で出来上がる様子を見たりして、いろいろな食材に興味が湧き、食べてみようという気持ちがもてるようにする。食べられたときには共に喜び、誇らしい気持ちに共感していく。① ●着替えを「てつだって」と言ってきたときには気持ちを受け止め、手伝うようにする。服を前後反対に着ているときには、自分で着替えた誇らしさに共感したうえで、正しく着ているときの感覚を感じられるように、子どもと一緒に直していく。② ●園庭や散歩先で一緒にセミやダンゴムシ、バッタ探しを楽しめるよう、虫捕り網を用意し、自分で捕まえるうれしさを味わえるようにする。また、捕まえた虫を一緒に観察したり、その虫が出てくる絵本を見たりして、興味が高まるようにする。③ ●絵本を1対1だけでなく、友達と一緒に見る機会も作り、やり取りをしながら絵本の世界を楽しめるようにする。④

絵本

でんしゃがきました

作／三浦 太郎
童心社

わにわにの おおけが

作／小風 さち　絵／山口 マオ
福音館書店

ぞうくんの さんぽ

作／なかの ひろたか
レタリング／なかの まさたか
福音館書店

**はっけんずかん むし
新版**

絵／小堀 文彦
監修／海野 和男
Gakken

**はっけんずかん
しょくぶつ**

絵／澤田 知恵子
監修／須田 研司
Gakken

**だんご たべたい
おつきさま**

作／すとう あさえ
絵／中谷 靖彦
ほるぷ出版

14ひきの おつきみ

作／いわむら かずお
童心社

おばけなんてないさ

作／槇 みのり　峯 陽
絵／せな けいこ
ポプラ社

歌

「どんぐりころころ」（作詞／青木存義　作曲／梁田貞）	**「こりゃどこのじぞうさん」**（わらべうた）
「どどっこ やがいん」（わらべうた）	**「おすわりやす」**（わらべうた）
「むっくり熊さん」（スウェーデン民謡　訳詞／志摩桂）	**「オバケなんてないさ」**（作詞／まきみのり　作曲／峯陽）
「とんぼのめがね」（作詞／額賀誠志　作曲／平井康三郎）	**「どてかぼちゃ」**（わらべうた）

10月

クラスの計画

前月末の子どもの姿

- 食事のとき、保育者を選んでそばに座ろうとする。
- 身の回りのことを自分でやってみようとする一方で、やってほしい気持ちを見せることもある。
- 公園で急な斜面を上るなど、全身を使ってあそぶ。一方、散歩の帰り道でだっこを求めたり、歩けなくなり、座り込んでしまったりすることがある。
- ルールのあるあそびでは、ルールを少し理解しながらも"捕まりたくない""取られたくない"などの思いを出す。
- あそびの中で「だめ」と言うことが少なくなってきたが、気持ちがぶつかり合うことはある。

今月のねらい

- 一人一人のペースで、身の回りのことを進んで最後までしてみようとする。
- 戸外でたっぷり身体を動かしてあそぶ。
- 簡単なルールのあるあそびを保育者や友達と一緒に楽しむ。
- 保育者や友達とごっこあそびを楽しむ。

保育の内容／養護的な側面

- 一人一人の生活面について状況を把握し、身の回りのことを自分でしようとする意欲を高めていけるようかかわる。
- 特定の保育者を求めたり、独占したりしたいという思いを受け止め、丁寧なかかわりを心がける。

保育の内容／教育的な側面

①最後までスプーンを使って食べる。
②野菜の栽培や収穫を通して、食べることへの興味を広げる。
③尿意を感じ、自分からトイレに行こうとする。
④自分で最後まで着脱しようとする。
⑤保育者と一緒に手洗い、うがいをする。
⑥散歩を楽しむ。
⑦簡単なルールのあるあそびを楽しむ。
⑧異年齢児と一緒にあそぶ楽しさを味わう。
⑨秋の自然をたっぷり楽しむ。
⑩友達や保育者とイメージを重ねながら、ごっこあそびを楽しむ。
⑪いろいろな素材を使ってあそぶ。

10月末の評価・反省

- 食事のときに、保育者のそばに座りたがる子どもが何人もいて、落ち着かない雰囲気になった。子どもたちの行動の背景や理由を探り、食事場面だけではなく、生活やあそび全体でじっくりかかわれるように考えていく。
- 子どもが発信し、あそびが展開されることが増えてきた。今後も"○○したい"という子どもの思いがかなうよう環境を工夫したい。

環境の構成

●長めの距離の散歩を安全に楽しめるように、事前にコースを確認する。
●あそびの中でイメージが広げられるよう、場作りを工夫したり、おもちゃの内容を見直したりする。

子育て支援

●個人面談では園と家庭での様子を丁寧に伝え合い、子どもの育ちを共有していく。
●「あそびの会」（運動会）では、親子で一緒に楽しみ、子どもの成長をともに喜び合う機会となるよう配慮する。

保育者等の連携

●大きい子のクラスの保育室で一緒にあそんだり、散歩に出掛けたりして交流が深められるよう、担任間で活動の内容や保育者の役割分担などについて話し合う。
●特定の保育者にこだわる姿が多くなっているので、その都度受け止めて、丁寧に応えていけるように担任間での連携をさらに密にしていく。

養護的な側面を含めた配慮

●一人一人の発達の過程に合わせて、上手持ち→三指持ち→箸の使用へとつながっていくよう、保育者もスプーンを使って食事をしながら持ち方を伝えていく。また、保育者を選んで座りたい気持ちを受け止め、そばに座れないときは「お隣ではないけれど、見ているよ」と伝え、食事中は目を合わせるよう配慮したり、理由を伝えて「先生の代わりを○○ちゃんに頼んでみようか？」と聞いたりして納得して、楽しく食事に向かえるよう配慮する。①

●サツマイモ掘りを通して、収穫する楽しさを経験し、自分で収穫した物を調理して食べることで、食への興味が広がるようにする。また、ダイコンやカブの種をまき、生長する様子を見て楽しむ機会を作っていく。②

●パンツで過ごす子が増えてきているので、尿意を感じて自分のタイミングでトイレに行けるように見守り、早めにトイレに誘わないように留意する。自分からトイレに行こうとするときには、一緒についていき、出た喜びに共感する。また、午睡前にトイレに行く流れを作り、おむつの子もトイレに興味がもてるようにする。③

●一人でやってみようと思う気持ちと、保育者に甘えたい気持ちの間で揺れ動く子どもの気持ちを受容し、そのときの状況や子どもの様子に応じてかかわっていく。安心感を得られるようかかわりつつ、難しいところをさりげなく手伝ったり、友達の着替えの手伝いに誘ったりして、穏やかな気持ちで取り組めるように配慮する。④

●戸外あそびの後、保育者も一緒に手を洗い、一つ一つの動作が丁寧にできているかを確認し、必要に応じて洗い方を見せたり、伝えたりしていく。また、うがいを保育者がしているのを見ることで、やってみようと思えるようにする。⑤

●散歩先のあそびを楽しみにして、少し長い距離の散歩に出掛ける機会を作る。帰り道も楽しかった思いをもちながら歩いて帰れるように、散歩先での話をしたり、手をつなぐペアを工夫したりする。⑥

●子どもたちが好きな走ることやおにから逃げることを十分に楽しむことを大事にし、バトンリレーやおにの交代などのルールにあまりこだわらないようにする。また、「あそびの会」（運動会）では、親子で「むっくり熊さん」を楽しめるようにする。⑦

●大きいクラスの子とあそぶ機会を作り、交流を深められるよう橋渡しをする。また、手をつないで散歩やサツマイモ掘りに一緒に出掛けるようにする。一緒に手をつなぐことを嫌がる姿も予想されるので、一人一人の様子をよく見たり、思いを聞いたりしながら手をつなぐペアを決めたり、保育者も一緒につないだりする。⑧

●散歩に出掛け、落ち葉や木の実を見つけたり、集めたりして自然物への興味が広がるようにする。また、自然物を使った製作や、砂場でのケーキ作りなど、いろいろなあそびにつながるようにかかわる。⑨

●おばけごっこや病院ごっこなど、前月から楽しんでいるごっこあそびなどで、友達と言葉でやり取りしながらイメージを重ね、あそびが広がっていく様子を見守る。保育者も加わって一緒にあそんだり、必要なところでは思いを代弁したりして、かかわりを工夫する。⑩

●はさみ、のり、セロハンテープなど、いろいろな素材を使って集中してあそべるように環境を整える。はさみでは自由に切ってあそびたい気持ちが大きくなってきているので、時間や材料などを保障していく。また、切った物を利用した製作活動やごっこあそびを楽しめるように援助する。⑪

	Hちゃん（2歳6か月・男児）	Aちゃん（2歳7か月・女児）	Yちゃん（3歳4か月・男児）
前月末の子どもの姿	●スプーンを上手持ちでもって食べている。 ●あそびのつながりから「○○ちゃんのおとなり」と、食事の席を選ぶ。 ●特定の保育者に甘えようとする。 ●ブロックや木のレールでじっくりあそぶ。 ●「○○だね」と言い、友達に共感を求めようとする。	●食べたい物と食べたくない物がはっきりしている。 ●便器で排尿することがある。 ●自分の気持ちを表情や身ぶりで表現しようとするが、友達に思いがうまく伝わらないことがある。 ●お母さんやネコになりきってあそぶ。	●「みてて」と言い、ニンジンを食べるなど、苦手な野菜も食べようとする。 ●パンツをはいて過ごすことがある。 ●バトンリレーや追いかけっこなどをしてあそぶ。 ●セミやダンゴムシを探し、捕まえる。自分で捕まえられたことを喜ぶ。 ●自分の"こうしたい"という気持ちを強く主張する。
保育の内容	①食事を楽しむ。 ②保育者と一緒に着脱をしようとする。 ③友達と一緒にあそぶことを楽しむ。 ④構成あそびを楽しむ。	①いろいろな物を食べてみようとする。 ②便器で排尿することが増える。 ③自分の気持ちを言葉で伝えようとする。 ④保育者や友達と一緒に、ままごとを楽しむ。	①満足するまで食べて、ゆったりと眠る。 ②パンツで過ごしてみる。 ③全身を使ってあそぶ。 ④自分の思いを言葉で伝え、相手にも思いがあることを知る。
養護的な側面を含めた配慮	●本児の思いを受け止め、友達とおしゃべりをしながら一緒に食べることを楽しめるように見守る。また、少しずつスプーンの三指持ちに関心がもてるよう、保育者が持ち方を見せるなどしていく。① ●着脱でできないところがあると、何も言わずに座り込んでしまっているので、「お手伝いしようか」と言葉をかけ、一緒に行っていく。また、自分でできるところまで手を出しすぎないように留意する。② ●これまであまりかかわりのなかった友達とも、ちょっとしたきっかけで、一緒にあそぶ姿が見られるので、保育者がつなぎながら、あそびを通して関係を深めていけるようにする。③ ●ブロックで作った物を身近な物にみたててあそんだり、イメージをもちながら電車を走らせたりするので、そのための十分なスペースを確保する。また、十分な数のブロックを用意していく。④ ●母親が妊娠中のためか、特定の保育者に甘える姿があるので、本児の気持ちに寄り添い、1対1でのかかわりを大切にしていく。	●食べたくない物も食べてみたら食べられた、ということがあるので、収穫の話題など興味がわくような言葉かけを工夫し、食べてみようという気持ちがもてるようにする。① ●誘われるとトイレに行くことが増え、排尿することがあるので、本児のタイミングを大切にしながら誘っていき、便器で排尿する経験を重ねていけるようにする。また、本児が興味をもつようであれば、パンツへ切り替えてみる。② ●自分の思いが伝わらず、もどかしい思いを表す場面では、本児の思いを言葉にして相手に伝えるなどの橋渡しをし、自分の思いを言葉で伝えようと思えるように援助する。③ ●ままごとではお母さんになりきってあそんでいるので、本児のイメージを大切にしながら、言葉をかけるなどして、より熱中してあそべるようにする。また、友達とのかかわりがさらに増えていくように空間作りを工夫する。④	●食事の途中で眠たくなることがときどきあるが、最後まで食べたい気持ちを大切にしていけるよう、生活リズムに配慮する。① ●「おむつがいい」と言うときには無理強いをせず、本児の意思を尊重しながら、パンツで過ごす機会を設けていく。また、パンツで過ごすうれしさに共感するなどして、本児の自信につながるようにする。② ●長い散歩で最後までしっかり歩いたり、木登りをしたりして、身体を十分に使って楽しみ、達成感を味わえるようにする。また、バトンリレーや追いかけっこなど、ルールのあるあそびを保育者や友達と繰り返し楽しめるようにする。③ ●自分の思いと友達の思いのすれ違いやぶつかり合いでは、"トラブルを解決しよう"と保育者が入りすぎないように気をつける。また、本児の思いを受け止めた上で、タイミングを計って相手はどうしたかったのかなど言葉にして伝え、相手にも思いがあることに気づいていけるようにかかわる。④

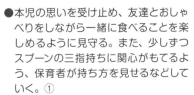

絵本

こんたのおつかい

作／田中 友佳子
徳間書店

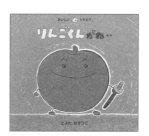

りんごくんがね・・

作／とよた かずひこ
童心社

バスなのね

作／中川 ひろたか
絵／100％ORANGE
ブロンズ新社

ハンバーグハンバーグ

作／武田 美穂
ほるぷ出版

むしたちのうんどうかい

作／得田 之久　絵／久住 卓也
童心社

かさ

作／松野 正子　絵／原田 治
福音館書店

ぞうちゃんの いやいや

作／三浦 太郎
講談社

かお かお どんなかお

作／柳原 良平
こぐま社

 歌

「あきのそら」（作詞／まど・みちお　作曲／渡辺茂）

「にんにんにんじゃ」（作詞・作曲／井戸和秀）

「バスごっこ」（作詞／香山美子　作曲／湯山昭）

「あぶくたった」（わらべうた）

「だるまさんがころんだ」（わらべうた）

「こおろぎころころ」（わらべうた）

「こんこんさん」（わらべうた）

「きのこ」（作詞／まど・みちお　作曲／くらかけ昭二）

11月

クラスの計画

前月末の子どもの姿

- 食事のとき、保育者のそばに座りたがる子が何人もいて落ち着かない雰囲気になる。
- 着脱を保育者にやってもらいたがる姿が増える。
- 散歩のときに手をつなぐ友達を選ぶ。
- 友達と協力し合って、電車の木のレールをつなげようとする。
- 散歩先の公園では、木の実拾いや虫探し、崖上り、すべりだいなど、それぞれが興味あるあそびを楽しむ。
- "おうちごっこをしたい" など、子どもが発信し、あそびが展開されることが増える。

今月のねらい

- 保育者に見守られながら、簡単な身の回りのことを自分でする。
- いろいろな友達とあそぶ楽しさを味わう。
- 園庭や散歩先で、秋の自然をたっぷり楽しむ。

保育の内容／養護的な側面

- 寒暖の差を感じて、衣服の調節を意識するようなやり取りを心がける。

寒くなってきたね。ベストを着る？

- 保育者のそばにいたがる子が複数人いるので、食事や着脱などに限らず、ほかの場面でも一人一人に丁寧にかかわり、安定感をもって過ごせるようにする。
- 子どもたちが発信しながら、あそびを展開していく姿を見守り、適切に働きかけるなどして、自発性が高まるようにする。

保育の内容／教育的な側面

① スプーンを三指持ちで食べようとする。
② トイレで排尿、排便をする。
③ 保育者に見守られながら、自分で着替える。
④ 鼻水が出ていることに気づき、かもうとする。
⑤ たっぷり身体を動かしてあそぶ。
⑥ 保育者や友達とイメージを重ねながら、ごっこあそびを楽しむ。
⑦ 秋の自然に親しみ、たっぷり楽しむ。
⑧ 道具を使うあそびを楽しむ。
⑨ 絵本の世界を保育者や友達と一緒に楽しむ。

11月末の評価・反省

- スプーンを三指持ちでもち、食事をする子が増えてきた。また、箸を使ったあそびでも、上手につまむことができる子もいる。子どもたちの様子を見て、家庭と連携をしながら箸への移行を援助していく。
- できるだけたくさん散歩に出掛けるようにした。はじめて行った公園では、ブランコやロッククライミングのような斜面など、新しい遊具も楽しむことができた。また、木の実や葉などの自然を自分からあそびに取り入れて楽しんでいた。

環境の構成	子育て支援	保育者等の連携
●はじめて行く公園については、危険箇所がないか事前に確認をする。 ●はさみや箸を使うあそびでは、集中して楽しめるよう、落ち着いた環境を整えるとともに、少人数に分けて行うようにする。	●前月に引き続き、個人面談を行い、園と家庭での様子を伝え合い、子どもの育ちについての認識を共有する。また食具や歯ブラシの使用について、家庭での様子を詳しく聞き、今後の保育の参考にしていくようにする。	●食事の際、複数の子が保育者のそばで食べたがる理由や対応などについて話し合う。 ●来月予定されている「歌と劇あそびの会」（発表会）について、進め方や準備などを話し合う。

養護的な側面を含めた配慮

●一人一人のスプーンの持ち方をよく見ながら、「下からスプーンを持って食べてみようか」「お父さんとお母さんの指で持ってみようか」と言葉をかけていく。保育者もスプーンを使い、持ち方を見せるなどしながら、三指持ちでもって食べようという気持ちがもてるようにする。また、保育者の隣でなくても安心して食事ができるよう、テーブルの配置や保育者のつく位置などにも留意し、楽しい雰囲気を作っていく。①

●自分で尿意や便意を感じてトイレに行ったり、誘われても出ないときには行かなかったりするので、一人一人のタイミングを大切にしていく。また、おむつで過ごす子もいるが、焦らずに一人一人のペースを尊重し、自分からトイレに行こうという意欲がもてるように留意する。②

●子どもが自分で着替えてみようとする姿を見守り、"できた"という達成感や自信をもつことにつながるよう、時間に余裕をもてるようにする。一方、保育者にやってほしいと甘えてくる子については、なぜそう言ってきたか、その日の子どもの様子や直前の場面などを思い返して、応えることを意識する。③

●片方ずつはなをかめるよう、保育者がやって見せながら、かみ方を知らせていく。かめたら、鏡を見て一緒に確認をし、きれいになった気持ちよさを感じられるようにする。④

●散歩に出掛ける機会をできるだけ多く作ったり、おにごっこやしっぽ取りなど思いきり走ることを楽しめるようにしたりする。また、手つなぎ散歩の相手を子どもが互いに選ぶことを尊重しながら、ペアを工夫していく。⑤

●ままごとや靴下人形などでそれぞれにイメージをもって楽しんでいるので、さらに言葉でのやり取りを通して、友達とイメージを重ねながらその世界を楽しめるように見守る。場面によっては、保育者もあそびに加わり、雰囲気作りやあそびの展開をさりげなく援助する。⑥

●散歩先で見つけた木の実を使って製作あそびを楽しんだりして、秋の草花に親しめるようにする。また、公園ではバッタなどの虫捕りも楽しめるようにする。⑦

●ままごとあそびの材料として、フェルトやスポンジ、毛糸など、箸でつまみやすい素材を用意し、箸を使う楽しさを味わえるようにする。また、はさみを使って自分で自由に切りたい気持ちに応え、時間や材料を保障して、製作あそびにつながっていくように工夫する。子どもがはさみの扱いに徐々に慣れてくるので、持ち歩かないことを改めて伝えるとともに、はさみの管理には十分に留意する。⑧

●子どもたちが好きな絵本『パパ、お月さまとって！』（作／エリック・カール　訳／もりひさし　偕成社）を題材にして、歌をうたったり、身体を動かしたりして楽しむ機会を作る。また、自分たちで、模造紙と絵の具を使って背景を作り、より絵本のイメージを楽しみ、膨らんでいくように工夫する。⑥⑨

どこにお出掛け？

	Hちゃん（2歳7か月・男児）	Aちゃん（2歳8か月・女児）	Yちゃん（3歳5か月・男児）
前月末の子どもの姿	●着脱を手伝ってほしくて、保育者を待っていることが多い。 ●散歩先の公園で、すべりだいなどの固定遊具を楽しむ。  ●電車あそびを友達と楽しみ、やり取りやかかわりが盛んになる。 ●嫌なことや楽しいことなど、自分の思いを言葉で表そうとする。	●パンツで過ごし、生活の節目ではトイレに行こうとする。 ●午睡後、なかなか起きようとしない。 ●衣服を自分で選んで着ようとする。 ●かくれんぼやリレーのバトンタッチなどを友達と一緒に楽しむ。 ●イメージを膨らませながら、ブロックで家を作ってあそぶ。 	●パンツで過ごすことがあるが、間に合わずに出してしまうことが多い。 ●男の子同士のかかわりを楽しむ。 ●泣いている友達がいると、保育者に「かなしいのかな？」「○○だったのかな？」と聞く。 ●はさみに関心をもち、使う。 
保育の内容	①保育者と一緒に着脱する。 ②戸外で身体をたっぷり動かしてあそぶ。 ③友達と誘い合って好きなあそびを楽しむ。 ④自分の思いが言葉で伝わるうれしさを感じる。	①スプーンを三指持ちでもって、食事をしようとする。 ②ぐっすり眠り、気分よく目覚める。 ③友達とイメージを共有しながらあそぶことを楽しむ。	①トイレで排尿する。 ②身の回りのことを自分でできた喜びを感じる。 ③はさみを使うことを楽しむ。
養護的な側面を含めた配慮	●本児が特定の保育者に甘えたい理由を把握し、気持ちを受け止めながら、一緒に着脱するかかわりを心がける。かかわる中で、できるところは自分でやってみようという気持ちがもてるよう言葉をかけ、できたときには十分に褒めて、喜びが感じられるようにする。① ●公園の崖上りなど、少し難しい活動に挑戦し、思うように身体を動かす達成感を味わえるように見守ったり、励ましたりする。安全に楽しめるように、姿によっては適切に援助していく。② ●気の合う友達だけでなくほかの友達とかかわることが多くなってきているので、関係が深まるよう見守ったり、様子に合わせて言葉をかけたりしていく。一緒にあそびたい気持ちがうまく伝わらずに悲しい姿も予想されるので、橋渡しをするなど、その都度、丁寧にかかわっていく。③④ ●本児の話そうとする気持ちを大切にしながら、ゆったりと話を聞き、応答的にかかわって、自分の思いが伝わったうれしさを感じられるようにする。④	●上手持ちでスプーンをもっているので、保育者や友達の持ち方を見せて、三指持ちでもてるよう援助する。また、食材の見た目で「たべたくない」と言うこともあるが、勧めるとほとんどの物が食べられるので、"食べてみよう"とする姿を褒め、食べられたうれしさに共感していく。① ●午睡明けの目覚めがすっきりしていないようなので、本児が読みたい絵本を読んだり、布団を敷く位置に配慮したりして、早めに入眠し、気持ちよく目覚められるように配慮する。②  ●本児のイメージを大切にしながら、そのイメージに合わせて言葉をかけたり、必要なおもちゃやスペースを用意したりして、あそびが広がるようにする。友達とイメージを共有する過程では、イメージが合わなかったり、譲れなかったりする場面も予想されるので、ときには保育者も仲間に加わり、橋渡しをしていく。③	●本児の排尿間隔を把握し、タイミングよく誘うことを心がける。間に合わなかったときも、伝えにくるので、「教えてくれてありがとう」と言葉をかけて、取り替えるようにする。また、トイレで排尿したときには一緒に喜び、自信につながるようにする。① ●着脱や、外あそびの後の手洗いうがい、食後の口ゆすぎなどできることが増え、自分でしようとするので、意欲を尊重し、本児のペースで行えるよう、時間に余裕をもつ。また、一人でできるようになっても子ども任せにはせず、必ずそばで見守る。②  ●いろいろな素材を切ったり、試したりしてみたい本児の気持ちに応えて、車や野菜の広告紙やトイレットペーパーの芯、薄めの段ボール板などを用意し、切ることを楽しめるようにする。また、切った物をセロハンテープではり合わせて製作を楽しめるように、落ち着いた環境を整える。③

絵本

こんた、バスでおつかい

作／田中 友佳子
徳間書店

さつまのおいも

作／中川 ひろたか
絵／村上 康成
童心社

まっくろネリノ

作／ヘルガ・ガルラー
訳／やがわ すみこ
偕成社

ゆうれいのたまご

作／せな けいこ
童心社

**ぐりとぐらの
おきゃくさま**

作／なかがわ りえこ
絵／やまわき ゆりこ
福音館書店

おおきなかぶ

再話／A. トルストイ
訳／内田 莉莎子
絵／佐藤 忠良
福音館書店

ねずみさんのながいパン

作／多田 ヒロシ
こぐま社

パパ、お月さまとって！

作／エリック・カール
訳／もり ひさし
偕成社

歌

「でぶいもちゃんちびいもちゃん」(作詞／まど・みちお　作曲／湯山昭)

「たまごたまご」(作詞／岡崎由紀子　作曲／井川雅幸)

「松ぼっくり」(作詞／広田孝夫　作曲／小林つや江)

「げんこつやまのたぬきさん」(わらべうた)

「おはよう」(作詞／新沢としひこ　作曲／中川ひろたか)

「大きなくりの木の下で」(イギリス民謡　訳詞／阪田寛夫)

「どんぐり」(作詞／戸倉ハル　作曲／小林つや江)

「もぐらどんの」(わらべうた)

指導計画（11月）

183

12月

前月末の子どもの姿

● スプーンを三指持ちでもち、食事をする。
● 寒くなり、重ね着をするようになったので、脱ぎづらそうにしていることがある。
● 園庭で木登りを楽しむ。
● 仲間意識が芽生え、仲のよい友達同士であそぼうとする。
● 木の実や葉などの自然物をあそびに取り入れて楽しむ。
● 絵本『パパ、お月さまとって!』を題材にして、歌をうたったり、身体を動かしたりしてあそぶ。

今月のねらい

● 身の回りを清潔にすることに興味をもつ。
● 寒さに負けず戸外であそび、健康に過ごす。
● 保育者や友達と一緒に、ストーリーのある話や表現を楽しむ。

保育の内容／養護的な側面

● 感染症がはやる時期なので、健康観察を丁寧に行い、変化が見られたら適切に対応するとともに、感染の拡大を防ぎ、予防に努める。

● 子どものつぶやきや発信を大切に受け止めて、主体的に活動できるよう、環境を整えたり、楽しさを共有したりする。

保育の内容／教育的な側面

① スプーンの持ち方を意識して食べる。
② 自分からトイレに行こうとする。
③ 衣服の前後を意識して着脱する。
④ 食後の歯磨きやうがい、手洗いに興味をもち、自ら行おうとする。
⑤ 身体全体を使ってあそぶ。
⑥ 簡単なルールのあるあそびを、保育者や友達と一緒に楽しむ。
⑦ 保育者や友達と一緒に、絵本のストーリーを再現して楽しむ。
⑧ 自分の思いを伝え、相手の思いに気づく。
⑨ 保育者や友達と一緒に、歌あそびや楽器あそびを楽しむ。

12月末の評価・反省

● ほとんどの子が三指持ちでスプーンを持って、食事をしている。来月から無理のないように配慮しながら箸を取り入れていきたい。
● はじめての「歌と劇あそびの会」では緊張する姿や、いつも通りの姿などさまざまだったが、一人一人が今の姿を見せることができてよかった。イメージを膨らませてあそぶ姿が増えているので、子ども同士で楽しめる環境をさらに工夫していきたい。

環境の構成

- 道具や素材を選び、作ることを十分に楽しめるよう、はさみやいろいろな色の紙、のり、セロハンテープなどを用意する。また、のびのびと描画や粘土が楽しめるように道具やスペースを準備する。
- 今月より新たに取り入れる歯磨きについて、安全に落ち着いて行えるように、時間や場作りに配慮する。

子育て支援

- 「歌と劇あそびの会」（発表会）の流れや予想される子どもの姿をあらかじめ伝え、楽しい気持ちで当日を迎えられるようにする。また、子どもの成長をともに喜び合う機会となるようにする。
- あそびの中で箸を使う姿や箸の持ち方のポイントをクラスだよりで伝える。また、保護者が焦らずに取り組めるよう、一人一人の育ちや様子に合わせたかかわりを一緒に考える。

保育者等の連携

- 歯磨きに関心がもてるよう、看護師と連携して歯磨きの話を取り入れる。また、仕上げ磨きを保育者が行えるよう、保育者の動きを確認する。
- 3期（9〜12月）を振り返り、4期（1〜3月）の保育について話し合う。

養護的な側面を含めた配慮

- スプーンの持ち方（三指持ち）を見せて、保育者に確認する姿に丁寧に応えたり、友達の持ち方を見て、まねしようとする姿を見守ったりする。個人差に配慮し、一人一人が食べることを楽しめるよう援助していく。①
- 散歩前や午睡前以外は、尿意を感じて自分からトイレに行けるように、誘いすぎに留意する。また、男の子は立って排尿できるよう、わかりやすい言葉かけで援助する。女の子には排せつ後の始末の仕方を丁寧に伝えていく。②
- 衣服を前後反対に着ているときは、"一人で着られた"という子どもの達成感を大切にし、少し間をおいてから直して、正しく着ているときの感覚を感じられるようにする。子どもが衣服の前後を意識している様子が見られたら、前後の違いを言葉で伝えるなどの援助を心がける。③
- 看護師から絵本や模型を使った歯磨きの話を聞く機会を作り、歯磨きに関心がもてるようにする。また、歯ブラシを持って走ったり、歯磨きをしている友達を押したりしないよう伝えるとともに、3人ずつ椅子に座って歯磨きを行えるよう環境を整えていく。あわせて、口ゆすぎや外から戻ったときの手洗いを意識して行えるように言葉をかけたり、手洗いの順番を説明した絵をはったりして働きかける。④
- 保育者や友達と一緒に追いかけっこをしたり、園庭の木に登ったりして、身体を動かしたい思いが満たされるようにする。木登りをするときには必ずそばで見守るなど、安全面には十分に配慮する。⑤
- 順番や交代を意識する姿があるので、かるたやメモリーカードを保育者や友達と一緒に楽しむ機会を作っていく。ルールは子どもの様子に合わせて調整し、本来のルールにこだわらないで、臨機応変に対応していく。⑥
- 『パパ、お月さまとって！』の絵本の世界を再現し、保育者や友達と一緒にあそぶ楽しさを感じることで、日々のあそびと同じように喜んで行事に参加できるようにする。また、「歌と劇あそびの会」が終わった後も、絵本の世界に親しみ、子どもたちなりの表現を楽しめるように配慮する。⑦
- 自分の気持ちを落ち着いて表現できるように時間を保障したり、言葉を補足して後押ししたりしながら、伝えようとする気持ちを育んでいけるようにする。仲間意識が芽生えてきているが、仲間に入れずに悲しい思いをしている場面もあるので、双方の思いを受け止め、橋渡しをしながら、相手の気持ちに気づいていけるようにかかわる。⑧
- 「むっくり熊さん」のような役を交代して楽しむあそび歌や、しぐさを楽しむあそび歌を選び、数人、またはみんなで一緒に楽しむ時間を作る。また、鈴やタンブリン、マラカスなどにふれ、音の違いやリズムを楽しめるようにする。⑨

	Hちゃん（2歳8か月・男児）	Aちゃん（2歳9か月・女児）	Yちゃん（3歳6か月・男児）
前月末の子どもの姿	●上手持ちでスプーンをもち、三指持ちを勧めると嫌がる。 ●午睡の入眠時間が少しずつ遅くなっている。 ●保育者に言葉をかけられると、自分で着脱しようとする。 ●散歩のときに特定の保育者と手をつなぎたがる。 ●言葉が増え、友達とのかかわりも深くなり、特定の友達を求めてあそぶ。	●スプーンを三指持ちでもって、食事をする。 ●自分のタイミングでトイレに行き、排せつする。排せつ後、手を洗うことを忘れることがある。 ●衣服の前後を気にしながら着替える。 ●友達と一緒にままごとを楽しむ。 ●友達の間で思いが通らなかったり、相手と気持ちがかみ合わなかったりすると泣いて訴える。	●友達とおしゃべりを楽しみながら食事をし、最後まで自分で食べる。 ●パンツよりもおむつを選んではくことが多い。 ●靴を一人で履くが、左右を逆に履いていることが多い。 ●幼児クラスのあそびから刺激を受けて、ヒーローショーごっこを楽しむ。 ●思いが通らなかったときでも、「○○したかったの」など、自分の気持ちを振り返り、言葉にしている。
保育の内容	①スプーンを三指持ちでもち、食べようとする。 ②一定時間、ぐっすり眠る。 ③自分で着脱をする。 ④友達とあそぶ楽しさをたっぷり味わう。	①排せつ後、保育者と一緒に手を洗う。 ②散歩を楽しむ。 ③自分の気持ちを言葉で伝える。	①トイレで排尿する。 ②靴の左右を意識して、履こうとする。 ③友達とイメージを共有してあそぶ楽しさを感じる。
養護的な側面を含めた配慮	●スプーンを三指持ちでもつことを嫌がるときには無理強いをしないようにし、本児の気持ちが動くのを待つようにする。① ●妹が生まれ、生活リズムが変化している様子が見られるので、本児のペースに合わせて入眠時間を調整していく。また、身体をたっぷりと動かした日には早めに眠れるように環境を整え、十分な睡眠が取れるようにする。② ●自分で着替えようという気持ちが芽生えてきているので、引き続き、本児の意欲を後押しするような言葉かけや環境作りに配慮し、自信がもてるようにする。③ ●"○○ちゃんとあそびたい"という本児の気持ちをしっかりと受け止めながら、好きなあそびを安心してあそび込めるよう環境を整えたり、保育者が間に入ってつないでいったりする。④ ●妹が生まれたことをうれしく感じている一方で、保育者に甘えたい気持ちを強く出すようになっているので、安心できる環境を保障していく。	●排せつ後にその都度、手洗いするよう言葉をかけて一緒に行うようにし、自分からしようとする姿につながるようにする。洗った後、「きれいになったね」などと伝え、清潔にすることへの意識が高まるように働きかける。①  ●散歩先では探索を楽しんだり、固定遊具や崖上りなどをしたりしてあそび、散歩を十分に楽しめるようにする。いろいろなことに挑戦しようとすることが予想されるので、安全には十分に配慮し、見守る。また、道中、保育者と手をつなぎたがるので、本児の思いを受け止めて、一緒に話をしたり、歌をうたったりして楽しみながら歩けるようにする。② ●自分の気持ちを言葉で伝えようとしても、激しく泣いていて相手に伝わらないときがあるので、まずは本児の気持ちを丁寧に聞き取り、受け止め、気持ちが落ち着くのを待つようにする。その上で、友達とのやり取りをつないでいく。③	●トイレでの排尿が間に合わないことがあるためか、おむつをはきたがることが多いので、本児の気持ちを尊重して対応する。また、本児の排尿間隔を再度確認し、おむつで過ごすときもトイレには誘っていき、トイレで排尿する経験を積み重ね、自信につながるようにする。① ● 一人で履いたことを認め、しばらくしてから、左右を逆に履いていることを知らせるようにする。できるだけ余裕をもって履き直す時間を作り、正しく履いたときの感覚を体験できるように配慮する。②  ●友達と一緒に、なりきってあそぶ中で、イメージがかみあわずにぶつかることも予想されるが、すぐには間に入らず、やり取りの様子を見守る。子ども同士のやり取りに合わせて、イメージを共有できるよう小道具を用意したり、ときには保育者もあそびに加わったりして、場面に応じたかかわりを行う。③

絵本

よるくま
作／酒井 駒子
偕成社

クリスマス・オールスター
作／中川 ひろたか
絵／村上 康成
童心社

大阪うまいもんのうた
作／長谷川 義史
佼成出版社

まどから おくりもの
作／五味 太郎
偕成社

**めがねうさぎの
クリスマスったら
クリスマス**
作／せな けいこ
ポプラ社

ゆきがやんだら
作／酒井 駒子
Gakken

きょだいな きょだいな
作／長谷川 摂子
絵／降矢 なな
福音館書店

おでかけのまえに
作／筒井 頼子　絵／林 明子
福音館書店

歌

「**あわてん坊のサンタクロース**」(作詞／吉岡治　作曲／小林亜星)

「**ジングルベル**」(作曲／PIERPONT JAMES (J S)　訳詞／宮澤章二)

「**きらきらぼし**」(フランス民謡　訳詞／武鹿悦子)

「**たまごでおりょうり**」(作詞／佐倉智子　作曲／わしづなつえ)

「**ダイコンツケ**」(わらべうた)

「**赤鼻のトナカイ**」(作詞・作曲／MARKS JOHN D　訳詞／新田宣夫)

「**おてらのおしょうさん**」(わらべうた)

1月

前月末の子どもの姿

- ●ほとんどの子が三指持ちでスプーンをもって、食事をする。
- ●男の子は立って排尿しようとする。
- ●ジャンパーのファスナーを自分で開け閉めしようとする。
- ●排せつ後の手洗いを忘れることが多い。
- ●友達と一緒に園庭であそんだり、園舎の裏側を探検したりしてあそぶ。
- ●ジャングルジムの中でお店屋さんごっこや、誕生パーティーのつもりあそびなど、子ども同士で楽しんでいる。
- ●鈴を持って鳴らしたり、音楽に合わせて身体を動かしたりすることを楽しむ。

今月のねらい

- ●身の回りのことに意欲的に取り組み、自信や喜びを感じる。
- ●戸外での探索や追いかけっこなど、のびのびとあそぶ。
- ●友達とやり取りする楽しさを広げ、かかわりを深める。

保育の内容／養護的な側面

- ●排せつ後の手洗いの習慣が身につくように適切に援助する。

- ●一人一人の睡眠のリズムを改めて把握し、心地よい眠りと目覚めを保障していく。
- ●一人一人の自己主張を受け止めながら、気持ちの折り合いも少しずつつけられるように子どもと一緒に探っていく。

保育の内容／教育的な側面

- ①箸を使ってみようとする。
- ②尿意を感じて自分からトイレに行く。
- ③自分のリズムで心地よく眠る。
- ④着脱や歯磨き、うがいなど、身の回りのことを自分でする。
- ⑤簡単なルールのあるあそび、役交代のあるあそびを、保育者や友達と楽しむ。
- ⑥冬の自然にふれる。
- ⑦正月のあそびを楽しむ。
- ⑧友達とやり取りしながら、ごっこあそびのイメージや表現を十分に楽しむ。
- ⑨絵の具や墨を使ったあそびを楽しむ。

1月末の評価・反省

- ●生活面ではいろいろなことを自分でするようになってきた反面、保育者に甘えたい気持ちが以前より強くなったように感じる。子どもの揺れる思いに寄り添い、一人一人に合わせて丁寧にかかわっていきたい。
- ●保育者が少しアイディアを出すと、子どもたちだけでどんどんあそびが展開していった。友達とのやり取りを深め、仲間意識を育んでいけるように見守っていく。

環境の構成

● 箸と、フェルトなどのつまみやすい素材で作った具材を使ってあそんでいるので、たくさん使いたいという子どもの求めに応じられるように環境を整える。

● 外あそび後の着脱を自分で最後まで取り組めるよう、入室に時間差をつけるなどして、落ち着いた環境を整える。

● 園庭の木登りに挑戦する子が増えているので、必ず保育者がそばにつき、安全に十分留意する。

子育て支援

● 箸への移行や、歯ブラシの使用など、園と家庭で様子を伝え合って取り組んでいけるようにする。

● 進級時に必要な持ち物などを早めに知らせ、余裕をもって準備して、進級を楽しみにできるように配慮する。

保育者等の連携

● 簡単なクッキング保育を調理室と相談しながら取り入れていく。

● 食後の歯磨きや排せつをするときなど、慌ただしい時間帯があるので、保育者間で連携をして丁寧に対応していけるようにする。

養護的な側面を含めた配慮

● 箸を使ううれしい気持ちや、一人一人の経験を大切にしながら、丁寧に持ち方を見たり、伝えたりしていく。箸を使うことに緊張して、食事が堅苦しい雰囲気にならないよう気をつけ、スプーンも併用しながら無理なく進めていく。①

● 自分の感覚でトイレに行く姿があるので、一人一人のタイミングを大切にしていく。また、排尿から排尿後の手洗いまでを、一つの流れとして行えるよう、手洗いまで必ず一緒についていき、見守る。おむつで過ごしている子は、様子を見ながらパンツに移行していく。②

スプーン、使う？

● 体力がついてきて入眠時間が遅くなる子がいるが、早く眠くなる子もいるので、一人一人のリズムを大切に対応する。また、"友達をトントンして寝かしつけたい" "一緒に絵本を読んでから寝たい" など、いろいろな気持ちを尊重していく。③

● 身の回りのことを自分でしようとする姿を認め、「一人でしているのね」「見ているから、困ったら言ってね」などと言葉をかけ、安心して落ち着いて取り組めるようにする。また、衣服の前後、表裏、靴の左右などを意識していけるよう、一人一人に合った援助をしていく。④

● しっぽ取り、かくれんぼ、あぶくたった、かるた、なぞなぞなどルールのあるあそびや役交代のあるあそびを、数人またはみんなで楽しむ機会を作っていく。また、自分の好きな役を選んで追いかけたり、追いかけられたりすることを楽しみながら、園庭でたっぷりと身体を動かしてあそぶ時間を保障する。⑤⑧

● 室内で過ごす時間が長くなりがちなので、園庭に出て、雪や霜柱など、冬の自然物にふれる機会を作る。子どもと一緒にふれたり、踏む音を聞いたりして、探索するおもしろさを味わえるようにする。⑥

● たこを作って揚げてみるなど、正月にちなんだあそびを楽しめるようにする。また、どんど焼き、獅子舞など、伝統行事にふれる機会を作っていく。⑦

● 友達とイメージを寄せ合わせながらなりきってあそぶ姿を大切にし、子どものイメージを壊さないようにする。様子を見ながら、イメージがはっきりしたり、ふくらんだりするように、少し言葉を添えたり、環境を整えたりしていく。⑧

● 墨を使った描画や、絵の具を使ったにじみ絵、スパッタリング*など、これまでしたことのない方法を試す機会を作り、楽しめるようにする。⑨

＊スパッタリング＝絵の具をブラシに付け、目の細かな網をこすって絵の具を小さな粒子にして散らす手法。

	Hちゃん（2歳9か月・男児）	Aちゃん（2歳10か月・女児）	Yちゃん（3歳7か月・男児）
前月末の子どもの姿	●友達がスプーンを三指持ちしているのを見て、まねしようとする。 ●身の回りのことをはじめ、意欲的に取り組む姿が増える。 ●妹が生まれたせいか、保育者にだっこを求めることがあるが、しばらくすると落ち着いて仲のよい友達とあそびはじめ、あそびに集中していることが多い。 ●友達同士のトラブルの場面で、どうかかわろうかと迷う姿がある。 ●ブロックや電車のレールの組み立てなど、構成あそびをじっくり楽しむ。	●入眠時間が遅くなるが、すっきりと目覚める。 ●排せつ後の手洗いを忘れることがある。 ●泣かずに自分の気持ちを伝えようとする。 ●折り紙でアイスクリームを作り、アイスクリーム屋さんになって友達とやり取りする。 ●昼食前、自分の思いがかなわないことがあると、「ごはん、たべない」と言うことがある。	●今まで好きだった魚をあまり食べなくなっている。 ●気の合う友達とヒーローごっこをする中で、主張がぶつかり合うことがある。 ●午睡前のひとときを、友達と絵本を読んで過ごすことがある。 ●かるたやメモリーカードなど、ルールのあるあそびを喜んでする。 
保育の内容	①スプーンを三指持ちでもって、食事をする。 ②友達とのかかわりを深め、一緒にあそぶ楽しさや充実感を味わう。 ③道具を使うことを楽しむ。	①身の回りを清潔に保つ心地よさを感じる。 ②全身を使って思いきりあそぶ。 ③友達とごっこあそびを楽しむ。	①いろいろな食材を味わって食べる。 ②パンツで過ごす。 ③好きなあそびを友達と楽しむ。
養護的な側面を含めた配慮	●持ち方を確認しながら三指持ちで食べようとする姿を認め、持ち方が定着するように丁寧にかかわる。また、友達の姿を見て、箸を使いたがるときには本児の気持ちを大切にし、箸とスプーンのどちらを使うか、本児が選べるようにする。例えば、少し箸で食べてから、スプーンに替えるなど、いろいろな方法を提案してみる。① ●特定の友達とあそびたいという本児の気持ちをしっかり受け止め、友達の存在を身近に感じつつ、安心してあそび込めるように環境を整える。本児の好きな構成あそびだけではなく、ごっこあそびでも友達とのやり取りが盛んになっているので、場面によっては保育者が間に入ってつないでいくようにする。② ●本児が興味をもっている箸やはさみなどを使ったあそびを、少人数の落ち着いた環境で楽しめるように工夫する。また、本児からの働きかけに応じて、適切に援助したり、楽しい気持ちに共感したりする。③ 	●排せつ後の手洗いを忘れることがあるので、その都度、言葉をかけ、洗ったら「きれいになったね」などと伝えるようにする。また、本児が忘れずに手を洗っている場面を見逃さず、言葉をかけて、自分からきれいにできたという気持ちがもてるように配慮する。歯磨きは定着してきているので、このまま習慣になるように見守っていく。① ●追いかけっこや散歩先の崖上りなど、いろいろな身体の動きを安全に楽しめるよう、保育者も一緒にあそび、見守っていく。少し難しいことに挑戦しているときにはそばについて、励まし、本児の様子に応じて一緒に喜ぶなど、意欲的に取り組む姿につながっていくようにする。② ●友達とイメージを重ね合わせながらごっこあそびをしているので、楽しさを共有し、会話を通してかかわりが深まるようそばで見守ったり、橋渡しをしたりする。③ ●思いどおりにならなくてかんしゃくを起こしているときは、その行為を否定的に捉えず、姿に応じて言葉をかけるなどして、徐々に落ち着いて気持ちを切り替えられるように配慮する。	●食の好みが少し変わってきたようなので、本児の意思を尊重しながら、いろいろな物を少しずつでも食べてみようと思えるように、かかわり方を工夫しながら進めていく。気に入って食べているときは、「おいしいね」と共感する言葉をかけ、食事の楽しさを感じられるようにする。① ●パンツよりもおむつを選ぶことが多いので、少しずつパンツで過ごすことにも意欲がもてるように、一緒にパンツを選ぶなど、かかわり方を工夫しながら誘っていく。また、生活場面の切り替えのタイミングでトイレに誘ったり、立って排尿することに興味がもてるよう働きかけたりする。② ●本児の好きなブロックを十分用意したり、友達とあそべるスペースを保障したりして、あそびを広げていけるように配慮する。友達とのかかわりが深まってきているので、子ども同士の関係を大切にして、ぶつかり合う場面などもすぐに間に入るのではなく様子を見守る。③

絵本

あけましておめでとう

作／中川 ひろたか
絵／村上 康成
童心社

**まくらのせんにん
そこのあなたの巻**

作／かがくい ひろし
佼成出版社

かめのこうちゃん

作／高家 博成　仲川 道子
童心社

おさじさん

作／松谷 みよ子
絵／東光寺 啓
童心社

おしくら・まんじゅう

作／かがくい ひろし
ブロンズ新社

パンのずかん

作／大森 裕子
監修／井上 好文
（日本パン技術研究所）
白泉社

ゴリラのおとうちゃん

作／三浦 太郎
こぐま社

だるまさんの

作／かがくい ひろし
ブロンズ新社

歌

「雪のこぼうず」（外国曲　訳詞／村山寿子）

「お正月はええもんだ」（わらべうた）

「ゆきのぺんきやさん」（作詞／則武昭彦　作曲／安藤孝）

「かもつれっしゃ」（作詞／山川啓介　作曲／若松正司）

「お正月」（作詞／東くめ　作曲／滝廉太郎）

「こんこんクシャンのうた」（作詞／香山美子　作曲／湯山昭）

「たこたこあがれ」（わらべうた）

2月

クラスの計画

前月末の子どもの姿

- 箸を持ち、「つかえるよ」と言って、保育者に見せる。
- 体力がついてきて、入眠時間が遅くなっている。
- 生活面では、いろいろなことを自分でするようになってきた反面、保育者に甘えたい気持ちが以前より強くなる。
- 役交代をしながら、追いかけっこなどを楽しむ。
- 子どもだけであそび、保育者に「あっちにいってて」と言うなど、仲間意識が強くなる。
- 泥だんごを集中して作る。

今月のねらい

- 身の回りのことが自分でできることを喜び、自信をもつ。
- 自然を感じながら、戸外で身体を動かす。
- 経験したこと、興味あることを保育者や友達と自由に表現して楽しむ。

保育の内容／養護的な側面

- 体調を崩しやすい時期なので、健康観察を丁寧に行い、体調の変化に留意する。
- 午睡時間に眠らない子もいるが、横になって身体を休める時間とするなど、体調を考慮しながら柔軟に対応する。

- 特定の保育者に甘えたい気持ちを出している子が多いので、その理由を探りつつ、担任間で工夫をしながら、今の姿や気持ちを大切にしていく。

保育の内容／教育的な側面

①箸を使いつつ、食べることを楽しむ。
②幼児用のトイレ（個室・立ち便器）に慣れる。
③衣服の前後や表裏、靴の左右に気をつける。
④戸外で身体を動かしてあそぶ。
⑤友達とやり取りをしながら、イメージを共有してあそぶ。
⑥冬の自然にふれてあそぶ。
⑦伝統行事に興味、関心をもつ。
⑧友達とのやり取りの中で、自分の気持ちを伝えようとしたり、友達の気持ちを感じたりする。
⑨手指を使うあそびを楽しむ。

2月末の評価・反省

- 気持ちが揺れ、落ち着かない様子を見せる子がちらほらいる。その理由を探りつつ、一人一人と丁寧に向き合いながら、あと1か月を過ごしていきたい。
- できるだけたくさん散歩に行った。木々の中の険しい道を探索する姿など、のびのびとあそぶ姿が見られ、成長を感じた。

環境の構成

●はさみ、折り紙、のり、セロハンテープなどを使って、作るあそびを十分に楽しめるよう環境を整える。

●雪や霜柱など、冬の自然をたっぷり楽しめる場所に出掛ける機会を作る。

子育て支援

●担任保育者の人数が少なくなるなど、3歳児への進級に不安を感じて、連絡ノートや送り迎え時にそのことを伝える保護者の思いに寄り添い、進級当初の園の配慮を伝えるなどして、不安が和らぐようにする。また、幼稚園に行くなど、環境が変わる子がいるので、保護者と連絡を密に取りながら、午睡の時間など、臨機応変に対応していく。

保育者等の連携

●進級に向けて、幼児用のトイレを使用したり、幼児との交流を深めたりできるよう、幼児クラスの担任と話し合う機会を作る。

養護的な側面を含めた配慮

●箸を使って食べるうれしい気持ちに共感する言葉をかけ、楽しい食事になるように心がける。また、子どもの様子やメニューによっては、スプーンも用意し、一人一人のスプーンの持ち方も再度丁寧に見ていく。①

●幼児用のトイレを使う機会を作り、慣れていけるようにそばで見守る。個室のトイレについては、扉の開け閉めなどにも気をつけられるよう、丁寧に使い方を知らせていく。②

●衣服の表裏の直し方を見せながら、丁寧に伝えるなど、自分で直してみようという気持ちがもてるようにかかわる。靴の左右については、正しく履いたときの心地よさを感じられるように言葉をかけ、注意を向けられるようにする。③

●のびのびと身体を動かせるような公園を散歩先に選び、斜面を上ったり、滑ったり、転がったりなど、さまざまな身体の動きを楽しめるようにする。また、園にない固定遊具に挑戦する姿を励ましたり、見守ったりしながら、安全にあそべるようにする。④

●生活やあそびの中で自分が経験したことや、"つもり"を具体的に表現するので、そのイメージを大切にして見守ったり、必要なところでは言葉を添えたりして、イメージの共有を援助する。また、積み木やブロックを使って友達と一緒に何かを作ろうとしているときには、空間や数を十分に保障し、イメージが形になるよう援助する。⑤

●氷や霜柱を探したり、ふれたりする機会を大切にし、驚きや発見を受け止めたり、冷たさに共感したりする。⑥

●おに退治の道具を作ったり、おにの絵に紙で作った玉を投げるあそびをしたり、絵本を読んだりしながら、節分を楽しみに待てるようにする。また、ひな人形の製作をしたり、園に飾ってあるひな人形を見たりして、伝統行事にふれる機会を作っていく。⑦

●仲間意識が強くなり、うれしさや悲しさなど、いろいろな気持ちを味わっている。自分の気持ちをどんな言葉で伝えていくか、伝え方などを一緒に考えたり、気持ちを理解して代弁したりする。また、友達の姿を通して、相手の気持ちを感じたり、考えたりする機会を大切にし、場面に応じたかかわりを工夫する。⑧

●いろいろな種類のひも通しや折り紙などを用意し、手指を使ったあそびにじっくりと取り組めるよう環境を保障する。箸を使うあそびは、素材が増え、あそびが深まっているので、朝だけではなく、夕方にも楽しめるように工夫する。⑨

指導計画（2月）

	Hちゃん（2歳10か月・男児）	Aちゃん（2歳11か月・女児）	Yちゃん（3歳8か月・男児）
前月末の子どもの姿	●箸に興味があり、少し箸で食べてから、スプーンに持ち替えている。 ●トイレに行きたがらないことが続いている。 ●着脱を保育者にやってもらいたがることがある。 ●構成あそびが好きで、同じように興味がある友達と集中してあそぶ。 ●絵の具を使ったあそびや製作をあまりやりたがらない。	●箸に興味をもち、使いたがる。 ●木登りに挑戦する。友達に励まされ、諦めずに登ろうとする。 ●友達とやり取りしながら、人形を使ってあそぶ。 ●自分の思いを言葉で友達に伝えるようになる。  ●特定の保育者を求めて大きな声を出して泣くなど、感情を強く出すことがある。	●最後まで箸を使って食べようとする。 ●好きなキャラクターの柄のパンツをきっかけに、進んでパンツをはくようになる。  ●園庭の木登りを喜んでする。 ●自分の思いを通そうと、強く訴えることが多い。
保育の内容	①トイレで排尿しようとする。 ②自分で着脱し、誇らしい気持ちをもつ。 ③戸外でたっぷり身体を動かしてあそぶ。	①箸を使って食事をすることを楽しむ。 ②簡単なルールのあるあそびや役交代のあるあそびを、保育者や友達と楽しむ。 ③友達とのやり取りを通して、かかわりを深める。	①箸を使って楽しく食べる。 ②保育者に誘われて、トイレで排尿する。 ③身体を十分に動かしてあそぶ。 ④自分の思いを言葉で伝え、相手の思いにも気づく。
養護的な側面を含めた配慮	●トイレを嫌がる姿が引き続きあるが、あまり過度な声かけにならないように留意し、本児が"行ってみたい"という気持ちになるまで待つようにする。妹が生まれたことで、気持ちが不安定な様子も見られるので、慎重に対応する。① ●自分で着替えられるが、保育者に甘えてやってほしいという姿が出てきているので、その都度、気持ちをしっかりと受け止め、応えていく。自分で着替えたときには十分に認め、自分でやれるという自信につながるようにする。② ●散歩では、以前少し怖がっていた森の探検にも挑戦して楽しめるよう、言葉をかけ、そばにつく。また、散歩先の公園では、斜面上りなど、全身を動かすあそびを楽しみ、達成感を味わえるように援助する。③ ●絵の具を使ったあそびや製作に興味をもつきっかけとなるよう、いろいろな技法や素材にふれる機会を用意する。 	●箸を使ううれしさに共感する言葉をかけ、楽しく食事を進めていく。途中でスプーンを使いたがることも予想されるので、そのときにはすぐに渡せるよう用意しておく。① ●しっぽ取りやかくれんぼなどを保育者や数人の友達と一緒に楽しむ機会を作る。しっぽを取られたくない、おにになりたくないなどの思いを出すときには、あまりルールや役交代にこだわらず、本児の思いを受け止め、楽しさを共有していく。② ●「○○したい」など、自分のイメージを具体的に出してあそぶので、友達とぶつかり合うこともあるが、すぐに間に入るのではなく、子ども同士の関係を大切にし、しばらく様子を見るなど、かかわり方を工夫する。③ ●特定の保育者を求めるときには、その都度、本児の気持ちを丁寧にくみ取っていく。また、そうした姿を見せるには、必ず理由があるので、背景やそのときの状況を適切に把握し、1対1の丁寧なかかわりを心がける。	●意欲的に箸を使おうとする姿を十分に認めながら、丁寧に持ち方を見たり、伝えたりしていく。① ●トイレでの排尿が間に合わないことを気にし、おむつをはきたがっていたので、生活の節目で誘い、できるだけトイレで排尿できるようにする。間に合わなかったときには落ち着いて手早く着替えられるようにし、気にしすぎることのないようにする。また、パンツをはく姿に、「かっこいいね」「お兄さんみたいだね」などと言葉をかけ、自信につながるようにする。② ●木登りや鉄棒、登り棒をしているときにはそばについて、安全に楽しめるように配慮するとともに、じっくりと取り組めるように時間を保障する。また、できたことを一緒に喜び、いろいろなことに挑戦する意欲や自信につながるようにする。③ ●「○○したいのに～」と泣きながら友達に訴えることがあるので、気持ちが混乱している場面では、気持ちの橋渡しをする。自分の思いを友達に伝えたい本児の気持ちに共感しながら、友達の思いにも気づいていけるようにする。④

絵本

**まくらのせんにん
さんぽみちの巻**

作／かがくい ひろし
佼成出版社

**どんなにきみがすきだか
あててごらん**

作／サム・マクブラットニィ
絵／アニタ・ジェラーム
訳／小川 仁央
評論社

**どんなにきみがすきだか
あててごらん
はるの おはなし**

作／サム・マクブラットニィ
絵／アニタ・ジェラーム
訳／小川 仁央
評論社

あーそーぼ

作／やぎゅう まちこ
福音館書店

**めっきらもっきら
どおん どん**

作／長谷川 摂子
絵／ふりや なな
福音館書店

わにわにのおふろ

作／小風 さち　絵／山口 マオ
福音館書店

どんどこ ももんちゃん

作／とよた かずひこ
童心社

たべたの だあれ

作／五味 太郎
文化出版局

歌

「豆まき」（作詞・作曲／日本教育音楽協会）	「おふろやさんに行こう」（作詞・作曲／阿部直美）
「ゆき」（文部省唱歌）	「きみとぼくのラララ」（作詞／新沢としひこ　作曲／中川ひろたか）
「うれしいひなまつり」（作詞／サトウハチロー　作曲／河村光陽）	「なべなべそこぬけ」（わらべうた）
「おおさむこさむ」（わらべうた）	

3月

クラスの計画

前月末の子どもの姿

- 元気いっぱいで盛り上がったり、急に怒りだしたりして、落ち着かない様子や不安な様子を見せる子がいる。
- 午睡時もパンツで過ごすことが増える。
- 散歩先の公園では、友達や保育者と一緒に探索を楽しむ。
- 友達の気持ちを代弁したり、慰め合ったりして、ぶつかり合いを解決しようとする姿がある。

今月のねらい

- 自信をもって身の回りのことに取り組む。
- 全身を使って、あそびをたっぷり楽しむ。
- 気の合う友達とのあそびを楽しむ。

保育の内容／養護的な側面

- 気温に応じて衣服の調節を行い、健康に過ごせるようにする。

少し寒くなってきたからベストを着ようね

- 進級を控え、さまざまな思いを出す子どもたちの姿を受け止め、保育者間で連携して丁寧にかかわる。

保育の内容／教育的な側面

①進級することを楽しみにする。
②意欲的に食事に向かおうとする。
③幼児トイレ（個室・立ち便器）で排尿する。
④身の回りのことを進んで行おうとする。
⑤戸外で友達と一緒に身体を動かしてあそぶ。
⑥友達の思いに気づき、思いやりながらかかわる。
⑦春の自然にふれ、興味をもつ。
⑧言葉を使ったあそびを楽しむ。
⑨友達とイメージを共有しながら、一緒に作ったり、なりきったりすることを楽しむ。

3月末の評価・反省

- 鉄棒、リレーなどで、大きいクラスの子との交流も増え、進級を楽しみにする様子が見られた。また、懇談会を通して、保護者と1年間の成長を共有することもできた。4月から幼稚園に行く子もいるが、特に不安な様子は見られない。
- どの子も好きなあそびが増えてきて、のめり込んであそんでいる。また、追いかけっこでは「つぎは○○ちゃんにしよう」と相談して追いかけるなど、1つのあそびの中でも楽しみ方が増えてきていて、成長を感じる。

環境の構成

● 散歩に出掛けたり、園庭を探索したりして、春の訪れを感じる機会を作る。

● イメージしていることを形にしようとする姿に応え、いろいろな素材を準備し、自由に使えるよう、置き場所などを工夫する。また、段ボール板などを使い、空間を作ることを楽しめるよう、十分なスペースを用意する。

子育て支援

● 懇談会では、スライドを使って1年間を振り返ったり、成長を喜び合ったりする。また、3歳児の生活や持ち物などについても丁寧に伝え、理解を得られるようにする。

● 進級について、子どもの中には楽しみに思う気持ちと、不安を感じている気持ちが混在していることを伝え、甘えてきたときのやり取りなど、その都度、子どもの気持ちに寄り添うかかわりを一緒に考えていく。

保育者等の連携

● 進級への期待が膨らむよう、3歳児室にあそびに行ったり、園庭で一緒にあそんだりする機会が作れるよう、3歳児の担任と話し合う。

● 担任間で、一人一人の1年間の成長について話し合い、継続的な援助ができるよう、次年度の3歳児担任に引き継ぎを行う。

養護的な側面を含めた配慮

● 進級に向けて不安を感じ、保育者に甘える姿も見られるので、思いを受け止めつつ、適切なかかわりができているかを見直し、安心して過ごせるようにする。また、3歳児室であそぶ機会を作り、お気に入りのおもちゃを一緒に見つけるなどして、進級へ期待が膨らむようにする。①

● 引き続き、箸やスプーンの持ち方を丁寧に見ていきながら、意欲的に食事に向かえるよう、楽しい雰囲気を作っていく。準備から片づけまでを食事と捉え、食事の前にタオルを自分の席に置く、おやつを自分の席まで運ぶ、食べ終わった食器を片づけることなどにも興味がもてるようかかわる。②

● 幼児トイレを使う機会を増やすとともに、一人一人の排せつに付き添い、見守る。また、ズボンとパンツを足元に下ろして排せつする方法を伝え、誘ってみる。③

● 身の回りのことに意欲的に取り組む姿を見守り、自分でやっているという気持ちを認めていく。また、友達同士で助け合っている場面では、時間に余裕をもって見守る。上着がなかなか脱げずに困っていることがあるので、様子に応じてやり方を伝え、自分でできた満足感を得られるようにする。④

● 鉄棒やジャングルジム、ボール、フラフープなどの遊具を使ったり、友達や保育者と追いかけっこをしたりなど、身体をたっぷりと動かしてあそぶ環境を整える。園庭では、大きいクラスの子とのかかわりも増え、まねをしてあそぶ姿も予想されるので、安全にあそべるようそばで見守ったり、援助したりする。⑤①

● 子ども同士で考えたり、声をかけ合ったりして、ぶつかり合いを解決しようとしているときには、その環境を保障し、そばで見守る。また、着替えの場面で、友達同士で助け合っているときは、協力する喜びを感じられるようにかかわる。⑥

● 春に新しく芽吹く植物を見つけようと言葉をかけたり、子どもの疑問や発見に共感したりして、自然への興味が広がるようにする。⑦

● 簡単ななぞなぞやしりとりをしたり、自分の名前にある文字の音と同じ音の入った言葉を探したりして、言葉を使ったあそびを楽しめるようにする。⑧

● 子どもがイメージした世界を壊さないように留意しながら、一緒にあそび、必要なところでは適切な援助をして、イメージしたことを表現する楽しさと充実感を味わえるようにする。また、1つのあそびがほかのあそびにつながるなど、継続して楽しめるように援助する。⑨

	Hちゃん（2歳11か月・男児）	Aちゃん（3歳・女児）	Yちゃん（3歳9か月・男児）
前月末の子どもの姿	●体力がつき、入眠時間が遅くなる。 ●徐々に一人で着脱に取り組む姿が増えてきている。 ●公園で斜面を上ったり、園庭でフラフープを電車にみたてて走り回ったりする。 ●気の合う友達に対しては、自分の思いをぶつけることがある。 ●自分で作ったひな人形をうれしそうに見ている。	●苦手な物は食べようとしない。 ●着脱では、難しい部分だけ手伝いを求め、あとは自分でしようとする。 ●保育者と一緒に散歩先での探検を楽しむ。 ●周りの状況と照らし合わせて、自分の思いが通らないと思うと、無言になる。	●おなかがいっぱいになると、残っているご飯と汁物を混ぜて食べる。 ●パンツで過ごすが、気に入ったパンツがないとおむつを選んではく。 ●大きいクラスの子のまねをして、鉄棒で前回りをしようとする。 ●イメージを膨らませながら、友達と一緒に砂場あそびを楽しむ。
保育の内容	①自分のリズムで心地よく眠る。 ②衣服の前後や靴の左右を意識する。 ③自分の思いを言葉で伝えようとする。	①いろいろな食材を食べようとする。 ②尿意を感じ、自分からトイレに行こうとする。 ③友達とのかかわりの中で、自分の思いに折り合いをつけようとする。	①自分のペースで食べ終える。 ②大きいクラスの子と一緒に、あそぶことを楽しむ。 ③簡単なルールのあるあそびを楽しむ。
養護的な側面を含めた配慮	●入眠時間が遅くなってきているが、すっきりと目覚めているので、本児のリズムを尊重し、入眠前、友達と絵本を見るなど、ゆったりと過ごしてから眠れるよう、配慮する。① ●衣服を前後逆に着たり、靴を左右反対に履いたりしているときは、自分でできたことを認めつつ、少し間をおいてから言葉をかけて一緒に直し、正しく着たり、履いたりしているときの感覚を体験できるようにする。② ●保育者だけではなく、友達に対しても自分の気持ちを出すことが少しずつ増えてきたので、安心して気持ちを出せるようそばで見守ったり、橋渡しをしたりしていく。思いが強くなると、手が出ることがあるが、自分の思いを出している姿として受け止め、否定的に捉えないようにする。③	●「甘くておいしいよ」「絵本に出てきた○○と同じだね」などと、味や食材を具体的にイメージできるような言葉をかけ、楽しい雰囲気の中で食べてみようという気持ちがもてるようかかわる。無理強いにならないようにする。① ●ほとんどトイレで排尿しているので、尿意を感じて自分のタイミングでトイレに行けるように見守り、トイレに誘いすぎないように留意する。また、排せつ後の手洗いが習慣となるよう、引き続き見守っていく。② ●自分の思いが通らないと思っている様子のときには、まずはどうしたかったのか、ゆったりと話を聞いて、本児が自分で気持ちを切り替える経験ができるようにかかわっていく。その上で、別の案を提示してみるなどして、少しずつ自ら考えてみようとする気持ちを育んでいけるようにする。③	●食事に飽きている姿が見られたら、食事を終えるかどうか、本児の意思を確認して、完食を無理強いしないようにする。また、かかわりが保育者によって違わないように話し合う。食後の歯磨きが習慣になるよう、声をかけていく。① ●大きいクラスの子のあそびをまねしているときには、そばで見守ったり、援助したりして思いが満たされるようにかかわる。また、園庭で一緒にリレーをしたり、ウサギの世話をしたりして、交流の機会をもち、大きくなることへの期待が膨らむようにする。② ●「おてらのおしょうさん」（わらべうた）「やきいもグーチーパー」（作詞／阪田寛夫　作曲／山本直純）などのジャンケンあそびを繰り返し、保育者や友達と一緒に楽しむ機会を作る。勝敗にこだわらず、本児の理解に合わせながら、ジャンケンを楽しめるようにする。③ ●特定のパンツにこだわる本児の様子を保護者に伝え、パンツの用意の協力を得られるようにする。

絵本

かくしたの だあれ

作／五味 太郎
文化出版局

ピン・ポン・バス

作／竹下 文子
絵／鈴木 まもる
偕成社

ゴリラのビックリばこ

作／長 新太
絵本館

モーっていったのだあれ?

作／ハリエット・ツィーフェルト
絵／シムズ・ターバック
訳／はるみ こうへい
童話館出版

もったいないばあさん

作／真珠 まりこ
講談社

ぼくのくれよん

作／長 新太
講談社

ブルくん かくれんぼ

作／ふくざわ ゆみこ
福音館書店

もりのおふろ

作／西村 敏雄
福音館書店

歌

「山のワルツ」(作詞／香山美子　作曲／湯山昭)

「ぶんぶんぶん」(ボヘミヤ民謡　作詞／村野四郎)

「はるがきた」(作詞／高野辰之　作曲／岡野貞一)

「おはぎがおよめに」(わらべうた)

「春」(作詞／吉田とみ　作曲／井上武士)

「つくしんぼ」(作詞・作曲／鶴川ききょう保育園)

「やきいもグーチーパー」(作詞／阪田寛夫　作曲／山本直純)

CD-ROMで、ダウンロードで、必要なデータにクイックアクセス！

本書に掲載されている指導計画（P.147〜199）、保育イラスト（P.201〜228）のデータは、付録の CD-ROM に収録されています。また、データは Web サイトからダウンロードもできるので、使いやすいほうをご利用ください。

●CD－ROMでデータを使う場合

巻末付録のCD-ROMをドライブにセットして使います。データを使用する前に、必ず P.229〜239 を参照してください。

●Webサイトからダウンロードしたデータを使う場合

① パソコンのブラウザを立ち上げ、下記のダウンロードページにアクセスします。

https://hoikucan.jp/book/012saijinohoiku/2saijinohoiku/

② 下記の ID、パスワードを入力します。

ID　2saijinohoiku　　　　パスワード　2sky

③ 指導計画か保育イラスト、必要なデータを選んでクリックします。
ダウンロードの方法についてはサイトをご覧ください。

●データはご購入された個人、または法人、団体が私的利用の範囲内で使用できます。
ＩＤとパスワードの共有、譲渡は禁止しています。

データに関して、次のような用途での使用、行為は禁じています。
○園や施設の広告　　　　　　　　　　　○ホームページ、SNS などネット上での使用*
○園や施設のポスター、パンフレット　　○イラストや指導計画の販売
○物品に印刷しての利用　　　　　　　　○ID、パスワードの販売
○企業の PR、広告、マークなど

＊制作したおたよりをPDFなどの形式で、園のホームページ等に掲載することはできます。

0・1・2歳児の
保育イラスト

園だより、クラスだよりから、掲示やお知らせ、シアター、プレゼント作りまで、保育のさまざまな場面で役立つイラスト集です。付録のCD-ROMには、カラーデータ、モノクロデータの両方が収録されています。モノクロイラストは、このイラスト集をコピーして使うこともできます。

●保育イラストのデータは下記からダウンロードして使うこともできます。

2歳児の保育　https://hoikucan.jp/book/012saijinohoiku/2saijinohoiku/
ID　2saijinohoiku　パスワード　2sky
※データの使用に際しては、P.229以降を必ずお読みください。

●ファイル名の頭には、カラーには「c-」、モノクロには「m-」が入っています。

202-01

202-02

202-03

202-04

202-05

202-06

202-07

202-08

202-09

202-10

202-11

202-12

202-13

202-14

202-15

202-16

203-01

203-02

203-03

203-04

203-05

203-06

204-01

204-02

204-03

204-04

204-05

204-06

204-07

204-08

204-09

204-10

204-11

204-12

204-13

204-14

204-15

204-16

204-17

204-18

204-19

204-20

204-21

205-01
205-02
205-03
205-04
205-05
205-06
205-07
205-08
205-09
205-10
205-11
205-12
205-13
205-14
205-15
205-16
205-17
205-18
205-19

206-01
206-02
206-03
206-04
206-05
206-06
206-07
206-08
206-09
206-10
206-11
206-12
206-13
206-14
206-15
206-16

207-01

207-02

207-03

207-04

207-05

207-06

02_保育イラスト　カラー　02_季節・夏　c-206-01
モノクロ　02_季節・夏　m-206-01

保育イラスト

208-01

208-02

208-03

208-04

208-05

208-06

208-07

208-08

208-09

208-10

208-11

208-12

208-13

208-14

208-15

208-16

208-17

208-18

208-19

208-20

208-21

208-22

208-23

209-01

209-02

209-03

209-04

209-05

209-06

209-07

209-08

209-09

209-10

209-11

209-12

209-13

209-14

209-15

209-16

209-17

209-18

209-19

209-20

209-21

保育イラスト

210-01

210-05

210-02

210-06

210-03

210-04

210-07

210-08

210-09

210-10

210-11

210-12

210-13

210-14

210-15

211-01

211-02

211-03

211-04

211-05

211-06

保育イラスト

212-01

212-02

212-03

212-04

212-05

212-06

212-07

212-08

212-09

212-10

212-11

212-12

212-13

212-14

212-15

212-16

212-17

212-18

212-19

212-20

212-21

212-22

212-23

212-24

213-01

213-02

213-03

213-04

213-05

213-06

213-07

213-08

213-09

213-10

213-11

213-12

213-13

213-14

213-15

213-16

213-17

213-18

213-19

保育イラスト

214-01

214-05

214-02

214-06

214-03

214-07

214-04

214-08

214-09

214-10

214-11

214-12

214-13

214-14

214-15

215-01

215-02

215-03

215-04

215-05

215-06

保育イラスト

216-01　216-02　216-03　216-04

216-05　216-06　216-07　216-08　216-09

216-10　216-11　216-12　216-13

216-14　216-15　216-16　216-17

216-18　216-19　216-20　216-21

216-22

216-23　216-24

217-01　217-02　217-03　217-04　217-05　217-06

217-07　217-08　217-09　217-10　217-11

217-12　217-13　217-14　217-15

217-16　217-17　217-18　217-19

217-20

217-21

217-22　217-23

保育イラスト

子どもの姿

218-01

218-02

218-03

218-04

218-05

218-06

218-07

218-08

218-09

218-10

218-11

218-12

218-13

218-14

218-15

218-16

218-17

218-18

218-19

218-20

219-01 219-02 219-03 219-04 219-05

219-06 219-07 219-08 219-09 219-10

219-11 219-12 219-13 219-14 219-15

219-16 219-17 219-18 219-19 219-20

219-21 219-22 219-23 219-24 219-25

219-26 219-27 219-28 219-29

保育イラスト

220-01

220-02

220-03

220-04

220-05

220-06

220-07

220-08

220-09

220-10

220-11

220-12

220-13

220-14

220-15

221-01
221-02
221-03
221-04
221-05
221-06
221-07
221-08
221-09
221-10
221-11
221-12
221-13
221-14
221-15
221-16
221-17
221-18
221-19

222-01

222-02

222-03

222-04

222-05

222-06

222-07

222-08

222-09

222-10

222 11

222-12

222-13

222-14

222-15

222-16

222-17

222-18

223-01

223-02

223-03

223-04

223-05

223-06

223-07

223-08

224-01

224-02

224-03

224-04

224-05

224-06

224-07

224-08

224-09

224-10

224-11

224-12

224-13

224-14

224-15

224-16

224-17

224-18

224-19

224-20

224-21

225-01　　225-02　　225-03　　225-04　　225-05

225-06　　225-07　　225-08　　225-09　　225-10

225-11　　225-12　　225-13　　225-14　　225-15

225-16　　225-17　　225-18　　225-19　　225-20

225-21　　225-22　　225-23　　225-24　　225-25

225-26　　225-27　　225-28　　225-29　　225-30

保育イラスト

226-01

226-02

226-03

226-04

226-05

226-06

226-07

226-08

226-09

226-10

226-11

226-12

226-13

226-14

226-15

226-16

226-17

226-18

226-19

227-01

227-02

227-03

227-04

227-05

227-06

227-07

227-08

227-09

227-10

227-11

227-12

227-13

227-14

227-15

227-16

227-17

227-18

227-19

227-20

227-21

227-22

227-23

227-24

227-25

227-26

227-27

227-28

227-29

227-30

保育イラスト

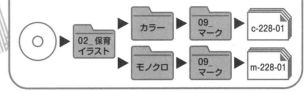

228-01

228-02

228-03

228-04

228-05

228-06

228-07

228-08

228-09

228-10

228-11

228-12

228-13

228-14

228-15

228-16

228-17

228-18

228-19

228-20

228-21

228-22

228-23

228-24

228-25

228-26

228-27

228-28

228-29

228-30

指導計画・保育イラストデータの使い方

指導計画（P.147〜199）、保育イラスト（P.201〜228）で紹介した内容は付録のCD-ROMにデータが収録されています。ここでは、それらのデータの使い方を解説します。データを使う前に、必ずお読みください。

●指導計画・保育イラストのデータは下記からダウンロードして使うこともできます。

 https://hoikucan.jp/book/012saijinohoiku/2saijinohoiku/
ID　2saijinohoiku　パスワード　2sky

データをお使いになる前に必ずお読みください

●データの使用許諾と禁止事項

■本CD-ROMに収録されているデータやサイトからダウンロードしたデータは、ご購入された個人または法人・団体が、その私的利用の範囲内で使用することができます。

■園児などの募集広告、施設や園バスのデザイン、施設や団体のPR、物品に印刷しての販促への利用や販売など、営利を目的とした配布物や掲示物には使用できません。また、不特定多数の方に向けた配布物や広報誌、業者に発注して作る大量部数の印刷物に使用することもできません。

■ホームページやSNSなどのインターネット上 (私的利用を含む) など、すべてのウェブサイトに使用することはできません (制作したおたよりをPDFなどの形式で園のホームページ等に掲載することはできます) 。

■使用権者であっても、本CD-ROMに収録されているデータやサイトからダウンロードしたデータを複製し、転載・貸与・譲渡・販売・頒布 (インターネットを通じた提供も含む) することを禁止します。また、イラストデータを変形・加工して利用することも同様に禁止とします。

■本CD-ROMは図書館およびそれに準ずる施設において、館外へ貸し出すことはできません。

●著作権

■弊社は、本CD-ROMに収録されているデータや、サイトからダウンロードしたデータのすべての著作権を管理しています。

●免責

■弊社は、本CD-ROMに収録されているデータや、サイトからダウンロードしたデータの使用により発生した直接的、間接的または波及効果によるいかなる損害や事態に対して、一切の責任を負わないものとします。

●動作環境について

■OS：Microsoft Windows 10 以上推奨
ソフトウェア：Microsoft Word 2016以上
ドライブ：CD-ROMの読み込みが可能なドライブ
アプリケーション：JPG形式、BMP形式のデータが扱えるアプリケーションソフト

●「指導計画」のWord文書データについて

■「指導計画」は、Microsoft Word 2016に最適化されています。お使いのパソコンの環境やアプリケーションのバージョンによっては、レイアウトが崩れる可能性があります。

●「保育イラスト」の画像データについて

■Windowsで使用できる画像データが収録されています。

■カラーデータは「JPG」、モノクロデータは「BMP」のファイル形式で収録されています。

■画像を拡大しすぎると、線や輪郭が粗くなることがあります。

●説明画面について

■P.232～239の操作方法や操作画面は、「Microsoft Windows10」上で、「Microsoft Word 2016」を使って紹介しています。お使いのパソコンの環境によって操作方法や操作画面が異なる場合がありますので、ご了承ください。

■その他、パソコンについての基礎知識、Windowsの基本操作は、それぞれの解説書をご覧ください。

●CD-ROM取り扱い上の注意

■CD-ROMは一般のオーディオプレーヤーでは再生しないでください。パソコンのCD-ROMドライブのみでお使いください。

■CD-ROMを取り扱う際は、細心の注意を払ってください。傷をつけたりするとデータが読み取れなくなることがあります。

■CD-ROMは、パソコンのCD-ROMドライブに正しくセットし、各パソコンの操作方法に従ってください。トレイに正しく載せなかったり、強い力で押し込んだりすると、CD-ROMドライブが壊れるおそれがあります。その場合も一切の責任を負いませんのでご注意ください。

※Microsoft、Windows、Wordは、米国Microsoft Corporationの米国およびその他の国における登録商標、または商標です。
※本文中では®マークおよび™マークは省略しております。

CD-ROM 収録データ一覧

付録の CD-ROM には、以下のデータが収録されています。

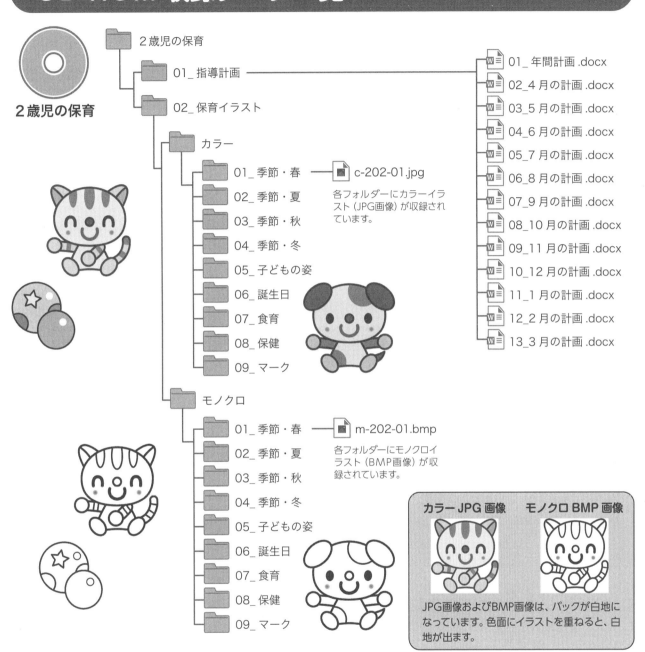

2歳児の保育

- 2歳児の保育
  - 01_ 指導計画
    - 01_ 年間計画 .docx
    - 02_4 月の計画 .docx
    - 03_5 月の計画 .docx
    - 04_6 月の計画 .docx
    - 05_7 月の計画 .docx
    - 06_8 月の計画 .docx
    - 07_9 月の計画 .docx
    - 08_10 月の計画 .docx
    - 09_11 月の計画 .docx
    - 10_12 月の計画 .docx
    - 11_1 月の計画 .docx
    - 12_2 月の計画 .docx
    - 13_3 月の計画 .docx
  - 02_ 保育イラスト
    - カラー
      - 01_ 季節・春 ── c-202-01.jpg
        各フォルダーにカラーイラスト（JPG画像）が収録されています。
      - 02_ 季節・夏
      - 03_ 季節・秋
      - 04_ 季節・冬
      - 05_ 子どもの姿
      - 06_ 誕生日
      - 07_ 食育
      - 08_ 保健
      - 09_ マーク
    - モノクロ
      - 01_ 季節・春 ── m-202-01.bmp
        各フォルダーにモノクロイラスト（BMP画像）が収録されています。
      - 02_ 季節・夏
      - 03_ 季節・秋
      - 04_ 季節・冬
      - 05_ 子どもの姿
      - 06_ 誕生日
      - 07_ 食育
      - 08_ 保健
      - 09_ マーク

カラー JPG 画像　　モノクロ BMP 画像

JPG画像およびBMP画像は、バックが白地になっています。色面にイラストを重ねると、白地が出ます。

マウスの使い方

クリック
左ボタンを1回カチッと押します。ファイルやフォルダー、またはメニューを選択する場合などに使用します。

ダブルクリック
左ボタンを素早く2回続けてカチカチッと押します。プログラムの起動や、ファイルやフォルダーを開く場合に使用します。

右クリック
右ボタンを1回カチッと押します。右クリックすると、操作可能なメニューが表示されます。

ドラッグ
左ボタンを押しながらマウスを動かし、移動先でボタンを離す一連の操作をいいます。文章を選択する場合などに使用します。

指導計画データの使い方

❶ファイルの基本操作

1 ファイルを開く

①CD-ROMをドライブにセットします。

②「自動再生」画面が表示された場合は、その画面をクリックし、自動的に開かない場合は、画面下タスクバーの「エクスプローラー」をクリックします。

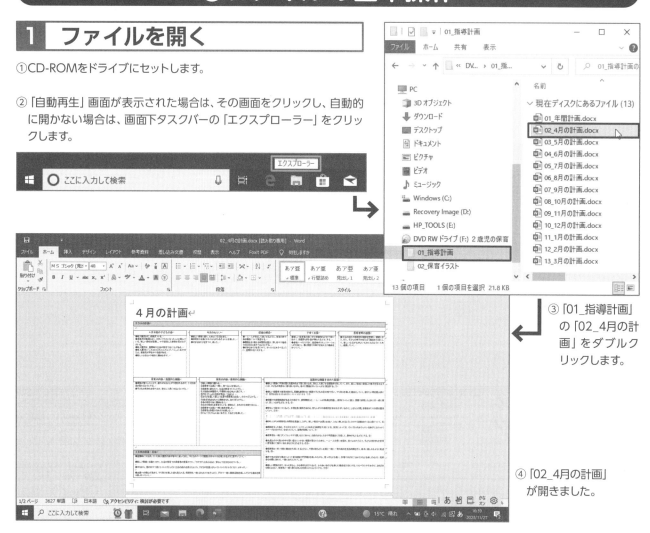

③「01_指導計画」の「02_4月の計画」をダブルクリックします。

④「02_4月の計画」が開きました。

2 名前を付けて保存する

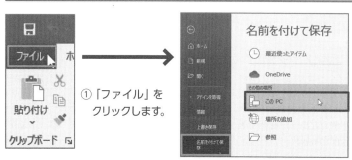

①「ファイル」をクリックします。

②「名前を付けて保存」をクリックし、保存先を選択します。

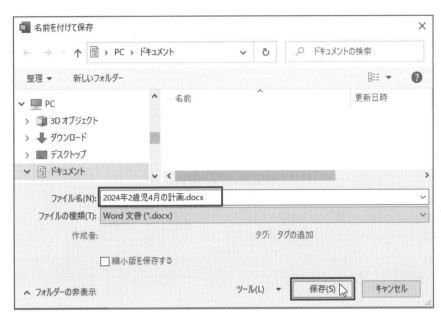

③ファイル名を入力し、「保存」を
クリックします。

3 印刷する

① 「ファイル」を
クリックします。

③枚数を入力します。

④ 「印刷」をクリックします。

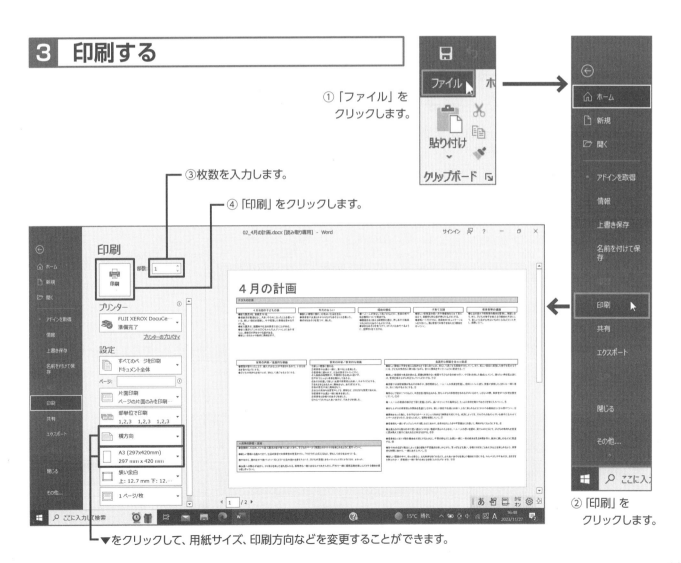

② 「印刷」を
クリックします。

▼をクリックして、用紙サイズ、印刷方向などを変更することができます。

データの使い方

❷文章を変更する

1 文章を変更する

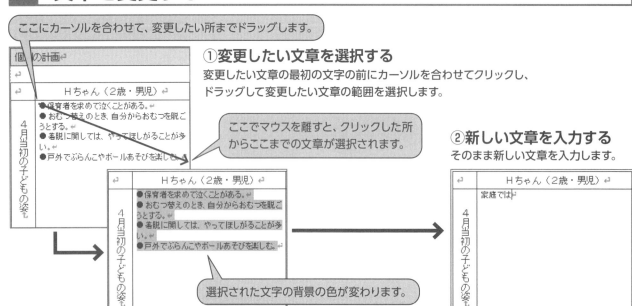

ここにカーソルを合わせて、変更したい所までドラッグします。

①変更したい文章を選択する
変更したい文章の最初の文字の前にカーソルを合わせてクリックし、ドラッグして変更したい文章の範囲を選択します。

ここでマウスを離すと、クリックした所からここまでの文章が選択されます。

②新しい文章を入力する
そのまま新しい文章を入力します。

選択された文字の背景の色が変わります。

2 書体や大きさ、文字列の方向、行間、文字の配置を変える

①文字の「書体」や「大きさ」を変える
文字を好きな書体（フォント）に変えたり、大きさ（フォントサイズ）を変えたりしてみましょう。まず、「**1**-①変更したい文章を選択する」と同じ方法で、変更したい文章の範囲を選択します。
次に「ホーム」タブのフォントやフォントサイズの右側「▼」をクリックし、書体とサイズを選びます。

※フォントサイズ横の「フォントサイズの拡大」「フォントサイズの縮小」
ボタンをクリックすると、少しずつサイズを変更できます。

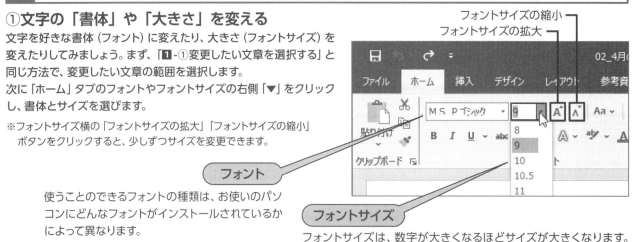

フォントサイズの縮小
フォントサイズの拡大

フォント

使うことのできるフォントの種類は、お使いのパソコンにどんなフォントがインストールされているかによって異なります。

フォントサイズ

フォントサイズは、数字が大きくなるほどサイズが大きくなります。
フォントサイズを8以下にしたい場合は、手動で数値を入力します。

下の例のように、文章が新しい書体と大きさに変わりました。

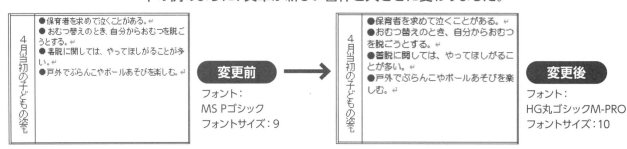

変更前

フォント:
MS Pゴシック
フォントサイズ：9

変更後

フォント:
HG丸ゴシックM-PRO
フォントサイズ：10

②文字列の方向・配置を変更する

変更したいセルを選択し、「表ツール」の「レイアウト」タブの「配置」から文字列の配置や方向を設定します。

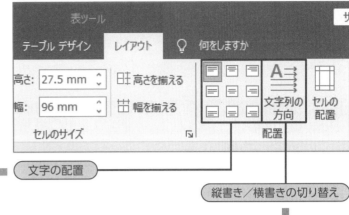

左端揃え（上）

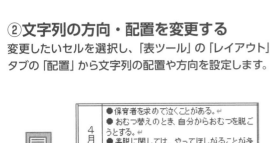

文字の配置

縦書き／横書きの切り替え

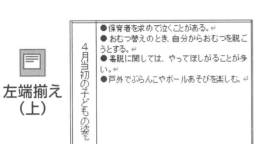

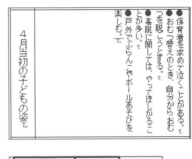

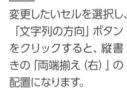

中央揃え（中央）

縦書き

変更したいセルを選択し、「文字列の方向」ボタンをクリックすると、縦書きの「両端揃え（右）」の配置になります。

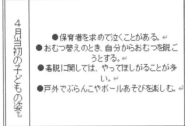

両端揃え（下）

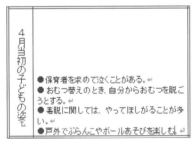

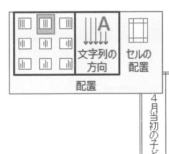

配置も縦書きに変わります。下図は、文字の配置を「両端揃え（中央）」に設定しています。

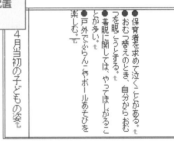

③「行間」を調整する

行と行の間隔を変更したい段落を選択して、「ホーム」タブの「段落」にある「行と段落の間隔」のボタンをクリックして、数値にマウスポインタを移動させると、ライブプレビュー機能により、結果を確認することができます。行間の数値をクリックすると決定します。

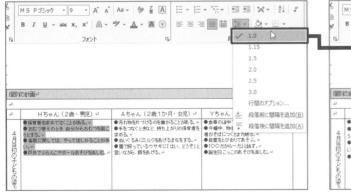

変更前 行間1

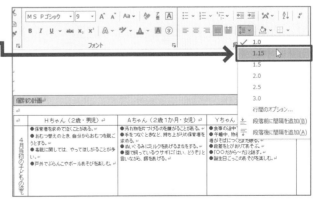

変更後 行間1.15

データの使い方

235

保育イラストデータの使い方

❶ Word 文書にイラストを入れる

1 「Word」を開く

「Word」を起動し、スタート画面の「新規」から「白紙の文書」を選択して、Word文書を開きます。

2 用紙の設定をする

画面左上の「レイアウト」のタブをクリックし、「サイズ」「印刷の向き」「余白」ボタンをクリックして、用紙の大きさや余白などを設定します。

3 イラストを挿入する

① 「挿入」タブの「画像」ボタンをクリックし、「このデバイス…」を選びます。

▼をクリックし、「中アイコン」以上を選ぶと、プレビュー表示になります。

③ 「m-202-06」を選択し、「挿入」をクリックします。

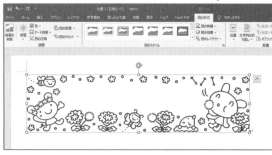

② 「図の挿入」画面が表示されたら、「2歳児の保育」→「02_保育イラスト」→「モノクロ」→「01_季節・春」の順に選択して開きます（フォルダーをダブルクリック、または右クリックで「開く」を選択すると開きます）。

❷イラストの大きさや位置を変える

1 イラストの書式設定をする

イラストが選択された状態で、画面上部の「図ツール」の「図の形式」タブをクリックします。「文字列の折り返し」で、「行内」以外を選びます。「行内」以外に設定すれば、画面上でイラストを自由に移動できるようになります。ここでは「背面」を選択。「背面」にすると、イラストの上に文字列を配置できます。

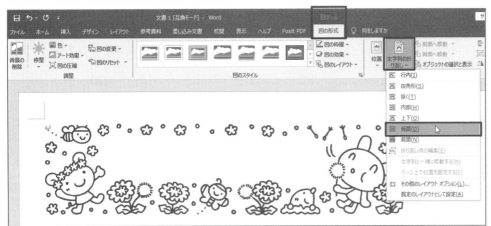

※「文字列の折り返し」では、挿入したイラストと入力した文字列などの配置関係を設定できます。「行内」以外に設定すれば、イラストを画面上で自由に移動できるようになります。「行内」に設定すると、イラストを移動できなくなるので、注意してください。その他の設定については、Wordの説明書をよく読んで、目的に合った設定をしてください。

2 イラストを拡大・縮小する

挿入されたイラストをクリックして選択すると、イラストの周囲に○が表示されます。四隅の○印のうちの一つにマウスポインタを合わせて両矢印になったら、対角線上の内側や外側に向かってドラッグします。ドラッグ中は、マウスポインタの形は十字になります。

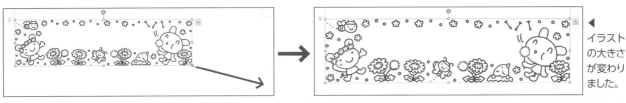

◀イラストの大きさが変わりました。

※P.44〜45で紹介しているメダルとペープサートの絵人形も、同様にして大きさを調節して作ってください。

※四隅の○にマウスポインタを合わせてドラッグすると、縦横比を保ったまま拡大・縮小できますが、上下左右の中央にある○にマウスポインタを合わせてドラッグすると、その方向に伸縮し、イラストが変形してしまいます。イラストの拡大・縮小は、四隅の○をドラッグしましょう。

3 イラストを移動する

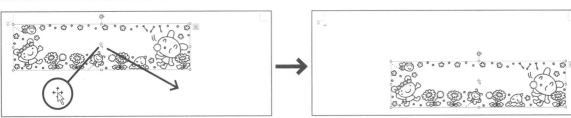

選択したイラストの上にマウスポインタを合わせると、マウスポインタの形は十字矢印になります。そのまま動かしたい方向へドラッグします。

▲マウスボタンから指を離すと、イラストはその位置に移動します。

データの使い方

❸テキストボックスを作って文字を入れる

1 テキストボックスを作る

①「挿入」タブの「テキストボックス」をクリックします。

③文字を入れたい場所
の始点から終点まで
をドラッグします。

②表示された画面の下部にある「横書
きテキスト ボックスの描画」または、
「縦書きテキスト ボックスの描画」
をクリックします。ここでは、「横書
きテキスト ボックスの描画」を選択。

2 文字を入力する

テキストボックス内に
カーソルを合わせて
から、文字を入力し、
Enter キーを押します。

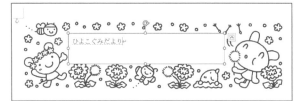

3 文字の書体や大きさを変える

①入力した文字列をドラッグして選択
します。画面上部の「ホーム」タブ
をクリックし、フォントの▼をクリッ
クして文字の書体を選び、フォント
サイズの▼をクリックして文字の大
きさを設定します。

②ここでは、フォントを
「HGP創英角ポップ
体」、サイズを「28」
に設定。

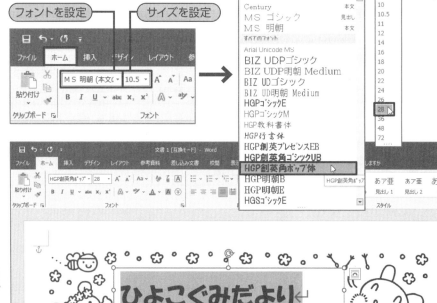

❹テキストボックスを設定する

1 テキストボックスの形を変える

①文字の上にマウスポインタを置いてクリックし、テキストボックスを選択します。マウスポインタを枠の下の中央や右中央の○に合わせて、両矢印になったら、外側へドラッグして枠を広げます。

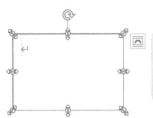

> テキストボックスを選択した状態で、マウスポインタを四隅や上下左右の○に合わせて、両矢印になったら、その方向へドラッグすると、大きさや形が変わります。

②また、文字列をドラッグして選択し、Ctrl キーを押しながら [キー（全角では 「 キー）を押すと、文字が少しずつ小さくなり、Ctrl キーを押しながら] キー（全角では 」 キー）を押すと、少しずつ大きくなります。サイズ「33」で、ちょうどいい大きさになりました。

2 テキストボックスの色と線を設定する

①テキストボックスをクリックして選択し、上部「描画ツール」の「図形の書式」タブで「図形のスタイル」の「図形の塗りつぶし」をクリックして、枠内の色を選びます。色をつけないなら「塗りつぶしなし」をクリックします。

②同じく「図形のスタイル」の「図形の枠線」をクリックし、枠線の色や太さを指定します。線をつけないなら「枠線なし」をクリックします。

③マウスポインタをテキストボックスの外側に置いてクリックすると、図のように枠線が消えます。

3 テキストボックスを移動する

①テキストボックスを選択し、マウスポインタをテキストボックスの枠線上に合わせます。十字矢印に変わったら、動かしたい方向へドラッグすると自由に移動できます。

②移動できました。テキストボックスを選択した状態で Ctrl キーを押しながら ↑ ↓ ← → キーを押すと、矢印の方向に少しずつ移動できます。ちょうどいい位置になりました。

2 歳児の **保育**

CD-ROM&ダウンロードデータ付き

あそび・生活・発達・健康・指導計画・保育のアイディア・保育イラスト

指導・監修　片川智子　菊池一英　鈴木みゆき　帆足暁子　山中龍宏

STAFF

表紙・CDレーベルデザイン ● 長谷川由美

表紙イラスト ● 市川彰子

本文デザイン ● 小早川真澄　高橋陽子　千葉匠子　長谷川由美　福田みよこ
　　　　　　　柳田尚美（N/Y graphics）

製作 ● 会田暁子　浅沼聖子　くらたみちこ　杉本真佐子　田村由香　やべりえ　リボングラス

イラスト ● 青木菜穂子　浅沼聖子　有栖サチコ　井坂愛　石川えり子　石崎伸子　いとうみき
　　　　　おのでらえいこ　かまたいくよ　菊池清美　くらたみちこ　コダイラヒロミ　小早川真澄
　　　　　佐古百美　しぶたにゆかり　菅谷暁美　セキ・ウサコ　たかぎ＊のぶこ　高橋美紀
　　　　　田中なおこ　仲川かな　中小路ムツヨ　ひのあけみ　町塚かおり　村東ナナ
　　　　　ヤマハチ　わたなべふみ　わたべ仁美

楽譜制作 ● 石川ゆかり

協力 ● 小杉眞紀　あかねの虹保育園　おおぎ第二こども園　新杉田のびのび保育園
　　　瀬川保育園　土と愛子供の家保育所　西川島保育園　バオバブ霧が丘保育園　町田わかくさ保育園
　　　幼保連携型認定こども園 津田このみ学園　幼保連携型認定こども園 姫路日ノ本短期大学付属幼稚園

おたより文例 ● 磯亜矢子

撮影 ● 戸高康博　冨樫東正

イラストデータ制作 ● 蟻末治　小早川真澄

DTP制作 ● 明昌堂

データ校閲 ● 佐々木智子

校閲 ● 草樹社　小林留美

編集・制作 ● ほいくりえいと（中村美也子　後藤知恵）
　　　　　　リボングラス
　　　　　　（若尾さや子　加藤めぐみ　篠﨑頼子　三浦律江子　森川比果里　矢野寿美子）